JN275231

外尾健一著作集　第五巻

日本の労使関係と法

信山社

はしがき

これまでに公刊した論文をまとめて「著作集」を出版しないかというお誘いは、かなり前から受けていたのであるが、その度に、改めて世に問うほどの論文はなにもないからと固辞していた。しかし、「現物がなくて、読むことのできない論文があるのでまとめてほしい。」という話もときどき耳にするようになったので、とにかく今までに書いたものを集めてみようと、手元にないものは人から借りたりしてコピーをとった。私は、多作のほうではないが、それでも約五〇年の間に執筆したものは相当な数にのぼった。その一つひとつは、稚拙で面はゆいものばかりであるが、私が目の当たりにしてきた戦後の、労働問題・労使関係・労働法の動きと密接に結びついている。論文の表題をみただけで、その当時なにが問題となっていたのか、労使関係や経済の動きはどうであったのか、そして労働法の学説判例の状況はどうなっていたのかが走馬燈のように思い浮かべられた。

論文を書くことによって私が学んだ成果は、その間に執筆した教科書（『労働法入門』）や概説書（『労働団体法』）にある程度結実している。私は、論文を執筆することは、「私は今このように考えているが、どうだろうか」といって世に問うことだと思っている。私自身、多くの批判的論文その他によって、さらに考え直し、教えられて学問的に成長してきた。その成果は、あくまでも理論的な概説書にまとめるべきだと考え、これまでの業績を集大成するような体系的な概説書を執筆したいと考えていた。それが「過去の論文集」の出版を逡巡させた原因の一つでもあった。しかし、最近のめまぐるしく動く社会経済情勢の変化につれて労働法と労働問題の分野にも、新たに学びたいこと、考え直したいことがつぎつぎとでてきて、個別的労働関係をまとめる予定の『労働契約法』の刊行はおろか、『労働団体法』の改訂すら手に着かない状況である。そこで、そのときどきの問題状況の一端を明らかにする意味で、思い切ってすすめられるままに、過去のいくつかの論文をまとめて出版することにした。

私がこれまでに執筆したものは、求められるままに書いたものがほとんどであるので、種々雑多なものであるが、大別すれば、実態調査の報告書、講演会の速記録・通信教育のテキスト・教科書、裁判所・労働委員会に提出した意見書、フランスやアメリカを中心とする比較労働法に関するもの、日本の労使関係や経済変動と労働法の動向に関するもの、その時々に問題となった労働法上の争いに関連するもの等である。本著作集では、このなかから、主として実用法学に関するもの、日本の労使関係と法に関するもの、比較法学に関するものをいくつかを拾い出し、テーマ別にまとめることにした。当初、若手の研究者に少しでも役に立ちそうなものという基準で選んだら、ほとんど掲載するものがなくなってしまった。やめようかと思っていると、「著作集の論文は自分で選ぶものではなく、人が選ぶものです。」といってくれた人がいたので、なん人かのひとに相談しつつ、まとめることにした。

本著作集は、テーマ毎にまとめたため、各論文の執筆の年代はまちまちである。したがって、文体は統一されていないし、仮名遣いなども入り交じっている。今ならば、もっと簡潔に分かりやすく書くのにと思いながらも、あえて誤字脱字以外は訂正をせず、そのまま掲載することにした。内容だけではなく、文章そのものも生硬であるが、論文も時代の背景とともに存在していると考えたので加筆・訂正は行わなかった。それぞれの論文の初出の掲載誌や年度は、各巻末に解題とともに掲げておいた。

私自身は、いまだに未熟な過去の「足跡」を出版することにためらいがあるし、忸怩たるものがあるが、一方においては、労働者の権利が具体的には無に等しかった状況のなかから、基本的人権として法の体系のなかに定着し、今日にいたるまでのわが国の労働法の軌跡の一端を体験し、観察して来た者の一人として、私の論文集をこういう形で世に示すことができたことを有り難いと思っている。この論文集が、若い研究者に少しでも役に立つことができれば望外の幸いである。

本書の出版を、終始、熱心にすすめてくれ、刊行にまでこぎつけてくれた信山社の袖山氏、村岡氏にはこころからお礼を申し上げたい。

一九九八年一月

外尾健一

外尾健一著作集　第五巻　日本の労使関係と法

目　次

序章　わが国の労使関係とその行方

一　はしがき

1　労働者は、企業に採用されることによって雇用関係（労働契約関係）に入り、退職・解雇によって雇用関係は終了する。雇用関係は労使の基底的な関係をなすが、企業は多数の労働者を同時に就労させるため、企業と労働者との間には集団的継続的な雇用関係が形成される。このような労使の雇用関係に企業の側の人事労務管理は左右されるし、同じく雇用関係から生じる法律現象とそれを規律する法制度（労働法）も大きな影響を受けるのである。

企業は、その時々の社会的文化的要因によって規定される社会規範の上に、経済活動を展開するため、企業と労働者の雇用関係の態様やその性格は、国により時代により必ずしも一様ではない。また一国の同時代の企業であっても、企業の経済的基盤や条件（大企業か中小企業か、私企業か公企業か）によって異なり、同じ企業であっても、長期安定雇用の正規従業員か、臨時的一時的な非典型雇用労働者かによって異なるのである。

人間の労働は社会生活の基盤であるから、いつ、いかなる社会においても存在し、とくに自由主義の経済的政治的制度である資本主義社会の成立によって生まれてきた労働問題は、資本主義社会である限り、どこの国においても基本的には共通した性格をもつ。しかし経済的政治的条件、ひいては社会的文化的な要因や、社会意識、企業風土などの差により、いずれの国の労働問題や労働法も、共通性とともに、それぞれユニークな特色を有する。したがって個人主義的な契約社会を前提とする欧米の資本主義諸国との対比では、程度の差こそあれ、中小企業をも含めて、わが国の労使関係にはそれなりの特色が見られるのは当然である。

2　わが国にユニークな労使関係は、定年までの終身雇用制や日本的先任権制度ともいうべき年功序列制、労働市場の構造を反映する企業別組合などをもって特色づけられている。かつては、戦争による廃墟の中から不死鳥のように甦り、経済の驚異的な高度成長を遂げた秘密のカギはこれらの日本的労使関係にあるのではないかとして西欧の研究者が着目したこともあり、「日本的経営」ないし「日本的雇用」は、一躍脚光を浴びるようになった。しかし、いわゆるバブルがはじけ、低成長期から長期にわたる不況期に入った今では、これまでの日本的経営ないし日本的雇用こそが市場経済を阻害する要因であり、規制緩和と並んで日本的雇用関係から脱却して、自由な契約関係が貫徹する欧米型の雇用関係を構築すべきであるという声すら聞こえるようになった。

3　わが国にユニークな「日本的雇用」とはどのような意味内容をもつものであるのか、それはどのようにして成立したのであるのか、それを成立させている経済的社会的要因はいかなるものであるのか、経済的社会的変動とともに、それはどのように変容していくものであろうか、というのが労働問題と労働法を専攻する私の一貫した問題意識であり、関心の的であった。本書は、このような問題意識の下に、これまでに書かれた論文や講演の速記録を収録したものである。しかし、これらの論文は、問題意識は一貫しているとはいえ、最初から統一的な構想の下に書かれたものではないし、テーマも執筆の時期も異なるため、内容的にも不統一である。そこで序章として、私なりに理解している日本的雇用関係の特質と歴史的な変遷およびその変容をここに略述しておくことにする。

二　日本的雇用慣行の意味内容

1　一般に、終身雇用、年功序列型の賃金、企業別組合という特徴的な内容をもつわが国の労使関係を、「日本的雇用」、「日本的雇用慣行」、「日本的労使関係」等と呼んでいる。すなわちわが国では、企業は、新規学卒者を正規従業員（基幹労働者）として採用し、企業内での職業訓練により育成を図りつつ、年功序列的に昇進昇格させ、よほどのことがない限り定年までの長期にわたる雇用を継続している。そして労働組合は、企業内の正規従業員を中心に結成され、企業別組合を母体に全国的な産業別組合が結成され、全国的な中央組織が作られているのである。

(1)　日本的雇用慣行の構成要素としての年功序列型の賃金とは、賃金体系において、基本給が、年齢、学歴、勤続年数に応じて定まる部分と年功的に昇進昇格することによって上昇していく職務給の部分と、これに家族手当や地域手当、通勤手当、賞与等をも含めた生活給的なものが比較的多く、職能給や業績給等の能率給的な部分が相対的に少ないという特色をもったものをいう。すなわち「労働力の対価」としての賃金が、必ずしも労働契約によって提供すべき義務を負う職種ないし職務と職務上の地位に厳格に対応するものではなく、定年までの長期の雇用を前提とする生涯賃金の形態をとって全体としてのバランスをとっている点が特徴的である。そのために新規学卒の若年労働者の賃金は相対的に低いが、年齢が上がり、生活の必要度が増すにつれて上昇し、またそれに見合うかのように勤続年数が増すにつれて職務上の地位や責任度が増大するようになっている。これは各企業の賃金体系および昇給昇格制度にほぼ共通してみられる現象であるが、賃金額そのものは、個別的な企業の支払能力に左右されるため一様ではない。もちろん業種や地域における企業間の競争、あるいは労働組合の春闘などの共闘により、企業間の平均年齢、平均勤続年数の比較による若干の平準化はみられるが、企業の業績により平等ではない。しかし労働者にとっては、「会社の業績をあげる」ことが、自己の賃上げと生活の安定につながるため、従業員の会社への帰属意識と「働き蜂」といわれるまでの勤労意欲を刺激する制度として役立っている。

(2)　また終身雇用制とは、企業が正規従業員を採用する場合、新規学卒者を中心に採用し、不況になってもできる限り解雇せず、労働者も容易には他に移らず、定年まで勤め続けることを当然とする慣行を指している。法的には、期間の定めのない労働契約は何時でも解約することができるのが原則であるから、終身雇用は厳格な意味での契約ではなく、継続的な長期安定雇用を意味する経済学ないしは社会学的な概念であるが、企業の側にとっては「労働力の安定的な確保と活用」、労働者の側にとっては「雇用と生活の安定」、国家にとっては「完全雇用の実施」という目的と機能を有するものである。年功序列型賃金制を含む終身雇用制が、企業の側には「家族もろとも労働者の生活の面倒を見る」という意識、労働者側には「安心して会社のために尽くす」という意識を醸成し、企業内職業訓練と内部労働市場の活用（昇進昇格、配転出向）を通じて長期的な安定雇用と良質の労働力の確保という機能を果たしたのである。しかしその半面、「会社人間」、「サービス残業」、「鬱病」、「過労死」、「家庭の崩壊」という負の側面も露呈せざるをえなかった。

(3)　さらにわが国では、管理職を除いた企業の正規従業員が、職種、職階を問わず企業ごとに労働組合を組織し、産業別および全国中央組織に加盟しているが、その中でも、企業別組合があくまでも中心となっている点が特徴的である。しかし使用者と労働組合との集団的労働関係については若干問題の性質が異なるので、ここでは個別的労働関係に限定して言及することにする。

2　日本的雇用慣行がいつから、どのようにして形成されたかという点に関しては争いが多く、その源流を、日本人の民族性、歴史的伝統、社会的慣行、倫理的価値観などの社会的、文化的要因に求めるもの、あるいは経済的、政治的、社会的環境の歴史的変化に求めるもの等多岐にわたる。もちろん、どのような目的の下に問題を分析するのかという論者の視角、立場によって、問題の立て方や状況の把握の仕方が異なるから、複数の異なった意見が出るのは異とするに足りない。例えば明治時代の産業革命期における企業にあっては、先進工業国との競争上、欧米から異質の工業技術や西欧的集団的生活様式を急速に導入しなければならなかったため、むしろ旧来の社会的文化的な伝統や生活様式を破壊し、企業内に新しい組織や秩序を確立しなければならなかった。そのために設けられた企業内の技能者養成制度こそが年功序列型終身雇用制の原型であるという主張、あるいは年功序列型の終身雇用制が始まったのは、第二次大戦後のことであるという説、また、零細中小企業には、終身雇用制がみられないことから、わが国には、そもそもいわゆる日本的雇用はないという議論さえみられるのである。

しかし契約社会といわれる西欧資本主義諸国の労使関係との対比で、わが国の労使関係を見るときには、わが国にはそれなりにユニークな年功序列型終身雇用制が存在するといわざるをえない。そしてこのようなわが国に特徴的な「日本的雇用」の源流ないし形成過程を問題にするときには、社会的文化的要因とその時の経済状況とを二者択一でみるべきではなく、社会的文化的要因は、いわば社会の基底に流れる潜在的資質であり、社会的経済的環境や状況の変化がこれらの素因を刺激して顕在化させることに留意しなければならない。雇用関係は、その時々の社会意識や文化的価値観をもった「生きた労働者」と、その時代の経済的な環境や条件の中で経済活動（経営）を行う「生きた企業」とが、継続的な雇用関係に入ることによって形成する一つの集団的な企業文化である。同時に、ユニークといわれる日本的雇用も決して固定的なものではなく、企業の側の経済的環境の変化や、労働者の側の社会意識・文化的価値観の変化に応じ、随時、流動的に変容していくものなのである。

三　日本的雇用慣行の特質と形成過程

㈠　日本的雇用慣行の特質

1　日本的雇用は、いわゆる日本的経営の一環として行われるものであり、日本社会全体の社会構造、社会意識と密接不可分の関係にある。わが国では、明治維新後、富国強兵をモットーに国の手により積極的に近代国家への再編が進められ、その過程で強く西欧文明の影響を受けることになったのであるが、日本社会一般の生活様式や価値観が明治維新とともに一挙に変わるわけではなく、徳川時代の農村社会や商人社会、武家社会における家族主義、集団主義、身分的上下の関係、あるいは勤勉・忠誠心といった社会倫理が、依然として社会の編成原理として残存していたということができる。したがって個人の日常生活も、個としての主体性や権利義務関係をあまり明確にしようとしないいわば「情の世界」において営まれ、個人の主体性を強調し、権利義務関係を明確にしようとすれば、「水くさい」と警戒された。いわば権利の体系の外で通常の日本人の生活が営まれていたのである。このような社会意識や社会的基本構造は、当然、企業社会にも影響し、労働契約はもとより、企業間の取引においても人間的信頼関係に基づくことが基本とされた。「日本的雇用」、「日本的経営」と呼ばれるものは、基本的には継続的債権関係が人間的信頼関係に基づく長期安定的な性格を持つことを意味するものである。

もとより企業社会における雇用や取引先との関係も、法的には利害の対立を前提とする債権関係であるから、国家法を初め、各種の規則や契約に規制される。しかしこれらの法的関係は、あくまでも「タテマエ」であり、当事者は、通常は「ホンネ」の世界に安住しているのである。しかし家族関係にも破綻があるように、企業社会も例外ではない。なんらかの原因で利害の対立から紛争を生じ、これがこじれた場合には、人間的な「情の世界」から、一転して冷たい「法の世界」、あるいは「力関係の世界」へと移るが、権利義務関係を明確にしてこなかっただけ、紛争の処理は複雑になり、深刻な感情的な対立を呼び、修復不可能な破局にいたることも少なくはない。

2　わが国では、労働者の採用は、明治以来長い間、地縁血縁による縁故募集が基本となっていた。縁故採用であれば、身元が確実であり、不測の損害を使用者にかけることが少なく、労働者もまた、就職の世話になった人に恩義を感じ、迷惑をかけないように努力する。いったん就職した以上は定年まで勤めるのが当然の前提とされ、景気が悪くなったときでも、自分からは容易にはよそに移らない定着性の高い労働力となったのである。わが国は先進資本主義国に後れて、急激に工業化を図ったため、企業が必要とする職種別に一定の技能と経験を有する労働者の労働市場が存在せず、個別企業は、それぞれが未経験の若年労働者を採用し、企業内における職業訓練によって熟練工を育成していかなければならなかった。そのためにも企業は、「従順で勤勉」という人柄を重視した採用をせざるをえなかったのである。

3　雇用関係は、本来、労務の提供と反対給付としての賃金の支払を約する契約関係である。労働者は、労働市場においては、労働力の所有者たる資格で、同じ商品所有者たる資本家（使用者）と対等の立場に立つ。両当事者は人格的に相互に独立であり、身分的に自由であることを前提とする。しかしながらわが国では、法的にはともかく、実際には人間的信頼関係を基礎とする結びつきによって雇用関係が形成されているという意識が支配的であるため、労働義務の内容とこれに対する反対給付が必ずしも明確にはされていない。無定量の労働と不明確な報酬が対応し合っている非合理的な雇用関係が、日本的雇用の特徴であるとさえいうことができるのである。ここでは、無定量の労働と不明確な反対給付が対応しあっている例をいくつか指摘しておくことにしよう。

(1)　法的にはほとんど意味がないにも拘わらず、雇い入れの際に、業務命令に従い、忠実に勤務する旨の誓約書を労働者側が一方的に差し出す明治以来の慣行は、そもそも雇用関係が対等の立場にたった当事者の権利義務関係ではなく、身分的上下の関係に立つことを暗黙のうちに示すものであるといってよいであろう。

(2)　また日本の雇用関係においては、法的には賃金や労働時間を初めとする労働条件の明示義務が課せられ、契約条件を明らかにすることが要請されているにもかかわらず、特に中小零細企業においては、このことが必ずしも履行されていない。また大企業においてさえ、「サービス残業」や「過労死」が問題になるくらい労働契約による権利義務の体系とは別の次元で労働関係が展開されている。

わが国の場合、労働者自身、賃金は売り渡された労働力の対価という意識が希薄であり、義務としての労働時間の観念が不明確である。資本主義的労働関係の理念からみれば、労働者は、労働力の対価を賃金という形で受け取り、衣食住、療養、結婚等の生活費は、自己の計算において支出すべきものである。したがって労働者の全生活は、自己の責任において営まれ、そこに労働者の独立人としての性格が現れる。しかしわが国の場合、始業時間前の朝礼、職場の清掃、整理整頓の時間や、終業時間前の入浴が労働時間か否かが、法的に争われたくらい、かなり長い間、あいまいな労働時間が当然のこととして当事者間では是認されてきたのである。

(3)　職場においては、企業目的に合致する合理的な業務の運営が必ずしも行われているとはいえない。例えば現業部門の労働過程においても、個々の労働者の長年の経験とカンに頼る部分が多く、職人気質の労働者は、他人に仕事を教えようとしない。事務部門でも、それぞれが自己の仕事をかかえこみ、自分一人で処理しようとするため、同じ職場の者であっても、業務の流れがつかめず、非効率的な運営がなされていた。

(4)　労働者の福利厚生施設は、西欧諸国の企業と比較しても、いい方であろう。使用者は昔から、同業の「ヨソの会社には負けるな」とばかり、食堂、浴場、スポーツ・娯楽施設、医療施設、社宅・寮には力を入れてきた。労働者の私生活の面まで使用者が面倒をみ、労働者もそれを当然としていたことの現れといってよいが、福利厚生施設は、税法上の有利な措置があるとはいえ、賃金の転化形態である。賃金のわりに福利厚生施設に力をいれる点に日本的労使関係の特色がある。

(5)　さらにわが国の場合、労働関係が私生活の面にまで持ち込まれていることが多い。例えば上司が、仕事が終わってから部下をつれて飲みに行くのは当然とされ、労働者の個人的な困りごとの相談をうけ、あるいは仲人を頼まれ、嫁の世話までしたりすることも少なくはない。つい最近までは、転勤になった上役の引っ越しの手伝いをするのは当たり前とされていた。

労働者が、労働時間中使用者の指揮命令に服するのは、その時間の労働力を使用者に売ったからであって、身分的人格的な隷属関係にあるからではない。つまり職制上の命令服従関係は、契約の効果として生ずるのであり、就業時間外は、いずれも市民として対等・平等の関係にある筈である。しかしわが国では、職制上の命令服従関係と身分上の支配隷属関係が常に表裏の関係にあったといってよい。

実力のあるよい上司（親分）に恵まれれば、出世が早いばかりでなく、バラ色の人生がまっている。そのために労働者は、出張の際の土産、盆・暮れのつけとどけを怠らず、言葉づかいに気を付け、また日曜を犠牲にしてまで上司とのつきあい（ゴルフ、碁、麻雀）に励まなければならなかった。それだけではない。職務上の上下の関係のない家族の者までが上下の系列につながる。家族もろとも上役の妻には頭があがらないし、親でも息子の上役には頭を下げるのである。とくに社宅や狭い地方都市ではこういったわずらわしさは不可避なものである。昔、ある大きな銀行で、家族のものばかりがリクリエーションに逗子に行き、いざ海に入るとき、「課長さまの奥様からどうぞ」といって、譲り合ったという（週間朝日、昭三三年二月一六日号、大宅「日本の企業」）。

(二)　日本的雇用慣行の形成過程

わが国は、明治維新以後の封建制から近代社会への転換期の中で、洋式機械や技術を導入しつついわば異質の近代的工業を確立したのであるが、そこにおいて年功序列制、終身雇用制という特色をもつ経営方式が歴史的にはどのようにして形成されたのであるかをみていくことにする。

1　わが国に産業資本主義が確立されるのは、明治維新後の日清・日露戦争のころであるから、イギリスの産業革命から約一〇〇年遅れている。イギリスは、インドからの搾取、奴隷貿易、特権的商人の活躍等による資本の蓄積があったが、わが国の場合には、大名は赤字をかかえ、細々とした各藩の家内工業と、大阪商人を中心とする金融商業資本が僅かに存在するにすぎなかった。商業資本が海のものとも山のものとも分からない近代工鉱業の経営にすぐには乗り出さなかったのは、資本の論理からしても当然である。したがって西欧的工業化は、国が乗り出し、官主導で行わざるを得なかった。維新政府は、列強に追いつくことを目標に、官営富岡製糸場、鐘ヶ淵紡績工場を起こし、官営八幡製鉄所を初め、鉄鋼、造船、鉱山等の官営企業の経営に乗り出した。高額で外国人技術者を雇用し、生産技術についての技能者の養成に努めた。また旧藩営ないしは旧藩主による紡績所や製紙会社等が、没落士族の授産や貧民救済を目的として設立されている。これらの官営企業は、近代技術の導入という点で一定の役割を果たしたのであるが、なにせ「武士の商法」、国益はあっても利益はなく、例外なく赤字経営に陥った。やむなく政府は、官営工場、鉱山の払い下げを開始し、多くが民営化された。また日清・日露戦争の時期にかけて、軽工業、重化学工業の分野においても、営利を目的とする民間企業が設立され、産業資本主義が本格的に確立されたのである。しかし同時に、資本の論理によるむき出しのいわゆる原生的労働関係が展開されることになった。この間の労働事情については、「職工事情」や「女工哀史」に詳しい。

2　このようにわが国の工業化は、官営工場から始まり、その後民間企業が進出するという過程をとったが、先に官営の大企業があり、それが民営化されたため、払い下げを受けた財閥系資本は、危険を分散させるために、生産工程を分割し、そのかなりの部分を「親方」と呼ばれる熟練工に請負わせ、自らは資金と販売面だけを管理することとした。「新しい職人」である親方は、配下の職工をつれて元請け企業の仕事場に出かけ、作業を行った。なかでも有力な親方は、独立企業である組を起こし、徒弟（見習工）の衣食住の面倒をみながら一人前の職工に養成した。親方と職人・徒弟との間には、かっての職人社会の親分・子分の身分的関係がそのまま引き継がれたいったのである。このように、わが国においては多くの中小企業の中から大企業が成長するという過程をとらず、先に大企業があり、むしろこれに依存する形で下請中小企業が生まれ、さらにその周辺に再下請の零細企業や家内工業・内職が生まれたという産業構造におけるエラルヒーが、大企業を頂点として形成されたのである。

3　わが国では、労働人口の豊富な都市の周辺に工場が出来たのではなく、「初めに工場ありき」で、産業立地のよいところに工場をつくり、労働者をつれてくることにしたため、労働力の給源は主として農村に求めなければならなかった。募集人の暗躍により、農家の二三男や、嫁入り前の娘をつれてきて、個別企業の責任で、これらの者を近代的な労働者に陶冶したのである。当時、ドイツ、フランス、イギリス等を範として設立された軍隊が、同じ農民に対し、西洋式組織的訓練を行ったが、時間の観念、集団的規律、西洋的生活様式をたたき込むのに苦労したといわれている。近代的工場における職工の養成についても、基本的にはこれと同じようなことが行われたのである。すなわち農村をプールに期限をきめた出稼ぎ型の年少労働者をつれてきて寮・寄宿舎に住まわせ、就労させつつ職業訓練を行った。当時の就業規則（職工取締規則、職工心得等）には、一挙手一投足にいたるまで事細かに服務規律が定められている。

しかし、とくに製糸・紡績工場では、新しい生活様式と厳しい服務規律になじめない女工の逃亡が相次いだ。それを引き留めるための足止め策が法的にも社会的にも大きな問題となった。工場からの逃亡は、本能的に自己の生命身体を守るという衝動とともに、過酷な労働条件に対する無言のプロテストでもあったのである。紡績業や鉱山において労働移動率が高いのはこのことを物語るものである。鉱山の「監獄部屋」や紡績工場の女子労働者問題は、主として人道主義的立場からする世論の非難を浴び、明治二〇年の職工条例および職工徒弟条例にはじまる労働保護法制定の動きがみられるようになり、明治四四年には工場法が制定されている。

一方、多くの鉱工業の男子労働者については、企業内の養成工の中から基幹工が育ち、とくに兵役を勤め上げた筋金入りは、班長、伍長となって活躍した。多額の投資をして企業内職業訓練を行い、養成した中核的労働者を会社は手放すわけはなく、年功とともに経済的にも身分的にも優遇する年功序列型の賃金体系が自然と形成され、また長年努めた中核的労働者が系列の下請となり、さらにはその子弟が同じ企業に就職するという企業城下町が形成されるようになった。

4　明治大正期の就業規則には、詳細な服務規律とこれを守らせるための賞罰の規定が定められている。「賞」には、①平素の勤務ぶりを評価する精勤手当、勤勉手当、皆勤賞与、②半年毎の勤務ぶりを評価する賞与、③一年を超える勤続を確保する勤続手当、④永年勤続に対する慰労金、慰労休暇等がある。これらの「賞」は、一種の刺激的賃金ともいうべき意味をもち、年功序列型の賃金や複雑な手当制度の原型となったものである。本来は「罰」の懲戒の規定と並んで服務規律を確立するための手段であったが、どちらかといえば、「罰」よりも「賞」の方に比重がかけられていた。

同時に労働者の定着性を確保するため、紡績工場を中心として温情主義、家族主義の経営が支配的となり、各種の福利施設に力がそそがれるようになった。また労働運動の高揚や大正デモクラシーの影響により、いくつかの大企業には工場委員会が設けられ、労使の利害は対立するものではないとして「擬制的親子関係」、「家族主義」に基づく和の経営が鼓吹されるようになった。労働者を定年まで雇用し、生活を保障するという終身雇用制や年功序列型賃金制が労務管理の基本とされ、明治・大正期には一部の大企業における職員（とりわけ大卒のエリート社員）のみが享有することのできた終身雇用制・年功制が、第一次大戦による好景気により、一部の大企業においては工員にまで拡大されたのである。

5　昭和に入り、やがてわが国は準戦時体制から戦時体制へと移行したが、昭和一三年四月には国家総動員法が制定され、企業活動は完全に国の統制を受けることになった。労務面でも従業者雇入制限令（一四年）、賃金統制令（一四年）、国民労務手帳法（一六年）等により企業の自主性は失われた。協調会は、先に政・財・官界の労働問題関係者を集め、時局対策委員会を設け、傷痍軍人対策、銃後の社会施設、労働力需給調整、労働保護政策、労資関係調整方策、思想対策の六項目について審議を始めていたが、「事業者は経営に関する一切の責に任じて従業員の福祉をはかり、従業員は産業の発展に協力し、事業一家・家族親和の精神を高揚し、もって国家奉仕のためにおのおの自己の職分を全うしなければならぬ。」とし、この指導精神を普及徹底するための機関として、各企業・事業所ごとに産業報国会（産報）を設置することを呼びかけ、産報の指導・連絡に当たる中央機関として、産業報国連盟を結成した。これに呼応するかのように、各企業・事業所では産業報国会が結成された。そして「事業一家」のイデオロギーが政府の手によって宣伝普及されたのである。

6　第二次大戦後、日本の軍国主義的な政治経済制度を打破し、民主主義国家に再編するという占領政策により、財閥解体、公職追放、治安維持法の撤廃、団結権の法認等民主化のための法制度が矢継ぎ早に整備された。インフレと生活難にあえいでいた労働者は、生活擁護のために組合を結成し、「月給の三倍値上げ、五倍値上げ」といった要求を掲げて団交、争議行為を行った。当時は賃金も遅配し、工員も職員もおしなべて平等に生活難にあえいでいたし、終戦後、占領当局の指令で直ちに労働組合法が制定されるという事情もあり、職員も工員も一体となって企業別組合が結成された。労働組合は、企業、事業場別にこれまで存在していた産業報国会の組織をほぼそのまま移行したような形態をとっているが、もちろん理念や行動様式は全く別個のものである。

組合は、直ちに工員、職員の身分的差別を撤廃し、生活費を基礎にする年功序列型の賃金を要求した。これと並んで戦前から、むしろ生産を刺激する報奨金的なものとして存在していた勤続手当、勤勉手当、期末手当を固定給的なものとして要求し、家族手当、慶弔金、退職金等を生活の安定のために要求した。争議戦術としても、ストライキは企業の力を弱めることから、短時間のデモ的なストやさまざまな神経作戦的な争議戦術を駆使し、一方、業務管理、生産管理といった高度の争議行為を行った。社長・重役以外は皆組合員という企業別組合には、会社の職制がそのまま移行しているため、生産管理のような戦術をとることも可能であったのである。

7　終戦直後には、すべての点で有利な客観情勢が組合側にあり、労働運動が高揚したが、やがて米ソの対立の激化から、占領政策の転換が行われ、官公労働者のスト権の剥奪、労働組合の自主性、民主制を確保するという見地から非組合員の範囲を拡大する労組法の改正が行われた。組合側は、組合運動の先頭に立っていた官公労の力と企業民主化と労働条件の向上のための運動の中核となっていたインテリ管理職層を失うことになった。入れ物が一定である企業別組合では、組合員数が減ることは同時に財政力が弱まることを意味する。さらにレッドパージの追い打ちにより、戦闘的な組合の幹部が企業を追われ、労働運動は著しく停滞した。

8　また占領軍当局は、赤字融資の禁止、物価に影響を与える賃上げの禁止、補給金の制限を内容とする賃金三原則、インフレを終息させるための均衡予算の実施を初めとする経済九原則を指示し、政府も、定員法の制定による官公労働者の人員整理、外資導入、傾斜生産方式による戦後経済の再建に乗り出した。中小企業の倒産が相次ぎ、大企業も企業整備、大量の人員整理に追い込まれた。その結果、血で血を洗うような大争議と組合内のイデオロギーの対立による分裂が起きた。これら一連の政治経済政策は、戦後の経済復興と安定のための痛みをともなう大手術であったといえるが、この苦い経験により、企業の側は、「人員整理だけは避けたい」と努力するようになり、組合側もまた「犠牲者を出さない」という、雇用保障を重視し、できるかぎり団交や斡旋、調停で解決する協調的な姿勢へと変わって行った。この経験から終身雇用制が、大企業の正規従業員を中心とするものであるが、広まって行ったと言ってよいであろう。このような社会的経済的情勢を受けて、法の世界においても「社会的に相当とされる合理的理由のない解雇は無効」という判例法理が次第に確立されて行った。

9　やがて経済が軌道に乗る頃、朝鮮戦争による特需が起き、経済の復興は一段と加速した。戦争による壊滅は、思わざるスクラップ・アンド・ビルドとして作用し、新産業都市が原材料と製品の輸出入に便利な港湾に建設された。石炭から石油へのエネルギーの転換や産業構造の高度化による重化学工業の発展、電機や自動車等の戦略的産業の育成等により、もっぱら安い労働力を武器とする衣料や雑貨中心の輸出から、良質な製品を安価に輸出できる体制が整備されたのである。さらに新しい産業革命といわれた技術革新の波が、一九五〇年代の末から六〇年代にかけて全世界的な規模で押し寄せていたが、わが国では、雇用の安定を中心とする労働組合との事前協議協定や配転の受け入れによっていち早く取り入れられ、ME革命の波に乗って驚異的な高度経済成長を遂げた。

以上みてきたように日本的雇用慣行は、戦後の民主化と経済復興およびその後の経済の高度成長の流れの中で完成されたと言ってよい。

㈢　日本的雇用慣行を成立させる基盤

わが国の企業内労働者は、中核をなす正社員（正規従業員）とそれをとりまく周辺的労働者（準社員、臨時雇、パート、アルバイト、社内下請、等）によって構成されている。戦後の民主化の風潮により、工員・職員の待遇の平等化、身分制の撤廃がなされたが、日本的雇用を享有しうるのは事実上大企業の正規従業員に限られる。しかも終身雇用制と年功序列型の賃金制が成り立つためには、つぎのような条件を満たすことが必要である。①生涯賃金をあてに当初は安い賃金で働く豊富な若年労働者がいること、②係長、課長といった管理職のポストを保障するために、子会社、関連会社をも含めて企業規模が常に拡大していくこと、③正規従業員を年次別に昇進昇格させるために、競争に参加しない女性労働者がいること、④景気の調節弁としての周辺的労働者が存在すること、⑤正規従業員の数を少なくするため、下請け（社外工、派遣、アウトソーシング）を利用すること。

また正規従業員に対しても、不況の時には、賃金、労働時間による調整が行われている。すなわち、わが国の賃金には諸手当が多いが、業績が悪いときにはこれがカットされ、さらに残業を削減することによって雇用量の調整が計られている。

四　日本的雇用慣行の変容

(一)　日本的雇用慣行の功罪

1　戦後の民主化政策により、多くの企業では工員・職員の身分的な差別が撤廃され、正規従業員である工員にも月給制が採用された。よほどのことがない限り、労働者としての身分は定年まで維持されるのが暗黙の前提とされている。賃金は年功序列型という「長期後払い方式」で、若い時には安い月給で働くが、中高年になると生活の必要に応じて取り、定年時にはある程度まとまった退職金が支払われる。長期的スパンで労働者の生活は安定的に保障されているのである。企業一家のイデオロギーや温情主義は、整った福利厚生施設やリクリエーションとともに、労働者とのコミュニケーションを密にし、会社を居心地のよいものとした。これらは労働を人間的なものにし、労働者の勤勉さや企業忠誠心の源泉ともなったのである。

人はさまざまであるから、当然、「仕事をしないわりには給料が高い」人もでてくる。しかし、多少の過剰雇用を抱えてまでも終身雇用制を維持する日本的雇用の下では、労働異動率や離職率が少なく、企業の側でも、生産性が高く、質的に優れた労働者を安定的に確保することができたのである。

2　各人が能力に応じて働き、必要に応じて取るという社会主義社会が性善説の仮説に基づくものであり、多くの社会主義国家が破綻したのと同様に、日本的雇用慣行も、いくつかの弱点をはらんでいる。人間は理想的な「労働英雄」ばかりではないから、働く人も働かない人も賃金が同じであるならば、働かない方が得だとばかり、手をぬく者もでてくる。ミスをおそれ、大過なく過ごすことに気を配り、「前例のないことはやらない」、「他社がやるなら安心してやる」ということから、社員は、独創性、創造性をなくした。平等な「和」の社会は居心地はよいが、なれ合い、ことなかれ主義、官僚主義に陥り、大企業病がいつしか蔓延して、企業としての活力が失われた。経済が成長期にあるときにはよいが、いったん不況期に入ると人件費の高さから、国際的な競争力を失う。

労働者自身にとっても、自己の会社に全生活をかける会社人間は、長時間労働、サービス残業、鬱病、過労死の危険性と隣り合わせとなり、また転勤や、単身赴任は、家庭の崩壊へとつながる危険性をはらんでいたのである。

㈡　日本的雇用慣行の行方

1　日本的雇用は、過剰雇用の窓際族を抱え込むほどの経済的ゆとりがあって初めて維持できるものである。いわゆるバブルがはじけ、経済の低成長から深刻な不況へと移行した九〇年代以降には、企業をとりまく経済環境は大きく変った。市場経済における規制緩和により、いわゆる護送船団方式が通用しなくなり、グローバルスタンダードによる国際的競争が激化し、途上国の追い上げが急になった。資本に国境はなく、金融不安に見舞われた。不況は不況を呼び、深刻なデフレスパイラルに陥り、倒産とリストラによる失業者が急増した。職を求める労働者は職安にあふれているにも拘わらず、企業は、労働力の安い海外へ生産拠点を移さざるをえなくなり、産業の空洞化現象が生じたのである。

企業内においても、経済的効率化の要請から、勤続給、年齢給、家族手当等を軸とする生活給を見直し、職能給、業績給を中心に、能力や業績にみあった処遇を考え、さらには年俸制の導入、退職金、企業年金の見直しが行われるようになった。リストラにより、少数精鋭主義をとり、パート、アルバイト、派遣労働者、契約社員への依存度が高まった。日本的雇用慣行を成立させていた基盤そのものが音もなく崩壊しつつあるのである。

2　一方、労働者の価値観、勤労観は、戦後の半世紀の間に大きく変化した。

(1)　労働者は、社是　社訓にあるような二宮尊徳的勤勉の美徳を生活の哲学とし、会社人間、働き蜂として一生を会社に捧げても、倒産、あるいはリストラにより巷に放り出される危険性が身近にあることを現実に見てきた。会社はもはや「寄らば大樹の陰」ではなくなったのである。労働者は、自分以外には頼るものがないことを骨身にしみて感じるようになった。労働者自身、生涯賃金で長期的なバランスをとるよりは、現在の能力、業績、やる気を客観的に評価し、それに見合う処遇をしてもらうことを望む者が、若者を中心に増えてきたのである。

(2)　戦後女性労働者の職場への進出にはめざましいものがあり、女性の高学歴化とともに、結婚後もそのまま働き続ける者が多くなった。日本的雇用は、正規従業員としての同一年次の入社であっても、ポストの数に制限があるため、そもそも昇進昇格の競争に参加しない（正確には、参加させない）女性労働者がいることを前提に成り立っていた。しかし結婚退職制、若年定年制、賃金差別を撤廃させる裁判闘争、その後の男女雇用機会均等法、育児・介護休業法の制定等を通じ、女性の地位は著しく向上した。法的にも正規従業員として、昇進昇格を平等に保障しなければならない者の数が一挙に増加したのである。

(3)　また労働者の勤労観と働き方にも大きな変化がみられる。労基法の定める一日八時間週四八時間労働制は、終戦直後の国際的水準に合わせたものであったが、その後、各国とも労働時間の短縮がすすみ、わが国でも昭和六三年の改正により週四〇時間制に改められた。ただ当時の企業の実態から、一挙に週四〇時間制にすることは困難であったので、段階的に短縮することとし、時短促進法が制定され、労使が自主的に労働時間の短縮にとりくむこととされた。多くの企業は、週休二日制を採用し、有給休暇も、ゴールデンウイークやお盆、年末年始にまとめて採ることが普及した。さらに国も祝祭日を増加し、「ゆとりある社会の創造」が時短とならんで国の政策とされた。このような政治的社会的風潮は、労働者に会社人間からの脱皮を迫るものであった。若者を中心に、価値観が「働き蜂」から「マイホーム主義」へと変化し、労働とともにレジャーを楽しむようになった。同時に、会社や業種をこえた横のつきあいが、仕事上の勉強会から始まり、趣味の会へとひろがり、また園芸や音楽を楽しみ、家族でキャンプや旅行に出かける労働者が次第に多くなった。

さらに生活上の価値観そのものも物質的豊かさから精神的豊かさへと移り、ボランティアとしての活動に時間を割き、ひいては今後の少子高齢化社会における老後の問題をも若いうちから考えるようになった。会社に全生活をかけ、会社人間として、会社のために忠誠をつくしてきた労働者が、自立し、満足な一生をおくるための自己の生活設計を考えるようになったのである。

3　高度成長期の労働力不足をまかなうため、当初は農漁村の出稼ぎ労働者が季節工、期間工という名の臨時労働者として採用されたが、経済成長とともにこれらの成人男子労働者は、割の悪い臨時から正規労働者へ移り、これに代わって家庭の主婦がパートとして、学生がアルバイトとして採用されるようになった。特に女性のパート労働者は、高度成長期を通じ、補助的臨時的雇用から恒常的な雇用となり、やがて中核的戦力として日本経済を支える重要な常勤的労働者（オールパート、フルタイムのパート、疑似パート）となったのである。しかしパート労働者は、正規なみの待遇を享有することができない。パート労働者は、最低賃金すれすれの低賃金で雇用され、短期の有期契約を反復更新し、正規従業員には支払われる賞与も退職金も、その恩恵には浴しない。しかも景気変動による雇用量の調整の必要性が起きたときには、真っ先に解雇された。当然、これらの不満の中からパート労働者は、解雇保護、賃金保護を求めて裁判問題を起こし、平等化を目指して労働条件の正規なみの待遇を要求するようになった。

このようなパートタイマーの反乱は、女性労働者の高学歴化、社会進出、民主化への要求の一環をなすものであり、これまでの家族単位の男社会への異議申立でもあった。すでにみてきたように、日本的雇用慣行を支えたのは、これらの周辺的労働者である。ウチとソトを使いわけ、ヨソ者に対する差別や格差を当然視し、あるいは男女の役割分担を説き、「女性は家庭に」ということ自体が、日本のこれまでの社会意識でもあり、日本的雇用の特質であったのかもしれない。そうだとすれば、日本的雇用を成立させている基盤そのものがもはや消滅しているのである。

4　現実にビジネスの世界で起こっている変化は、経済的にも、社会的にも、あるいは法的にも、これまでの日本的雇用慣行を許すような環境にはない。家族関係になぞらえられる企業一家の「和の世界」、「情の世界」は、昔の話となり、自立した個人を中心とする契約社会、競争社会へと変容していく。近い将来には少数精鋭主義が徹底し、少数の管理職（ゼネラリスト）と専門職（スペッシャリスト）というスリムな中枢的社員とそれをとりまく多数の戦力的業務をおこなう社員とに分かれ、従来の長期のパート、アルバイトは安定的な継続雇用、月給労働者として正規化する者と期間の定めのある文字どおり短期の臨時労働者に分かれていくであろう。賃金は、生活給中心ではなく、業績給の比重が高まり、歩合給が増え、同じ社員であっても、能力や働きにより賃金に格差が生じるのは当然とされるようになる。労働者も、自己の能力に応じて会社を変わるジョブホッパーが増えてくるであろう。

また派遣労働者や業務請負の活用も進むであろう。派遣は、職業紹介と出向的労働者（労働者をプールし、労働者が渡り歩く）の二つの機能をもつようになり、派遣労働者も、専門職と臨時労働者に分かれるかも知れない。さらに業務委託が専門職を中心に増加し、いわゆるニッチ業種であればSOHOや在宅勤務も可能となる。

5　企業経営の効率や経済的合理性から考えれば、企業が少数の中核的労働者とこれを支える多数の補助的労働者によって構成され、景気変動による企業の繁閑は、周辺的労働者の雇用調整によって行うのは自然であり、このような人員構成をとることは、わが国だけに固有なものではない。欧米諸国におけるフルタイム労働者、月給労働者はわが国の正規労働者に該当するし、金額やその質を別にすれば、どこの国でも、なにがしかのフリンジベネフィットはある。そうだとすれば、雇用や労働市場の構造は、基本的には各国に共通なものであり、日本的雇用慣行といわれていたものも、質的に日本だけに固有ないし独自なものではなく、その現れ方がわが国にユニークな面をもつものにすぎなかったということができる。

また雇用の面で労使両当事者が長い間かけてつくりあげてきた終身雇用制は、法の世界にも反映し、法的には原則として自由であった「期間の定めのない契約」の解約は、今日では大幅に制約されるようになっている。すなわち解雇を禁止ないし制約する法規（労組法七条、労基法三条、一九条、二〇条、男女雇用機会均等法八条）や、解雇は社会的に相当とする合理的事由のない限り権利の濫用として許されないとする判例法が確立され、これらの解雇保護法規や判例法理に変更のない以上、終身雇用制は法的には維持されているのである。しかも有期契約であっても、反復更新されている場合には、解雇については実質上期間の定めのない契約と同様の法的保護を受けることができるし、整理解雇の場合、パートなるが故に解雇順位の第一とすることはできないという判例も確立しつつある。今では周辺労働者の保護と雇用の安定が国の政策となり、労働保険や社会保険を含めた法的保護は、今後も着実に推進されるであろう。終身雇用制がもつ雇用の安定の機能は、労働権の保障を国の政治的な責務として掲げる憲法二七条の理念にも合致するものであるし、比較法的にみても、雇用の安定は各国に共通の法政策となっている。したがって今、一般には「終身雇用の崩壊」とか「終身雇用の終焉」ということがいわれているが、これは企業の側の人事政策の転換や人事制度の改革を指すものにほかならならず、「解雇の自由」や「リストラのやり放題」を意味するものではない。雇用の安定という視角でみるかぎり、終身雇用制は法的にも後戻りのできないところまできているのである。

6　労働者の離職率や異動率が少なく、労働者が勤勉で、企業忠誠心をもち、生産性が高いということは、人事労務管理の最大の目標である。日本的雇用が国際的に注目されたのは、わが国が驚異的な高度成長を遂げたときに、どのような労務管理が行われていたのかということであって、日本的雇用を維持すれば経済成長を維持できるというものではない。経済的な環境や社会的条件の変動が避けられない以上、従来の型の日本的雇用（人事労務管理）を維持することができないのは当然である。問題は、現在の経済・社会情勢の変動の中で、いかにして労働者の定着率を高め、労働者の勤勉性、企業忠誠心を保持していくか、いかにして居心地のよい活力のある職場を構築し、生産性を高めていくかというわが国の企業風土にあった新しい経営と人事労務管理の方策を探求することである。換言すれば、従来の「日本的雇用慣行」のもつ機能や成立条件を徹底的に分析し、そのメリットを生かし、デメリットを是正するという形での再構築が必要なのである。その際、留意しなければならないのは、これまでの日本的雇用慣行が、従業員の意見のくみ上げ、経営参加、企業との一体感や人間的信頼関係の醸成、ひいては労働者の心の満足をもある程度充足しうる点で、「労働の人間化」(humanization of work)に資するという機能をもつ面もあったということ、さらにこれまでは、日本的雇用慣行を享有できたのは大企業の正規従業員に限られていたが、その必要性は周辺的労働者にもあるということである。

第一章　わが国の労使関係の特質

一　労働契約書より見た労使関係

＊　昭和二七年、日本労働法学会「労働法」二号

一　はしがき

わが国の労働関係には、今なお、なんらかの封建的諸関係が見られるといわれている。それでは労働関係の一端をいわば可視的な形において表現した労働契約書には、その封建性がいかなる形で現れてくるのであろうか。また労働契約(1)における封建的諸関係とはいかなるものを意味するのであろうか。本稿は、わが国の労働関係を労働契約書の面で捉え、労働契約書を通じて労働関係の性格の一端を明らかにしようと試みるものである。

労働契約、そして労働関係に封建的諸関係が残存するというためには、労働契約または労働関係における封建性とはいかなるものを意味し、それはいかにして残存するに至ったかを明らかにしなければならない。したがって本稿においては、第一に封建契約としての徳川時代の奉公契約を概観し、ついで明治維新以後の近代法の下における雇用契約を取り上げ、最後に、戦後のいわゆる労働立法進出期における労働契約の諸問題に言及する。

（1）　労働法上の「労働契約」が、民法の「雇用契約」とは異った概念として用いられていることはいうまでもないが、本稿においては、しばしば、「労働契約」を、便宜上、「雇用契約」を含む概念として広く使用した。

二　封建契約としての徒弟契約、僕婢契約の性格

徳川時代においては、すべて人に雇われることを「奉公」と称し、逆に雇入れることを「抱える」と称した。出替季より出替季まで雇われるのを一生奉公、年限定めの契約を年季奉公、親子代々雇われるのを譜代奉公等と呼んでいる。奉公は必ず出替季に行われ、この季を外せばその年は奉公することが困難となり、郷里に再び帰る者も少くなかったようである。労働力の給源はいうまでもなく農村であって、農村出身の年季奉公人が多いことは一般農民の窮乏化に由来する。

例えば延寶三卯年二月の御觸書[1]には、「去年國々洪水付て、諸國民爲窮困之間、當卯年は長年季之者又は譜代差置候共、相對次第不可苦之候……」とあって窮乏化による出稼の事実を裏書きしている。このような窮乏化の原因は、封建制度下における経済的、あるいは経済外的強制による搾取、すなわち四公六民、あるいは五公五民を建前とする苛斂誅求ともいうべき公租公課の賦課と、公権的なものと内面的にからみ合った高利制の絶対的な収奪によるものである。次第に浸透してくる商業資本の波に田園はまさに荒れんとし、困窮に喘ぐ農民は、わずかな職を求めて都市へ都市へ流れていったのである。

農村の窮乏化に伴う農民の離村は、もちろん徳川封建性のよって立つ地盤を動揺させるものであり、その限りにおいて徳川幕府は、封建制の基盤たる農業労働力の確保に狂奔した。すなわち幕府は、人身売買の禁止、永年季の制限とともに、奉公稼それ自体をも制限するに至った。つぎの御触書[2]は、その間の事情を物語る一例である。

「安政六酉年五月

近年在方村々之もの共、耕作を等閑ニいたし、却て困窮等之儀申立、奉公稼ニ出候もの多、所持之田畑を荒置候類有之由相聞、不埒之至ニ候、以來村高人別割合何人迄ハ奉公ニ出候ても、殘人數ニて耕作は勿論、村方之差支無之哉否村役人共相糺、實ニ無據子細にて奉公ニ出度旨相願候者有之候ハ、右割合之人数迄ハ村役人共承屈、年季を限、奉公ニ出候様可致候……。」

さて、農村から流れて行った彼等の奉公は略々次のような形式で行われていた。(3) まず出替季には、口入屋（組合宿並びに素人宿の二種がある）が雇主の家に伺い、求人の有無を尋ね、その依頼に基づいて、五、六人の者を連れ来たり、その中より主家の指示する者を残して帰る。その者には目見えと称して仕事が与えられ、その日は食事をとらせ、明朝早々に来るよう申付けて宿に帰すのである。翌日も同様に仕事をさせては帰し、五日、長い者は十日余り召使う。その間に他の適当なものがあれば、それを雇入れることは一向に差しつかえなかった。目見えが五日、七日と過ぎて召抱えることが確定すれば、請状を差入れ、男ならばその晩、女ならば翌晩より主家に引越し、住み込むこととなる。商家あるいは職人等の年季奉公について一言すれば、十歳前後より雇入れ、丁稚、小僧と称し、専ら雑用に従わせ、稍々長ずるに及んで走り使い、職人の手伝等を為さしめ、十五、六歳になって初めて家事労働と徒弟の仕事とを半々位に行わせ、二〇歳頃より番頭、手代、職人等に取り立てたのである。この時は親疎の別なく、本人の親元、親類より連判の契約証を差し入れる慣習が存した。つぎに契約書の実例を紹介しよう。(4)

年季奉公人請状之事

一　此七之助等申者當卯八月より來ル申八月迄丸五カ年之間其元江奉公ニ出シ申候此者先祖より能存慥成者ニ御座候ニ付我等請人立申候實正也御氣ニ入年季之外相勤メ候得者幾年モ我等請人ニ相立申候事

一　御公儀様被爲　仰出候御法度之趣少モ為相背申間敷候事
一　宗旨者代々浄土宗ニ而寺請狀我等方へ取置申候御入用ニ候へハ何時ニ成共相度シ申候
一　御奉公之内取込引負又は取逃欠落仕候ハヽ、尋出シ勘定之表少シ茂御詫言不仕請人方より急度相立申候其外如何様之六ケ舗儀出來候共私罷出埒明少茂御難懸申間敷候御日請狀依而如件

請人　藤屋吉次良印
親　鈌屋嘉兵衛印
奉公人　同　七之助印

文政弐卯月　日

鍵屋久左衛門殿

年季奉公人請狀之事

一　此卯之助と申者當子歳拾歳相成我等親類ニ而先祖より能存知慥成者ニ付我等請人ニ相立當戌正月より來ル未年正月迄丸拾ケ年間年季奉公ニ差出シ申候處實正也御仕着之儀ハ夏者布惟子冬ハ毛網布子ニ季之御仕着被下候約束ニ而外望等一切無御座候右卯之助若取逃欠落等仕候ハヽ、早速尋出シ紛失之品相立相渡可申候但シ判代銀貳拾匁慥ニ請取
一　従　御公儀様被仰渡候御法度之趣堅相守御家風相守せ可申候宗旨者代々大念佛宗則〔缺字〕旦那ニ紛レ無御座地御構ものニ而も一切無御座候右之外卯之助儀ニ付如何様之六ケ敷儀出來仕候とも何國何方へも罷出急度埒明御主人へ聊御難儀相掛申間敷候勿論いケ様之儀有之候共年中暇爲乞申間舗候若御氣ニ入不申御暇被下候儀得者本人早速引取可申候爲後日之年季奉公人請狀依而如件

請人　蚆草屋七兵衛

文政九年酉正月
親　蚆草屋忠蔵
奉公人　卯之助
河内屋万助殿

年季奉公人の請状は、いずれを見ても略々一定した形式をもって書かれている。さらに興味深い事実は、例えば、茶立女（上方地方の水茶屋等で働く女）、傾城、飯盛の請状、妾奉公人請状等とも極めて類似した点を有することである。それは出替奉公人をも含めてのこれらの奉公契約がいずれも身売的なものであったことの一つの証拠でもあろう。(5) 以上の契約書から、封建契約の形式上の特色としてつぎの点を指摘することができる。

第一は、契約書が請状として身元保証書と一体をなし、一方から差入れるものであること、すなわち契約の当事者は奉公人自身ではなく、奉公人の身元保証人たる請人または親が一方の当事者となり、相手方たる雇主に対して奉公人を「差出ス」ことを約する契約であること、第二は、家風に従い主人に服する絶対服従義務を明確にしていること、第三は、被傭者の方からは、みだりに解約の申し入れが出来ないが、反対に使用者は任意に契約を解除しうること、第四は、身元保証を立てることにより使用者側の不測の損害を防止するとともに、その損害に対する弁済義務を明確化していること、第五は、使用者側の反対給付義務が極めて不明確なこと、第六は、多くの場合、前借金契約と密接に結びついていることである。

このような契約は、雇用関係においてはいかなる社会的意義を有していたのであろうか。すなわち、いかなる社会的基盤において成立し、いかなる社会的意識により支えられていたのであろうか。

㈠　封建社会における基本的な社会関係は、いうまでもなく主従関係であり、主君の与える恩賞と、従者の捧げる奉仕との交換に基づいて成立する社会関係である。主君の側からは従者の忠誠、奉公が要求せられ、従者の側からは恩賞が要求せられる。そこに、身分的な支配関係が見られるとしても、それは論理的には、一応の主体性を媒介とした双務的な給付の交換関係でなければならない。

しかしながら、日本の封建社会にあっては、奉仕と報酬の授受は、決して対等の立場において行われてはいない。主君から与えられるもののみが一方的に御恩として考えられ、これに対する報恩として従者の忠誠が要求せられているのである。例えば、主君が従者に土地を与えることを主君の側からは恩を施すといい、主君の与える土地は御恩地、御恩所領と呼ばれ、私領と区別する場合には、単に御恩と呼ばれた。これに対し、従者の側からは、「御恩に預る」、「恩を蒙る」、「恩録を啄む」等と称せられた。これは主君が従者に土地を与え、従者はこれを一方的な恩恵的行為と考える封建的な社会関係の率直な表現に外ならない。このように主従関係が双務的なものではなく、一方的な恩恵としてのみ意識されているのは、主君の権力が圧倒的に大きく、彼等が富の独占に基づいて、経済的な、あるいは経済外的な階級支配を行っていたからであるということができる。このような階級支配を支える理論として、報恩を強制する報恩思想が生まれ、封建社会の封建的ヒエラルヒーの固定化を志向する分限思想、家業意識が、現状肯定、現状維持の保守的封鎖的思想として、すなわち各人は生れながらの地位、階級、職業に固定化し、それを変化、移動せしめることを許さぬものとして生じたのであった。かくて士農工商の階級的構成とともに、それぞれの階級内においても、すべてを主従関係に擬制し、それを主要な社会的紐帯として、価値とは無関係的に只管上長に服従するピラミッド型の封建的ヒエラルヒーが構成されていたのである。浄瑠璃に所謂「親子は一世、夫婦は二世、主従は三世」なる文言は、かかる階級的構成の社会意識への浸透を明白に物語るものであろう。

㈡　したがって僕婢、徒弟等の奉公契約が、直ちに主従関係の設定を意味したことはいうまでもない。奉公の「公」とは、「私」に対立する論理的な概念ではなく、具体的な主人を指し、「奉公」とは御恩に対する奉仕服従の行為であった。そこには厳格な意味での身分的な上下の関係、主従関係のみが存在する。没我的な服従、身分的隷属関係の存在はつぎのことからも容易に首肯されよう。すなわち町人階級の子弟に対する訓誡たる商家見聞集巻上(6)は「それ主人は親より重し」と説き、道二翁道話(7)には「奉公とは公に奉るということで奉公に出た日から此身は主人のもの、我身というは芥子微塵もない……たとえば一季半季の奉公でも……我身というものはない」と説かれている。それ故に、僕婢、徒弟等の契約関係において、雇用は一つの恩恵であり、その恩恵に対しては報恩として献身的な忠実奉仕義務が対応していたのである。したがって、彼等の間には、「食事をばする度毎にあぢあうてみよや主人のみな御恩也」と意識せられ、それに対する忠実奉仕義務として「我親の門は通ふろと用なくば、よらぬがよるにまさる奉公」、「藪入に行かば泊らずかへれただ永居はせぬが忠義とぞ知れ(8)」と意識されていたのである。したがって雇用契約は、被用者側からは「奉公」であり、使用者側からは「召抱える」ことであって、当事者の主体的な意思を媒介とする対等の立場に立った契約関係ではなかった。雇用契約書が忠実奉仕義務確認の誓約書として、下級者から上級者に差入れる形式をとったことは極めて当然のことであった。

㈢　雇用が双務的な契約ではなく、恩恵であることの結果、双方当事者の規範関係は、相対立する権利義務関係ではなく権力支配関係であったということができる。すなわち主従関係、命令服従の関係として、一方当事者の意思が他方当事者の意思に対し本来的に優越せるものとして支配したのである。このことは給付と反対給付の面での特色として、つぎのように現れる。すなわち当事者の義務は明確な限界をもった定量的なものではなく、一方において、被用者は家風に従い絶対服従の義務の下に無定量の労働（使い走りから一切の家事労働まで）を給付し、他方、反対給付は極めて不明瞭な形をとったのである。仮に反対給付が「御仕着之儀」は、として一応定められていても、それは飽くまでも恩恵によるものであり、「外望一切無御座候」として権利としての賃金請求権の不存在が明確にされている。このことは彼等の労働関係が、権力者の下級者に対する恩恵と、下級者の上級者に対する忠実義務の対応関係として把握され、その間にはなんら対価関係がないことを物語る。このような無定量な労働および不明確な反対給付は、究極において使用者の一方的な恣意により定まり、其間には、さらに封建的な意識（恩恵と忠誠）が介入したのである。雇主の義務が終局的には雇主の意思によって確定することはその義務をして義務たらしめるものでないことはいうまでもない。

㈣　雇用関係が権力関係として把握されていることの当然の帰結として、雇用関係の解除は権力者の一方的な恣意のみに依存し、被雇用者は、「年之内我侭に御仮願申間敷」として契約の解除権を放棄せしめられている。しかしながら、反対に使用者は、常に解雇の自由を有し、「御気ニ入不申御仮被下候節ハ世間作法之通リ無遅滞埒明可申候」とされたのである。なお、このような過酷な文言を容易に発動させぬことにより恩恵の意識の発生を期待したであろうことは改めて説明するに及ばない。

㈤　雇用契約書が作成されることの意義として、以上の外に、これが前借金契約と密接に結びついている点を指摘しうる。請状は、その限りにおいては極めて明確な契約関係であったということができる。問題は、契約関係たる前借金契約と権力関係たる雇用契約が密接に結合し合っている点に存する。借金契約における債務者の義務が封建的な権力関係により強力に裏打ちせしめられ、さらに権力関係が債務者の義務によって裏打けられている関係に封建契約の顕著な特質を見うるのである。

㈥　このように雇用契約が前借金契約と密接に結びついていることを、別の面から表現すれば、彼等の雇用関係は人身売買的あるいは債務奴隷的な色彩をもつものであったということができる。封建契約としての奉公契約においては、被用者自身は決して契約の一方当事者として現れるものではなく、その身元保証人たる請人あるいは親（人主）が契約の当事者として、相手方たる雇主に対し奉公人を「差出ス」ことを約したのである。かかる身元保証人として法的に認められていたものには、請人（保証人一般と区別するため人請と称することもある）、人主、下請人等があった。人主には奉公人と在所を同じくする近親者（通常は親）がなるのを通例とし、請人に対しては第二次的保証人に相当する地位を有していた。契約書に明らかなように、奉公に先立って、親元は身代金を受取り、奉公人を雇主に引き渡す。そこにおいては、親は、奉公人の「人」身の「主」たる資格において当然に契約の当事者となり、奉公人は単なる契約の目的物にすぎない。契約の目的物たる奉公人を若干の身代金を支払うことによって取得した雇主は、人主に代わって奉公人の人身を処分する身分的な権利を獲得し、忠実奉公の強制並びに私的懲戒権を有するに到るのである。このことは徳川時代の奉公契約が、かの奴隷の売買、すなわち人身売買により労務提供者の身柄を買収し、これを封建的な身分的支配権の下に隷属させて労務を遂行させる奴隷労働の残搾形態であり、人売の別な形での再編成であることを思えば、直ちに首肯されうる事実であろう。

身元保証人の義務は、極めて厳格を極め、奉公人の欠落、引負の場合には身代金全額の返済をなし、欠落奉公人を一定期間内に捜索して引き渡す義務を負い、また引負取逃の金品を弁済しなければならなかった。このような厳格な義務には、身売に基づく売主の担保責任より転化したものが含まれていることは疑いない。(9)

(七)　さらに、これらの権力の規範関係の実効性の担保が、価値法則の必然性に媒介された経済的な強制ではなく、種々の形態における経済外的強制の機構であったことはいうまでもないであろう。これにはつぎのような事情も介在する。

元来、一季半季の奉公人制度が生れてきた元禄以降の社会は、中世的封建制度が崩壊して近世的商業資本主義の勃興する過渡期的な段階であり、そこには封建倫理の破綻と商業道徳の未成熟とによって生ずる混乱が数多く見られた。武士階級の奉公人を例にとっても、従来の「生命を懸けた」、そして「一生を扶持してくれる」一生契約、譜代契約に代わって、「給金」を目あてとする有期契約が一般化し、その限りにおいて封建制度の基盤をなす主従関係は大きな影響を蒙るにいたったのである。このような雇用関係の社会的基盤の変動（経済的な必然性により生れてきた資本主義的雇用制度の端初）は、封建的忠実奉仕義務のよって立つ基盤の変動を意味する。しかしながら有期契約を支える被用者側の労働倫理が陶冶されていないために、元禄以降の過渡期的な社会においては、奉公人の奉公義務の不履行が随所に見られた。「禍いは下から」とか、「火と下人は身に添うかたき」[10]とかいう諺は、奉公人の不奉公に手を焼いた主人の側の苦い経験から生じたものである。奉公人の不奉公は、経済的、社会的地盤の変動にも拘らず雇主側が封建的忠誠義務を強要しようとしたことに対応するものであり、中世的封建意識に対する資本主義的合理的精神の対立相剋の結果が前近代的な形態をとって現れたものに外ならない。ともあれ、封建政府はさらに悪循環のごとく、不奉公に対して権力的、絶対主義的強制の機構をもって答えたのであった。すなわち幕府は、奉公人の奉公義務を保証する請人の制度を設け、担保責任を明確化し、さらに請人の外に人主、あるいは下請人を設けてこれらの判形が揃わなければ奉公に出ることができないようにし[11]、請人に立つことを業とする人宿組合の組織、監督に努めた。

雇用関係が主従関係、権力関係であることの制度的な保障は、これまでに見てきた封建社会に潜む種々の規範意識（家父長制的意識）、儒教により支えられた倫理思想（報恩思想、家業意識）に加えて、これらを法的権力的に強行しようとした徳川幕府の強制機構にあった。

徳川幕府の雇用関係に関する法制は、なによりも主家（主人並にその家族）に対する罪を最も重く罰した。[12]

また奉公人の不奉公に対しても、つぎのような厳罰をもって臨んだ。[13]

「一　主人殺者并従類

本人は鋸挽之上、磔、従類は死罪、若遠嶋獄門（筆者注、共犯関係なき親族迄も罰する）

主人を切ル者の宿仕者　請人死罪、獄門も有之（さらに請人をも罰する）

一　主人之妻（子）を殺者類

品ニより従類赦免之品有之、申分ル譯度々有之事

一　主人ニ為手負者之類并亂心之者　殺候者と同前

一　主人并妻子ニ慮外手向者之類　死罪もあり

一　主人之弟ニ手向いたし慮外仕……主人え引返シ死罪之例あり

一　古主を殺者、磔、親類御構なし（筆者注、驚くべきは雇用関係なき古主に対しても通常の殺人罪より重く罰する）

一　古主ニ慮外仕者流罪追放」。

これらの法制は、もちろん支配階級たる雇主の保護のみに重点を置くものであり、奉公人の生死は抱主の手中にあるかの観を呈する。当時「金請ニ立ツトモ人請ニ立ツナ」という諺があったのを見てもその間の事情は窺れるであろう。

さらに請人に対する刑罰も、つぎのように苛酷なものであった。

（例一）　「寛文五年己六月十五日

壱人　半左衛門是ハ富沢町新道八右衛門店之者、此者拾ケ所え請ニ立奉公人ヲ出シ致缺落候、右の者……鼻をそぎ、江戸五里四方追放」。(13)

（例二）「壱人　彌右衛門……方え久助ト申……請ニ立出シ候処、久助致缺落候……右之者額ニ悪之字を彫付……江戸廿里四方追放」。(14)

（例三）「貞享二年丑五月二九日

壱人　惣兵衛、是ハ…請ニ立、八助を奉公ニ出シ…給金取、早速缺落いたさせ其上缺落八助儀角兵衛と名をかへ……方え給金取奉公ニ出シ……右之者日本橋ニ三日晒同丑五月晦日於浅草獄門」。(15)(16)

また「奉公人中給金ニ対スル勤メ済マスシテ無断ニテ他家ニ奉公スル者ハ請人缺所、江戸払、奉公人同罪、給金分奉公済ニテモ請人過料、奉公人手錠、自己ノ名ヲ変ヘ奉公人ノ人請ニ立チタル者、江戸四里四方追放、奉公人ト馴合判賃ノ外給金ヲ配分シ、或ハ缺落致サシタル者ハ敲或ハ死罪…」という重罰が科せられた。(17)

（1）高柳・石井「御觸書寛保集成」一〇九二頁。

（2）高柳・石井「御觸書天明集成」八八七頁。

（3）徳川初期の典型的な形式を例示した。この形式は後に到って著しく簡素化し、口入屋の紹介状により直接本人が奉公先へ訪くようになる。農商務省商工局『内外職業紹介業ニ關スル調査』中の「本邦舊幕時代ノ奉公人制度」(同書七四—七九頁)。徒弟制度については竹越『日本經濟史』九巻六〇頁以下参照。

（4）隈崎渡「江戸時代の雇用契約文書」法学新報五七巻四号四七頁。

（5）茶立女、傾城、飯盛、妾奉公人等の請状の実例は瀧川政次郎「法史閑話」(一七三—一七五頁。一八〇—一八一頁、一八六—一八七頁参照)

（6）通俗経済文庫巻三、八七頁。

（7）道二翁道話（岩波文庫、一四〇頁）。
（8）脇坂義堂「かねもうかるの伝授巻上」通俗経済文庫巻四、二四―二六頁。
（9）律令要略十七は請人の民事責任を次の如く定める（石井・近世法制史料叢書第二、三二一頁）。
「一　請人より可済旨証文取置候上、奉公人致欠落候ニおいてハ、取逃引負共ニ請人ニ済方可申付
一　欠落奉公人　請人え三十日切尋申付　三十日切日延之上不尋出においてハ過料」。
（10）瀧川政次郎「法史閑話」一三九頁。
（11）高柳・石井「御觸書寛保集成四十」一〇九二頁参照。
（12）石井「近世法制史料叢書」第一、一四五一頁。なお御仕置裁許帳一（石井同書一頁）、厳牆集二（石井同書四三一―四四〇頁）も略々同様のことを定める。
「寛文五巳年十月
一　人請ニ立候者慥成人主并下請人を撰、手形取置、請立可申候、若慥成人主下受人を不取、請ニ立候もの有之候ハ、可為曲事」。
（13）御仕置裁許帳一、石井前掲三三五頁。
（14）御仕置裁許帳一同右。
（15）御仕置裁許帳一、石井前掲三四二頁。
（16）なお右の外に元禄御法式（石井前掲書四六一頁）、御觸書天保集成百六（高柳・石井・八六四頁）参照。
（17）農商務省前掲書八八―九八頁「徳川時代ノ法制」参照。

三　明治維新後の工場労働者の雇用契約

四民の解放、地租改革等により封建的ヒエラルヒーの解体を計った明治新政府は、更に「……諸奉公人諸職人雇

夫等給金雇料の儀是亦自今双方共相対ヲ以テ取極メ候儀勝手次第タルベシ……」（明治五年、八月太政官布告二四〇号）と定めて、近代法的契約自由の原則を一般に承認し、従来世襲的身分的に定まっていた固定的封鎖的な社会的結合に代え、近代法的契約に基づく社会的結合が新しい雇用関係を構成することを明確にした。近代社会にあっては、すべての個人が権利の主体として自由、平等、独立の人格者たる地位を保持し、このような「人」を前提として市民法が展開されて行くことはいうまでもない。そこで明治政府は、「人」を「物」のように支配し、処分する人売（永代売は従来も違法行為とされていた）はもちろん、これに類似した年季売、人身の質入、書入あるいは質物奉公等の慣習法的人権無視の行為を絶滅しようと計ったのである。(1)

明治五年十月太政官布告第二百九十五号はつぎのように定める。

一、人身ヲ売買致シ終身又ハ年期ヲ限リ其主人ノ存意ニ任セ虐使致シ候ハ、人倫ニ背キ有マシキ事ニ付古来制禁ノ処、従来年期奉公等種々ノ名目ヲ以テ奉公住為致、其実賣買同様ノ所業ニ至リ以ノ外ノ事ニ付、自今可為厳禁事

一、農工商ノ諸業習熟ノ為メ弟子奉公為致候儀ハ勝手ニ候得共、年限満七年ニ過ク可カラサル事、但雙方和談ヲ以テ更ニ期ヲ延ルハ勝手タルヘキ事

一、平常ノ奉公人ハ一ケ年宛タルヘ〔印〕尤モ奉公取續候者ハ證文可相改事

一、娼妓藝妓等年期奉公人一切解放可致、右ニ付テノ貸借、訴訟総テ不取上候事右之通被定候条、吃度可相守事。

また明治八年の第百二十八号布告により人身書入も禁止されるにいたった。

「金銭貸借ニ付引当物ト致候ハ賣買又ハ譲渡ニ可相成物件ニ限リ候ハ勿論ニ候處、地方ニ寄リ間ニハ人身ヲ書

人致候者モ有之哉ノ趣、右ハ嚴禁ニ候條此旨布告候事、但期限ヲ定メ工作使役等ノ勞力ヲ以テ負債ヲ償フハ此限ニアラス」

このように身分的隷属関係に立つ封建社会の雇用関係を克服して、近代的な雇用関係を確立しようとする努力が数多く試みられるのであるが、実際には封建的色彩をにわかに払拭するには至らない。例えば明治五年の第百六十六号布告は、「雇人盗家長財物条」なる特別の刑法規定を設け、さらに明治七年九月一三日の司法省通達は、「雇人雇主ノ家ヲ逃亡スル者ハ、自他ノ管内外ヲ不論懲役三十日ニ科ス、若シ他管ニ出テ五十日ヲ過レハ違令重ニ問ヒ、復帰スルモ自首セサレハ其罪ヲ免セス、二年以外ハ脱籍逃亡律ニ依ル」旨を定め、雇人が家長の財物を窃取した場合には通常の窃盗罪よりも重く罰し、家長の許を逃亡すれば刑罰を以て臨んだのである。(2) このことは雇用の形態が、形式上は如何様のものであろうとも、そこにおける雇用関係には、未だ封建的主従関係が強固に潜在していることを物語るものである。

このようにして徳川時代における人身売買的奉公人は依然として名を変え姿を変えつつ残存を続ける一方、漸く勃興してきた産業資本主義は、工場労働者という新しい型の雇人を大量に生み出した。しかし時の立法府は、未知のものの出現になんらの立法措置を講じることなく、これを自由に放任した。それでは従来の社会的な基盤の上に、新しく生れてきた工場労働者の雇用関係はどのように展開されて行ったのであろうか。

もちろん資本主義的生産様式の導入と個人人格の自由平等を掲げる近代法の樹立は、旧来の世襲的身分的な家父長制に支えられ、封建的絶対主義的な強制の機構を具えた封建的支配関係の解体を齎し、旧来の強制機構は著しい弱体化を示した。さらに資本制生産様式の中で漸次生育した近代的規範意識＝主体者の意思を媒介とする権利義務意識は、過去の封建的支配関係を、権利義務的な主体者の対抗関係に転化させる傾向を示した。

しかしながら資本制生産様式の確立と、近代的市民法典の導入が直ちに封建的社会関係を解体し、近代的市民法関係の確立を惹起するものでないこともまた明らかである。日本資本主義の成立と発展における特殊事情によって媒介される封建的社会関係は、そのまま労働関係にも反映し、幾多の前近代的諸関係を温存させるにいたったのである。もちろん、近代法の下においてはすべての人は自由、平等、独立の人格者であり、これらの人格者相互間の法律行為はすべて契約によって行われる。そこに支配するものは、独立人格者相互間の対抗関係のみであり、温情主義的あるいは身分的な支配服従関係の存在する余地は全くない筈である。しかるに雇用関係が近代法的契約の擬制を使い、恰もそれが近代的関係であるかのような形をとって現れ、しかもその現実的な社会関係には強固な封建性が温存されているといわれているのは、そこに潜在的な前近代的諸関係が根強く残存し、主体者の意思を媒介としているかのような関係が客観的にも存在していることを意味するものに外ならない。

㈠　それでは、このような社会機構における封建的諸関係はいかにして残存するにいたったのであろうか。

1　まず第一にそれは日本資本主義の成立と発展における特殊事情に由来することを指摘しておかねばならない。すなわち富国強兵なるモットーに端的に表明されるように、国家のイニシアティブの下に強行された軍需産業＝重工業部門の強力な保護育成政策は、重工業部門、官業資本のみを跛行的に発展させ、その他の民間産業をしてこれに続く第二次的存在たらしめた。これらの産業はいずれも下請関係として多くの中小企業を抱え、逆にこれに寄生することによって自己を保全するという関係にある。かかる系列（官業―特定民間産業―下請中小企業）は、産業構造におけるピラミッドを形成し、それぞれ段階ごとに他に対する特権意識を生み、さらに企業の内部においても自ずと封鎖的・セクト的な家父長制的関係を凝結させたのである。

2　明治維新が徹底的なブルジョワ革命ではなく、封建社会における支配階級相互間の対立相剋の結果生まれたものであることは改めて述べる必要もあるまい。その結果封建社会における支配階級（武士、地主、商業資本家）は、ほぼそのままの形で資本主義社会における支配階級（官僚、政商、財閥、産業資本家）へと移行した。そのために封建社会における主従関係の意識はそのまま資本主義社会の中にもち込まれ、資本家階級は、本来的に労働者階級とは異なったものとして意識されるにいたった。

3　さらに労働の面からは、農村における資本主義化が徹底しなかったことの結果として、出稼型の労働者が農村をプールとして都市（工業地帯）へ出入りし、近代的な統一した労働市場の成立、したがって近代的な賃金労働者階級の成立を阻んだ。そのため主体的な権利義務意識をもち得ない彼等の「労働力」の質は容易に陶冶されず、原生的労働関係が悪循環のように併存した。封建的諸関係は、このような基盤が存在したことによって残存したのである。

㈡　資本主義社会の機構とは、元来、生産手段の所有関係をメルクマールとする階級支配の機構であり、主体者の自由意思を媒介とする契約を前提としつつも、資本制機構そのものに内在する経済的価値法則により命令服従関係＝階級支配関係を設定するものである。このことはつぎの二つの事情より生まれる。

1　労働者は、商品交換社会において労働力以外には何物も売るべきものを持たず、生きて行くためにはいずれかの資本家に労働力を売らねばならない。すなわち労働者は、資本家階級全体に従属しなければ生存を保つことができないという経済的に不利な立場に置かれている。労働市場におけるこのような不利な立場は、労働市場を買手市場とし、労働者をしていやが上にも資本家に対する従属関係に陥し入れるのである。

2　さらに資本制生産においては、複雑な分業と協業の下に労働者は単なる一個の生産要因として生産機構の中に組織的に投入される。労働者の「人間」性はそこにおいては全く否定し去られ、物的、技術的機構内の一分子として物的手段によって逆に統轄せしめられる。このような資本制生産行程に内在する要因は、必然的に資本＝資本家をして労働力＝労働者を指揮統轄させるのである。

以上の二点から資本は労働力を惹きつけ、労働者は資本家に従属せしめられる。契約自由と私的所有権不可侵の原則は資本主義的社会秩序維持のための基本的な条件であり、近代法は資本家階級の法たる性格を鮮明に打出しつつこの二大原則を守護するのである。労働者は法の下においてはあくまでも独立・自由・平等な人格者でありながら、資本、すなわち資本家階級に従属する支配服従関係に現実的に入り込まざるをえないのである。

㈢　以上のような資本主義そのものに内在する経済的な階級支配の必然性は、わが国のように資本主義が跛行的に成立し、発展したところにおいては、過去の封建的ないしは前近代的諸関係と密接に結合しつつ相互に補完し合って二重の支配を強行する。封建社会における支配服従関係は、近代法の美しい衣をまとい、再編成されるにいたった。しかも、時としては封建社会における温情主義が退いて、資本主義的な赤裸々な収奪関係がこれに代わるのである。日本の社会においては、封建的支配と資本主義的支配とが「うらはら」の関係にあり、両刃の剣にも比すべきものであったということができる。資本主義社会秩序維持のための支配階級の支配理論として、意識的にせよ、無意識的にせよ、封建社会におけるそれが持ち込まれたこと、このことをこそ封建性の残像と称すべきであろう。このような事情は、資本主義的価値法則に媒介される強制機構の完備が、封建的支配を借りる必要を認めなくなった時、例えば資本制生産機構内において資本の労働力に対する支配が機械力の体系の樹立を媒介として確立した時に初めて薄れ行くものであり、また資本主義に内在する矛盾の拡大に由来する権利の衝突、対立抗争が現実に対抗関係を生み、各個人をして真に独立・自由・平等な人格者たることを意識させ、権利義務意識を発生させた後に、すなわち労働関係においては、労働組合の出現、労働組合運動、社会運動等が生起して初めて弱体化しうるものであった。

このような社会機構における封建性の残存は、雇用関係、労働関係においても資本主義的従属関係をして、契約による従属関係、あるいは「時間を限っての」労働力の売買による従属関係という対抗関係を前提とした法律的従属の意識の代わりに、雇主の仁慈や思し召しに依存していかなければ生活して行けないという封建的身分的従属関係の意識を生ぜしめたのである。そこには独立人格者相互の対立関係が生じないことはいうまでもない。

さて資本制産業発達の初期的段階においては、主として農村に潜在する過剰人口は、そのまま直ちに新興産業のための賃金「労働力」に転化しうるものではなく、そのために個別資本は、極めて積極的な「労働力」獲得のための努力を払わなければならなかった。そこで「労働力」調達のための「誘拐」と「争奪」が行われ、吸血鬼のような個別資本による労働力の「摩滅」と「喰ひつぶし」が行われたのである。これに対応して「労働力」の質の低下と労働者の逃亡が行われ、資本主義的拡大再生産と合理化はいやが上にも阻害されざるをえなかった。ここにおいて初めて国家的、社会的見地からする労働力の損耗防止のための労働保護法が出現し、あるいは個別資本における恩恵的・「足止メ」策的福利厚生施設が登場する。他方、激しい原生的労働関係の中から、次第に資本と労働の対立抗争が生じ、労働者の団結、労働組合運動が生起するのである。

㈣　以上を前提としつつ工場労働者の雇用契約書の分析を進めよう。

1　まず雇用契約書の実例を若干引用する。時期的には、明治、大正前半のものであるが、改正工場法施行令により就業規則の制定義務が課せられる以前のものであって、工場主が自発的に作成した就業規則の中から選んだ。大阪市社会部『工場労働雇傭関係』には、当時の雇用契約書八五通が掲げられている。契約書の名称は、誓約書、雇傭契約書、保証書、職工雇入申込書、誓詞、宣誓書、身元保証書等多様であるが、「誓約書」が過半数を占めている。なお協調会『就業規則集』（大正一四年）には、各種工業にわたる典型的な七五の就業規則が収録されている。

〔例一〕　明治三十年頃のもの（印刷業）[2]

職工契約書

原　籍
現住所
氏　　名
（　年　月　日生）

私儀今般貴社何々部職工として入社相願候処御聞届相成候に付為後日入置申契約左の如し

第一条　契約年限は明治何年何月何日より明治何年何月何日迄向ふ何年間にして該年限中は決して解約請求致間敷候事

第二条　右年限中は御規則を遵守し誠實を旨とし規定の時間に遵ひ業務に勉励可致候事

第三条　都合に依り寄宿相願候時本人病気の節は保証人引取り療養せしめ可申候事

第四条　年限中無據解約を請ふ節は二週間前に申出御承諾を經るに非れば決して他の御同業者へ雇はれ申間敷候事

第五条　妄りに缺勤致し怠惰不品行にして工務を妨げ若くは他の職工習業生等に害を蒙らしむべき行為ありたるときは右年限中と雖何時解雇相成候共毫も異議申間敷候

右之條々契約致し候上は之を確守可致は勿論若し本人不都合の行為より貴社に対し損害等相掛け候節は保証人は本人と連帯してその賠償の責任を負擔可致且つ下名の者共現住地を変更したる節は必ずその都度御届け可致為後證仍而如件

年　月　日

本　人
保証人

殿

〔例二〕　大正時代のもの(3)

参銭
印紙

誓　約　書

原　籍　兵庫県出石郡資母津村大字阪津
現住所　寄宿舎
戸主トノ続柄　和喜蔵長女
細井としを
明治三十年五月五日生

私儀今般御社職工トシテ御採用相成候ニ就テハ左記件々確ク遵守スベキ事ヲ誓約致候

一　御社御制定ノ職工規程ヲ遵守スベキハ勿論其他ノ規則命令ヲ確守シ誠實勤勉ヲ旨トスルコト

二　御社職工規定ニヨリ大正十二年十二月ヨリ大正十五年十二月十二日マデ満三ケ年間御社御指定ノ労務ニ従事シ且ツ労務時間賃金等総テ御社ノ御指圖ニ従フベキコト期間満了後引續キ勤務スル場合ニハ更ニ一ケ年間契約シタルモノト看做スベキコト其後尚勤務スル場合ニツキ亦同様タルベキコト

三　御社事業ノ御都合上又ハ本人不都合ノ處為アルニヨリ解雇セラルルモ異議ナキハ勿論御社職工規定ニヨリ如何様御取計相成候トモ苦情申立間敷コト

四　雇用期間中止ムヲ得ザル事故ヲ以テ解雇ヲ願出ヅル時ハ四週間以前ニ其理由ヲ具シ願書ヲ提出スベキコト
五　引受人ハ本人解雇セラレタルトキ其身柄ヲ引取ルベキハ勿論其他御社ニハ一切御迷惑相掛ケ申間敷コト
六　期間満了後引続キ勤務スル場合ニ於テハ其際新規ニ誓約書ヲ差入ルルコトナクシテ本誓約ト同様ノ誓約ヲナシタルモノト看做スベキコト
右之通リ誓約致候也
大正十二年十二月十二日

右本人　細井トシヲ〔印〕
親権者　細井和喜蔵〔印〕
住　所　大阪市西区春日出町五五
引受人　吉井喜三〔印〕

東洋紡績株式会社 四貫島工場 御中

〔例三〕　大正時代のもの（機械工場）(4)

印紙

宣　誓　書

私儀今般貴会社へ御採用相成候ニ就テハ左記ノ條々嚴守可致茲ニ宣誓仕候
一　誠意勉勵職務ニ従事シ貴社ノ繁栄ヲ冀圖可致候事

二　貴社ノ御成規ハ厳重ニ相守リ上役ノ命令ニ對シテハ一意恭順ヲ旨トシ決シテ違背致間敷候事
三　黜陟賞罰役替轉勤又ハ出張ニ関シ御命令ニ對シテハ決シテ苦情ケ　間敷儀申立サルハ勿論、御都合ニヨリ何時解雇相成候共毫モ異存無之候尤モ私儀一身上ノ都合ニ依リ退職致度場合ニハ必ス前以願出テ御差支ヘ相成様可致候事
四　常ニ勤倹ヲ守リ品行ヲ慎ミ他ヨリ指斥ヲ受クル様ノ儀ハ決シテ致間敷候事
五　故意専断不注意又ハ懈怠ヨリシテ貴社ノ損失ヲ醸成致シ候節ハ当然其責ニ任シ御差圖ニ従ヒ必ス辨償可致候且貴社ニ對シ負債ニ相成候モノアルトキハ退社ノ際必ス御精算御返納可致候事

大正　年　月　日　右本人

前書ノ通リ相違無之本人ノ行為其他身上ノ事ニ付キ如何様ノ儀出来候トモ拙者ニ於テ一切引受聊カ貴社ニ御迷惑相掛ケ申間敷候仍テ奥書如件

大正　年　月　日　引受人

御中

〔例四〕　大正時代のもの(5)

証

一　私儀今般貴社職工ニ御雇入被下候ニ付テハ御規則堅ク遵守可致ハ勿論何レノ役務ニ従事スルモ誠実勉励シ給料ハ御見込ニ随ヒ可申萬一職務ニ堪ス或ハ御規則ニ背戻シ其他御都合ニヨリ御解雇相成リ又ハ事業中如何ナル起因ニヨリ災害ニ罹ルモ何等貴社ニ申出間敷又向後貴社ニ従事シ難キ事故出来候節ハ其事情申シ上ケ御許可ヲ得テ退身可致且又御使役中不都合相働キ御損失ヲ醸シ候節ハ本人及加判者一同受弁償ノ義務ヲ竭クシ貴殿ヘ御迷惑相掛ケ申間敷候依テ受證人連署一札如件

大正　年　月　日

原　籍
現住所

受　人
保証人

年　月生

御　中

以上の契約書から、この時代の雇用契約の特色として、(イ)被用者は一応契約の当事者として現れてきたが雇用契約書は依然として身元保証書と一体をなし、その実は、身元引受人たる家長あるいは親が契約の主体者となっていること、(ロ)「誠実勤勉」を旨として職務に勉励する一方、「上役ノ命ニ対シテハ一意恭順ヲ旨トシ」絶対服従の義務を明確化していること、(ハ)被用者は「年限中決して解約請求致間敷」、逆に「年限中と雖何時解雇相成候共毫も異議申間敷」と定められていること、(ニ)身元保証を立てることにより不測の損害を防止せんと計っていること、(ホ)反対給付義務が極めて不明確であること、(ヘ)雇用契約書が宣誓書としての性格をもって差し入れるものであることを指摘することができる。

2　さらに以上のような雇用契約書を封建契約と対比させるため、年季（雇用契約の期間）の問題、前借金の問題、主従関係の有無の問題、権力関係の問題、雇用契約の実効性の担保の問題の五項目について分説しよう。

(1)　年季の問題

徳川時代の雇用契約書は、それぞれ年季を定め、請状として差し入れるものであった。例えば商人、職人等の奉公契約を例にとれば、年季が明ければ、ある程度の御禮奉公は別として直ちに「のれん」を分けてもらい、独立した商人あるいは職人となることができた。そこにおける年季とは、それぞれのクラフトによって定められた技能習得過程の年限を意味し、封鎖的なギルドの市場独占欲からもその間の規律は厳格を極めたものとなり、年季はその限りにおいて存在の意義をもち得たのである。しかるに資本主義的工場生産においては、大量の賃金労働者が階級的に固定せしめられたものとして出現し、「のれん」＝資本を分けてもらって独立自営の経営者となること等は考えることも出来ない。資本主義の前期的段階において個別資本が吸血鬼的欲望を潜めながら、労働力の創出と獲得に狂奔した事情は前述したとおりであるが、一定の労働力の「保持」のために、彼等は封建社会における年季の形態を採用し、労働者が好むと好まざるとに拘らず奴隷的拘束の下に労働力の給付を物理的に強制したのである。雇用契約書における年季の定めが、「労働力の獲得」、「労働者の足止め」策以外のなにものでもなかったことは自ずと明らかであろう。

さらに封建契約における年季奉公が、人身売買的あるいは債務奴隷的色彩をもつものであることについても前述のとおりであるが、このような身売りに通ずる考え方が雇用契約の中にもある程度脈打っていたことを否定することができない。「契約年限は向う何年間にして該年限中は決して解約請求致間敷」なる文言の意味は、資本主義的な労働力の獲得という要請と、封建的な身売り（身分的人格的従属）に通ずる考え方が同時に混在したものと称しても過言ではなかろう。

(2)　前借金の問題

初期の雇用契約は、多くの場合前借金契約と密接に結びついている点において、徳川時代の奉公契約に類似し、人身売買的、債務奴隷的関係の残存を濃厚に匂わせるのである。労働力の創出は窮乏化した農村より前借金を好餌に行われ、賃金と相殺して泥沼におけるかのような奴隷労働的関係が強制された。前借金は、雇用契約書そのものからは一応分離されているが、「仕度金」という名称の下に実質的には雇用契約書と一体をなして作成された。前借金は、例えばつぎの事実等[6]により一般化していたことが窺われる。

(イ)　職工募集の看板。「紡績・織布部工女募集前借金シマス」、「工女大募集……前借金五十円まで貸与す」。

(ロ)　女工募集の会話。「募集人。ところでお父あん。仕度金という名目で、……会社から金が借りられますが……」。

支度金に対しては、つぎのような受領証が作成された。

受　領　証

一金壱百拾円也　　入社上京旅費
　但シ六ケ月以内ニ退社の場合ニハ返納可致候事
一金五拾銭也　　土産料
　但シ三ケ月以内ニハ返納可致候事
合計金壱百拾七円五拾銭
　右正ニ受領候也
　　大正十二年十二月十二日
　　　　　　本　人　㊞
　　　　　　父　兄　㊞
　　　　　　保証人　㊞
○○○工場　御中

前借金の額は大体において関東は百円。関西は五拾円が限度であるといわれている。なお女工の日給は五拾銭位であった。

このようにして消費貸借契約における債務者の義務と雇用契約における労働給付の義務は密接に結合し、冷酷な契約関係が封建的権力関係と補完し合って作用したのである。

(3)　主従関係の問題

前述のように、常に使用者の思召や仁慈に依存していかなければ生存を保つことができないという意識の支配的な労働関係においては、独立人格者相互の対等の立場に立った契約たるべき雇用関係から、かの封建社会の特質たる主従関係を止揚することができなかったのも当然のことであろう。したがって使用者は労働者に職を与え、家族をも含めて労働者を扶養する「主人」として現れ、労働者は御恩に対し忠実に奉仕する義務を負う従者として現れるのである。このような労使関係の基本構造は、契約書の面ではつぎの形において現れた。

(イ)　労働者は、使用者を一家の「あるじ」とする企業一家の中において、永年勤めて「会社ノ繁栄ヲ願フ」とともに、「常ニ心身ヲ練磨シテ会社ト共ニ向上栄進ヲ完フスベキ」ことを確認する。家族関係には温情主義が伴う。多種多様な福利厚生施設、特に食事、および住居を支給する寄宿制度は労働者の「足止メ」策として多くの弊害を生んだが、そのことを別とすれば、ともかく社宅、家族手当とともに封建的雇用関係における雇主側の扶養の意識の残存形態であり、温情主義が支配することを物語る。

(ロ)　雇用関係が主従関係であることの結果として、労働者は「上長ノ御命令ニハ必ズ違背仕間敷」、「命令ニ対シテハ決シテ苦情ケ間敷儀申立テサルハ勿論」として価値とは無関係的に、ただ上長の命令であるからという理由で絶対服従の義務を負うものとされたのである。

(ハ)　また労働関係が主従関係であり、企業一家的環境にあるが故に、会社は労働者の私生活の面にまで干与し、労働者は公私に互って品行を慎む旨を誓約しなければならなかった。

(ニ)　雇用とは主従関係に入ることであり、そのためには、「宣誓書」、「誓約書」を一方的に差入れなければならない。したがって雇用契約書は、被用者と保証人が署名捺印し、雇主を名宛人とする被用者の誓約書として作成された。当事者が対等の立場で双務契約的に義務を負うならば、当事者双方がそれぞれ契約書を分有し、その権利義務主張の攻撃、防御の手段となすべき筈である。一方からのみ差入れることは封建契約の遺制であり、労働者のみが一方的に義務を負うとする意識の現れに外ならない。

(ホ)　さらにかなりの工場において雇用契約書そのものが作られていない事実は、(7)　当事者が契約関係を率直に契約関係として明確にすることを欲しないこと、すなわち雇用関係が家族関係であることの反映として、当事者の関係が明確な権利義務により構成されず、当事者の恣意によって多分に変動しうる関係にあること、契約関係の不明確さにこそ人情の美しさがあると思われたこと、権利義務の主張を異質的なものとして本能的に嫌悪したこと等を意味する。

(4)　権力関係の問題

労働関係が主従関係として捉えられていることの結果として、双方当事者の規範関係が多かれ少かれ権力関係的色彩をおびたものであったことは当然であろう。したがって当事者の義務は、明確な限界をもった定量的なものではなく、かの封建契約にも比すべき恩恵と無定量の忠実奉仕義務とが対応し合っていたのである。このことは契約書には、つぎのように現れる。

(イ)　労働者は、「如何ナル役務ニ従事スルモ誠実勉励」する義務を負い、仕事の場所、内容、時間等の決定は一方的に雇主の恣意に依存していた。これに対する反対給付は、「給料ハ御見込ニ随ヒ」、あるいは「御社ノ御都合ニヨリ減給降給相成候トモ聊モ苦情申出間敷」とされ、反対給付そのものも労働者の権利として主張しうるものではなく、究極においては雇主の一方的な恣意によって決定することが明確化されていたのである。

(ロ)　労働者が「故意専断不注意又ハ懈怠ヨリシテ貴社ノ損失ヲ醸成致シ候節ハ当然其責ニ任シ御差図ニ従ヒ必ス弁済可致」も、逆に「万一不幸ノ災厄ニ罹ルコトアルモ更ニ申分無之」ものとされた。

(ハ)　労働者は、「契約期間中ハ自己ノ都合ニヨリ一切解雇ヲ求メサル」ものであるが、他方、会社の都合によっては何時如何なる場合でも即時解雇されるものであることが明確に定められている。このような対価関係の不明確と驚くべき不平等は、労働関係が権利義務の規範関係ではなく、上級者対下級者の権力支配関係であることを物語る。労働者の義務と雇主の義務は、ともに雇主自身が決定するものであり、このような冷酷無惨な私的法典を背景に、雇主はまさしく労働者の生殺与奪の権を握っていたと称することができる。しかしながらこの私的法典は、自由裁量の余地が極めて広く、上長に対し卑屈なまでに鞠躬如として働く労働者に対しては容易に発動されず、またこのような過酷な規定を容易に発動しないことによって恩恵の意識の発生を期待したのである。すなわちこれらの規定は、雇用関係が雇主の恣意に依存し、労働関係の継続が雇主の恩恵によることを意味する。

(5)　雇用契約の実効性の担保

以上のような雇用関係における雇主の一方的権力支配関係は、工場内における過酷な工場罰(8)、さまざまな封建的強制機構(9)、および労働者に対する封建意識の鼓吹（企業一家、会社のおかげで妻子ともに生活しているという意識）等により支えられていた。

各企業内における強制機構と関連して、つぎの事実も指摘しなければならない。すなわち使用者側の権力は、街の暴力団(10)と密接に結びつき、さらに警察を買収すること(11)によって、封建的強制機構を再編成しようと計ったことである。

しかしながら、近代的法意識の浸透と近代法の確立は、このような封建的強制機構の漸次的な解体を促し、現実の力によってはその権力を貫徹しにくい事情を発生させるにいたった。すなわち、苛酷な工場罰、封建的人身の拘束は、もとより近代法の容認するものではなく、国家は逮捕監禁罪を適用してこれを処罰した。

(イ)「契約ニ因リ工業主ノ為メ一定ノ労務ニ服スル職工ノ如キハ其ノ契約時間中ハ契約ノ趣旨ニ従ヒ労務ヲ強要

セラルヘキモ其ノ労務ノ遂行ヲ妨害セサル限リ一切ノ自由ヲ奪ハルヘキモノニ非レハ出入口ノ戸ニ鎖鑰ヲ施シテ外出ヲ禁シ以テ職工ノ自由ヲ奪フトキハ監禁罪ヲ構成スルモノトス」（大正四年二月五日、大審院刑事判例要旨全集、刑法下五三二頁）。

(ロ)「雇主ハ未成年ノ雇人ニ対シ当然懲戒ヲ行フノ権利ヲ有スルモノニ非レハ其ノ雇人カ作業ヲ怠リタルノ故ヲ以テ之ヲ制縛スルトキハ不法逮捕罪ヲ構成ス」（大正十一年三月十一日、大審院第三刑事部判決、大審院刑事判例集第一巻一二七 - 一三〇頁）。

ここにおいて強制機構の変動が生ずる。雇主は、逆に国家の裁判機構を借用し、自己の権力関係を貫徹しようと図るのである。このことを可能ならしめる手段として雇用契約書が明確な契約の形をとって作成され、かつその意義を担うにいたった。

さて、裁判所は、元来、自由平等な独立人格者相互間の契約たるべき雇用契約に潜む以上のような封建的片務的性格に対し、どのような法律的価値判断を下したのであろうか。例えば東京地裁大正六年（ワユ）第八四五号民事第三判決は、「成立ニ争ナキ……誓約書ニヨレバ……第二条ニハ貴社ノ御都合ニヨリ何時使用ヲ解カレ候共、聊異議無之候事トアリ、其第八条ニハ貴社ノ意ニ反シ退職致間敷旨ノ特約アルニ徴スレハ解約権ハ一方的ニ原告会社ニ留保セラレタルモノト認ムルヲ相当トスヘク、被告ニ於テハ任意ニ解約ヲ為スコトヲ得サルモノト解スルヲ至当トスル」、「従テ被告カ……辞職願ヲ提出シタリトスルモ這ハ単純ナル解約ノ希望ヲ申出タルニ過キスシテ之ニヨリ解約ノ効力ヲ生スルモノト謂フヲ得ス。之カ許否ハ一ニ会社ノ意思ニ存シ、会社カ解雇ノ意思ヲ表示シタルトキニ於テ始メテ解約ヲ生スヘク……」と述べて雇用契約における片務性をそのままに容認しているのである。

3　以上のような雇用契約は、極めて緩慢な形においてではあるが、工場法を初めとする労働保護立法の出現によって次第に修正を蒙る。本稿においては、雇用関係に影響を与えた保護立法の項目だけを列記するにとどめる。

①　労働者募集の取締、職業紹介所の樹立（労働力の調達過程における封建制の除去）
②　契約期間の制限（奴隷的拘束の禁止）
③　前借金相殺の禁止（債務奴隷、人身売買の禁止）
④　賃金に対する保護（雇用契約における賠償予定の禁止、強制貯金、トラック・システムの禁止）
⑤　労働条件の明示義務（賃金、労働時間等の明示、雇用契約における対価関係の明確化）
⑥　解約の保護（解約予告期間、任意即時解約約款の禁止）
⑦　身元保証人の保護（昭八、身元保証法、保証人の地位の向上を計る。……保証人責任の期間の限定〔一条、二条〕、被用者の地位の変動の通知義務）
⑧　就業規則の作成義務

以上の労働保護立法の意図するところのものは、国家的、社会的見地からする「労働力」の保護であり、法理論的には労働関係における封建的諸関係の除去、近代法的自由、平等の貫徹、市民法的対抗関係の確立にあった（労働保護法は戦後の労働基準法に集大成される）。

（1）　刑法上の取扱と関係して「雇人」の定義がいろいろとなされた。すなわち新律綱領、明治五年司法省布達第四十二号、同六年改定律例、同六年司法省第百九十号布達、等々の曲折を経て同十年司法省甲第一号布達は雇主雇人双方許諾の上一箇月以上の期限を定めて雇傭せられる者を雇人とすると改めている。（詳しくは『現代日本文明史』第五巻法律史二三六―二三七頁参照）。
（2）　中外商業新報社『日本産業資料大系(12)』六〇四頁。
（3）　細井『女工哀史』七四頁。

（4）大阪市社会部『工場労働雇傭関係』八三頁。
（5）同右八〇頁。
（6）細井『「女工哀史」五〇頁、五六頁、六三頁、六七頁、九九頁。
（7）大阪市社会部、前掲書六五―六六頁によれば、調査対象一五六工場中雇用契約書を用いないものは五〇、約三分の一に上っている。官営工場、民間、機械工業等が殆ど契約書を用いるのに対し、繊維、化学、食品工業等は大体半々となっている
（8）当時の懲罰が如何に苛酷なものであったかは、例えば『職工事情』、『女工哀史』等をひもどくだけで十二分に推察される。此処では次の小唄を引用するように止めよう。「工場は地獄よ主任が鬼で廻る運転火の車」、「会社づとめは監獄づとめ、金の鎖が無いばかり」（細井前掲書、三二四―三二五頁）。
（9）雇用契約の実効性を保障するために、労働者の無知を利用する残業策略、罰金、トラック・システム、強制貯金、強制送金、寄宿舎における外出禁止等ありとあらゆる制度が試みられている。外出禁止を例にとれば、「前借を返却せぬうちは断じて外出罷りならぬ」とし、或は懲戒手段としてこれを用いたのである。「会社は一間の塀の上へ更に鉄条網を張りまわし」、冷酷な巡視は私的警察権を発動した。「寄宿流れて工場焼けて、門番コレラで死ねばよい」とは当時の女工の自由を求める心理を巧みに表現したものである（細井前掲書、一二一―一二五頁参照）。
（10）細井、前掲書二〇七―二〇九頁参照。細井氏は「此の如く暴力是認の工場管理法は、蓋し我が大日本帝国の専売特許であらう」と結ぶ。
（11）細井、前掲書二〇二―二〇四頁参照。「常に警察は資本家の警察である如く、決して弱者に公平であり得ない」と述べる。

四　労働立法進出期における労働契約

複雑な分業協業を軸とする資本主義生産機構においては、生産要因たる労働力を組織的、機能的に集団的段階毎に格付けなければならない。すなわち合理性と画一性の要請から労働者を集団的に規律する一種の規範が生れる。労働条件、服務規律等は、このような集団的な規範の中に明示され、個別的な労働契約はそれの明示的、黙示的な承認の形式をとって行われる。したがって個別的労働契約書は、極めて簡素化し、企業内の規範（就業規則）の承認を前提とする経営内への編入の取決めを確認するにすぎない。しかしながら経営内の規範が一方的に使用者の恣意により定められる限り、市民法的個人の人格の平等、労使対等の原則を貫くことはできない。労働者の経営内における経済的地位の向上の運動は、その規範の民主化、他律規範の自律化の運動として展開される。そして一方的に雇主により定められていた労働条件、服務規律等の定めは、労使対等の立場に立った協定（労働協約）の形へと転化する。労働契約の実質的な内容は、労働協約によって定められ、労使対等の立場に立った真の意味での労働関係における近代法的契約が出現する（労働協約書を労使双方が署名捺印した上で分有することは、近代法的契約たることの一証左である）。

㈠　さて労働協約、就業規則が支配的となり、さらに労働立法により強力に規制されるにいたった戦後の労働契約の現実的な姿について一言しよう。多くの就業規則、あるいは労働協約の「採用」の項目を見れば直ちに首肯されるのであるが、入社に際しては労働契約書とともに、あるいはそれに代えて誓約書を差入れ、身元保証書を提出すべきことが定められている。この二点について分析を進める。まず労働契約書の実例を掲げる。

（例一）〇〇工業（パルプ）**就業規則**（高宮『社規社則集』一二四六頁）

「第三六条　新に入社した者は左の書類を提出しなければならない。

一、履歴書、二、戸籍謄本（抄本）、三、誓約書」

(例二)　○○工業株式会社（化学）就業規則（昭和二三年三月一日）（高宮『社規社則集』一三七頁）

「第十一条　従業員トシテ採用サレタ者ハ採用ノ日カラ十日以内ニ左ノ書類ヲ人事課ニ提出シナケレバナラナイ

一、身元保証書ヲ添ヘタ労働契約書（様式第一号）

（様式第一号）

身元保証書

姓　名

この度右の者が貴社に採用されましたについては我々は身元保証人として本人に対し労働契約に基いて忠実に勤務する様注意すると共に万一本人が故意又は重大な過失によって労働契約に違反して貴社に損害をお掛けしたときは本人と連帯してその損害を賠償する責任を負います。

昭和　年　月　日　本　人

保證人

保證人」

(例三)　誓　約　書（高宮『社規社則集』昭二五年三版三三一頁）

「本　籍

現住所

氏　名

年　月　日　生

此度貴所の従業員に採用されました上は貴所鉱員就業規則その他諸規則に従い誠実に業務に勉励し従業員の業務を果します。

右諸規則を熟知の上誓約致します。

昭和　年　月　日

右　　　　　　　　　　　　氏名　　　　〔印〕

〇〇鉱業所長殿」

（例四）　誓　約　書（高宮『社規社則集』三三六頁）（金融商業昭一二年三月一日制定就業規則）

「貴社に勤務中は左の事項を堅く守ります。

一　諸規則慣例を守り上長の命に従い責任を以て職務を果すこと

一　常に倹約質素を旨とし品行を慎み店員としての体面を汚さないこと（以下略）

この契約に背き会社に損害を掛けた場合は先ず私が辨済し尚不足のあるときは保證人が連帯で辨済致します。

昭和　年　月　日

本　人　住所

氏名　　〔印〕

保證人　住所

氏名　　〔印〕

保證人　住所

氏名　　　　　　　〔印〕

株式会社○○　取締役社長　　　　殿」

(二) 誓約書提出の意義

近代的な権利義務関係が確立した近代市民社会にあっても、市民的な「信義誠実」の倫理が要求されることはいうまでもない。労働関係においても信義誠実は労使双方に要求される原理であり、このような市民社会における倫理の支配なしには労働契約関係がその実効性を貫きえないことは当然である。

しかしながら労働者側より一方的に誓約書を提出し、「誠実に業務に勉励し業務を果たす」ことを改めて誓約することの意義は一体いかなるものであろうか。それは雇用関係が主従関係、家族関係、権力関係であることの率直な表現であり、かの封建的意識が根強く残存していることを明白に表明するものであるといっても過言ではなかろう。ここにおける「誠実義務」は、市民社会における倫理としての「信義誠実」の意識ではなく、家父長的専制関係、封建的主従関係における忠誠義務の再編成的形態に外ならない。家父長制的雇用関係においては、雇用はあくまでも恩恵であり、それに対応するものとして被用者の忠誠が考えられたのであるが、誓約書の一方的差入れは、このような恩恵と忠誠の対応関係を明瞭にし、企業における封建的ヒエラルヒー、資本家的専制的支配の残存を宣言し、このことを労働者をして改めて再確認させることを意識的・無意識的に内包するものである。

企業が封建的な家父長制的専制主義によって運営される家族的構成であるという意識は、近代社会における階級闘争の重要な主体たる労働組合の出現によっても聊も変動するものではなかった。封建的な社会意識を濃厚に残存せしめるわが国の労働関係においては、労働組合は、容易にセクト的な会社組合、御用組合へと凝結し、排他的孤立的な存在と化すのである。使用者は、ややもすれば逆に労働組合を懐柔し、労働組合の組織を利用することにより労働力の支配を貫徹せんと試みる。戦後の労働協約に数多く見られる「組合は、組合員の行動と規律に関して責任を負う」という規定の意味はこのようなものとして初めて理解されうるものである。

㈢　身元保証書提出の意義

労働契約においては、前借金相殺の禁止、身元保証法の制定等により、身元保証人を立てることの実益がかなり薄弱化した筈である。しかるに今なお、身元保証書の提出が一般的であるのは、労働関係に封建的、家父長制的関係が残存することの別の面での表現と称することができる。恩恵と忠誠の対立関係は、労働者個人に対する人間的信頼関係によって強力なものとされる。機械力の体系による労働力の支配と統轄が不完全なところにおいては、労働者個人の現身的な条件が重要なファクターを占めるのである。すなわち労働者の人間的な質の問題が重要性をもち、恭順な大人しい労働者を得て初めて家父長制的企業が成立しうるのである。労働者の就職に、縁故募集が圧倒的比重を占めるのは、この身元保証の問題と表裏一体の関係をなすものであり、身元保証は労働力の質ではなく労働者の性格の質の保証を主要な眼目として行われるのである。身元保証が確実であり、縁故募集であれば経営者はつぎのような利点を有する。

① まず労働者個人に対する信頼関係が設定され、使用者は安心して仕事をまかせうる。したがって、ごまかし、怠慢等による損害を防止しうる。

② 労働関係が家族的となり、相互の融和が生れ、労働者は会社に対する情愛を抱くようになる。その結果、勤労意欲の盛んな労働力が期待される。このことを裏からいえば、少し位の無理な仕事をも（早出、残業等をも含めて）、義理にしばられ遂行するようになる。

③ したがって定着性の高い労働者が得られ、労働者は「会社を愛する」が故に、また「〇〇さんの御世話で入

れてもらった」会社であるが故に、経済的な価値法則通りには容易に動かない。すなわちその会社が経営難となり、実質賃金の低下が起こり、他に良い会社があったとしても、容易に移動しようとはしないのである。

④　さらに、万一労働者に不始末、または事故が発生した場合でも、身元保証人により、あるいは温情関係により、容易に解決しうる。

以上を通じ、現在のところでは、わが国の労働契約関係においては、主従的家父長的関係が残存し、当事者が対等の契約関係に立つものではなく、少くとも上下の恩恵と忠誠の対応関係、権力関係的色彩が見られる。したがって対価関係にも、明確な権利義務関係の設定を阻む不明瞭な要因が作用している。このような封建的ヒエラルヒーを維持するために、労働者の意識面においても、また会社の労働組合政策においても、企業一家的、家族主義的温情主義の鼓吹が行われ、企業の側では、労働組合、あるいは労働協約を利用して、従来の秩序の維持を計ろうとする。さらに企業内の現実的な強制機構の弱体化に伴い、さまざまな社会的政治的な力を借りることにより、従来と異った形での前近代的関係の両編成が試みられている。このような点を、われわれは、労働契約における封建的ないしは前近代的色彩と呼びうるのではなかろうか。

二　人権争議――近江絹糸の労使関係

一　はしがき

「人権スト」という呼び名のもとに昭和二九年六月から行われた近江絹糸の争議は、内外の大きな世論をまき起こしつつ四ケ月にわたる激しい闘いの後に漸く終結した。このことは争議の中に二つの問題点が潜んでいることを教える。第一は「人権スト」という特異な争議形態をとったこと、第二は、このような当然な要求を受諾させるのに極めて長期間を要したということである。ここに今回の争議の歴史的な意義がある。

確かに「結婚の自由を認めよ」、「仏教を強制するな」、「信書の開封、私物検査をやめよ」、「外出の自由を認めよ」ということに始まる要求項目は一風変っているが、ピケ隊へポンプの水を浴びせたり（中津川、津工場）、トウガラシをぶっかけたり（大阪本社）、公園で集めた人夫がスト破りに一役買ったり、猛犬が登場して〈人犬騒動〉と騒がれる（大阪本社）など、会社側の争議対策も「珍妙で浮世ばなれがしている」。しかし、われわれはこれらの争議をたとえば「経済闘争以前の争議」（中部日本新聞　六・一五）とか「あきれた人権スト」（サンデー毎日　六・二七号）として、すなわち特異な争議として「あきれて」ばかりいることはできない。「ジヤーナリストは夏川社長やその経営方針に驚いているが、これに類したことはわが国の大多数を占める中小企業では日常茶飯事である。労働者を守る法律の多くは高嶺の花であり、無用の長物であるのが現状である」（毎日　六・二五）という町工場の従業員からの投書を待つまでもなく、近江絹糸的労務管理はいたるところにころがっている。すなわち、「近江絹糸事件は、夏川という異常性格の社長によって引きおこされた例外的な事件……特異な事件ではなくして、日本の一断面を露出したものにすぎない……」（森長英三郎「近江絹糸争議と三つの問題点」労働法律旬報一七〇号）のである。そして争議が経済闘争以前の特異な形態をとったことは、そこに近代的労使関係以前の何ものかが潜んでいることを物語るものにほかならない。「人権スト」とそれに対応する会社側のアナクロニズム的な争議対策は、労使関係に内在する古い諸関係に媒介されて、初めて生れてきたものであることを第一の問題点として指摘しなければならない。

第二に、この争議の解決がなにゆえに微妙な政治問題をはらみつつ長期間にわたらなければならなかったかを考えてみる必要がある。端的にいえば今回の争議が異常な反響と共感を呼んだことは労働関係における封建的な要素が、たんに近江絹糸だけにとどまらず、わが国の労働関係一般にいまなお深く存在することを示すものではあるまいか。大企業においては潜在的に、中小企業においては露骨に現われるという差違こそあれ、特殊な産業構造に規定されたわが国の労働関係には、共通の基盤をもった封建的諸関係が残存する。激しい労働力の濫費の上に成立っている多くの中小企業が存在し、それらの犠牲の上に、そしてそれらに逆に寄生するかのごとく大企業が存立しているというわが国の産業構造においては、近江絹糸的労務管理は「日常茶飯事」とまでいわれるほどに深く根をはっている。そのゆえにこそ争議の解決が長びき、種々の意味での世論の反響をみたのであろう。また一方において「第一、世の中がこんなに不景気で失業者がわんさといる。こんな時代になんの必要があって人権を侵害してまで労働者をつなぎ止めておかねばならないのか」（夏川「人我を民衆の敵と言ふ」文芸春秋昭和二九年八月号）とうそぶかせるほどの過剰な労働力の問題や、眼を覆いたくなるほどの過酷な労働条件を基本的人権の侵害として受取らないほど、感覚的にも麻痺してしまっている一群の人びとが社会機構の重要な一部を形成している事実を忘れてはならない。

本章は、近江絹糸の労使関係がいかなるものであったか、それを成立させている基盤はどのようなものであったかの考察を目的とする。それは、同時に、争議の原因と動力がいかなる点に潜むかを明らかにすることでもあるのである。

二 労働者の募集と雇い入れ

(一) 募集の客体——労働者の性格

日本の紡績業は今も昔も夥しい女子労働者の細腕によって支えられている。一九五〇年一一月の労働省婦人少年局の調査(婦人労働調査資料第一二号『綿紡績工場の女子労働者』)によれば、約八四%が女子労働者によって占められ、同時期の日本紡績協会の資料によっても八三%が女子労働者であることが窺われる。しかもこれらの労働者は遠隔地の農村を母体として出稼ぎ的性格を持ちつつ工場に出入りしている点が特長的な性格として指摘されてきた。このことは近江絹糸においても例外でなく、例えば、富士宮および津工場の労働力構成について男女の占める比率を概観すると(第1表)、津工場では女子が全体の七二%、富士宮では七五%を占めていることが窺われる。(1)

(1) この数字は他の紡績会社の女子労働者の比率より若干低くなっているが、これは近江絹糸が他企業にはみられない、深夜業専門のいわゆる「フクロウ労働」の男子工員を採用しているためである。例えば津工場では六九名、交替制深夜番に一六九名、計二三八名の深夜業専門の男子工員が雇用されているが、これらのものを除くと女子工員の比率は七九%に上昇し、本質的には他の紡績企業と変るところはない。

第1表　男女別従業員数

（1954年5月20日現在）

a）津工場

	実　数	%
男	705	28
女	1,784	72
計	2,489	100

（三重県労働基準局調）

b）富士宮工場

	実　数	%
男	400	25
女	1,200	75
計	1,600	100

（静岡県職安課調）

つぎにこのように女子労働者を主体とする労働者がいかなる性格をもつものであるかを年令、勤続年数を足がかりに検討してみよう。

第2表は富士宮工場の従業員の年齢構成を示すものである。この表から男女を通じて二〇歳末満の労働者が圧倒的多数（八七％）を占めていることが窺われる。また、昭和二九年五月現在の津工場の総人員二、五一一名について平均年齢を調べると一七・六歳となっており、そのうち男子の平均年齢は一七・一歳、女子は一七・五歳という数字を示している。これを労働省婦人少年局の調査資料により紡績業一般および全産業における女子労働者の年齢と比較してみると、近江絹糸の労働者の年齢のみがきわ立って低いことに気がつく。すなわち、第3表のように紡績工場の女子労働者の平均年齢は一九・二歳、二〇歳未満の者の累積比は六六・一％であり、全産業の女子の平均年齢は二三・八歳、二〇歳未満の者の累積比は四四・七％である。したがって、近江絹糸においては、労働者の年齢がかなり低いといわれている紡績業の平均を遥かに下廻っていること、職員をも含めて、男子従業員の年齢階層の分布が極めて低い方にかたよっていることを指摘することができる。

第２表　従業員の年齢構成

計	女	男	
284	193	91	15歳〜
348	251	97	16歳〜
290	205	85	17歳〜
233	166	67	18歳〜
186	140	46	19歳
1,341	955	386	小計
160	141	19	20歳〜
15	13	2	25歳〜
6	3	3	30歳〜
8	0	8	40歳〜
1	0	0	50歳
1,530	1,112	418	合計

（静岡県労働部労政課調）

労働者の年齢が低いことと相まって、勤続年数が短いことはいうまでもない。日本紡績協会の数字によると、昭和二八年度における紡績業の男子の平均勤続年数は六年二月、女子が三年七月、平均四年一月であるのに対し、例えば近江絹糸津工場では第4表のとおり、男子一年四月、女子一年七月、平均一年六月となって著しい開きをみせる。試みに勤続年数の階層別分布を近江絹糸S工場と十大紡のA工場と比載してみると第5表のような数字がえられる。

この表は、勤続年数の分布が、近江絹糸においては一年未満にはなはだしく偏ったものであること、平均勤続年数の差が示すように、四年以上勤続するものは近江絹糸においては極めて少数にすぎず、A工場に比して特異なカーブを画くことを示している。

勤続年数の短いことは、一面において労働者の新陳代謝の極めて激しいことを現わすものである。近江絹糸全体についての異動率は昭和二五年一〇・四%、二六年八・九%、二七年七・一%という数字をたどってきており、最も雇用の変動の激しかった朝鮮動乱終結後の操短当時の十大紡の異動率でさえも五・二%であることを思えば、労

第３表　年齢比較表

			平均年齢	20歳未満の累積比
近江絹糸（津工場）	職員	男	24.8歳	
		女	22.2	
	工員	男	16.11	95.1%
		女	17.3	93.7
綿紡績	職員	男	38.3	
		女	22.0	
	工員	男	26.9	16.6
		女	19.2	66.1
全産業		男	32.5	10.7
		女	23.8	44.7

第４表　勤続年数調

（昭29．５現在。津工場全員）

	男	女	計
職　員	４年１月	１年１月	３年６月
工　員	11月	１年６月	１年５月
総　数	１年４月	１年７月	１年６月

（三重基準局調）

働者の新陳代謝がどのような激しさをもって行われてきたか容易に推測することができる。参考までに津工場における月別入退社状況（第6表）および二九年五月度の退職者の退職事由（第7表）を掲げておこう。退職事由は家事都合、一身上の都合、帰省中退社が合計して七八％を占めているが、これらの者は表面上の理由がいかなるものであろうとも、労働条件の激しさに自ら耐えかねたものであるか、あるいは新陳代謝の一環として企業外へ放出された者のいずれかであることに疑いない。そのことの何よりの証左は、これらの退職者が勤続一年以下のものと三年以上のものの二つのグループに劃然と分かれることに示されている。

つぎにこのような労働者が、どのような地域のいかなる社会階層からでているかを検討してみよう。第8表は労働者の出身地を示すものであるが、ここでは一例として従業員数の多い大垣、彦根、津工場の場合を掲げるにとど

第5表　勤続年数の分布

（昭28．8末現在工員）

性別＼勤続年数		三月未満	三月以上	六月〃	一年〃	一、五年	二年〃	二、五年	三年〃	四年〃	五年〃	七年〃	十年〃	十五年〃	合計	平均勤続年数
男	S工場	人 21	79	1	102	14	101	18	25	7	12	3	3	0	386	年 1.9
	A工場	2	0	0	0	0	2	3	1	3	37	41	14	6	109	7.8
女	S工場	0	587	269	479	114	375	196	291	97	42	6	0	1	2,454	1.8
	A工場	0	57	4	23	6	40	54	25	66	96	37	2	0	410	3.9
計	S工場	21	666	270	580	128	474	214	316	104	54	9	3	1	2,840	1.8
	A工場	2	57	4	23	6	42	57	26	69	133	78	16	6	519	4.7

（賃金通信 vol. 7　No. 15より）

第6表　月別入退社状況（津工場）

年　月	入社			退社			在籍		
	男	女	計	男	女	計	男	女	計
28・12							397	1,441	1,831
29・1	48	17	65	8	43	51	437	1,415	1,852
2	1		1	11	45	56	427	1,370	1,797
3				9	38	47	418	1,332	1,750
4	107	205	312	19	41	60	506	1,496	2,002
5	134	315	449	19	58	77	621	1,753	2,374

（三重基準局調）

第７表　勤続年数別退職事由調

（津工場昭29．５）

勤続年数	病気			家事都合			一身上の都合			父母病気死亡			帰省中退社			結婚			合計		
	男	女	計	男	女	計	男	女	計	男	女	計	男	女	計	男	女	計	男	女	計
３ヶ月未満				1		1	4	2	6	1		1								2	8
３ヶ月以上	1		1		1	1													1	1	2
６ヶ月　〃				1		1	2	1	3	1		1	1		1				5	1	6
１年　〃				1	9	10		3	3		4	4	1	5	6				2	21	23
１年６月〃					3	3					2	2								5	5
２年　〃				1	3	4		1	1		2	2							1	6	7
２年６月〃								1	1		1	1					1	1		3	3
３年　〃				4	6	10		4	4					2	2				4	12	16
４年　〃					1	1					1	1								2	2
５年　〃		1	1		2	2					2	2								5	5
合計	1	1	2	8	25	33	6	12	18	2	12	14	2	7	9		1	1	19	58	77

（三重基準局調）

める。第8表により、まず第一に各工場とも、工場周辺の地域からはほとんど労働者が採用されていないことに気がつく。大部分は九州南部、東北、四国、甲信越の遠隔の地から募集されており、紡績業における伝統的な労働市場の性格をいまなお、典型的な形で受継いできている点が注目される。さらに労働者がいかなる社会階層からでているかを知るための一つの手がかりとして生家の職業を掲げよう。第9表はわれわれが津工場において行った調査を整理したものである。調査時点は昭和二九年八月二〇日、調査対象は当時の第二組合（御用組合的な第一組合を脱却し、争議とともに結成された組合）員中の八九七名（全従業員の三分の一抽出）である。

第9表に明らかなように、生家の職業は農業が圧倒的多数を占めている。すなわち女子では全体の七四％、男子は八〇％が農家の出身なのである。後は商業、会社員、漁業の順位となっ

第8表　従業員出身地調

出身地	大垣 男	大垣 女	彦根 男	彦根 女	津 男	津 女	計	総計
青森		一〇	三	五八	三	九	八三	
岩手	一〇	六三	一二	七三	三二	六六	二五六	
宮城	一六	七一	二六	五八	三三	二四	二三八	
秋田	一五	五一	五七	一五七	五	三九	三二四	
山形	二〇	三四	三五	六六	一三	三一	一九九	
福島	一〇		一五	三五	二五	一四九	二三四	
長野	四〇	一八九	二一	八〇	二五	一四九	五〇四	
愛知	二五	一〇二					一二七	
新潟	五〇	九六	三一	七六	二一	四一	三一五	
岐阜	六五	二九					九四	
富山	二四	六六	三五	九二	一九	五七	二九三	
滋賀	九	二九	六一	六二			一六一	
鳥取	三二	四九	二七	七二	二八	三二	二四〇	
山口	五九	一五四					二一三	
島根	九一	二六二	四四	一六四	二二	九四	六七七	
三重					五九	四九	一〇八	
愛媛			二四	一二五	四六	一三一	三三六	
高知	七		一五	一〇〇	三七	一一九	二七八	
徳島			三四	五八			九二	
熊本	一三六	三一六			七二	一六三	六九七	
長崎	一四	一五八	一八	八七	四	七八	三五九	
宮崎	三五	二三八	二六	二三七	四四	一三三	七一三	
鹿児島	六〇	三九〇	四〇	四三七	五九	三六九	一、三五五	
大分	三	一			六五	九〇	一五九	
その他	三	二〇	一七	四六	一九	四〇	一四五	
小計	七二四	二、三三八	五四一	二、〇八三	六三一	一、八七三	八、一九〇	
総計	三、〇六二		二、六二四		二、五〇四			

ているが、注目しなければならないのは生家の職業が工員と答えた者の比率が僅か二・八%にすぎず、その中でも典型的な工場労働者は男子に一名、女子に四名存在するにすぎない事実である。七・一%を占めるその他の職業には多種多様な職種が含まれているが、大工、左官、日傭などがおもなものであり、全体として下級労務者的性格を拭えない。商業と答えたものの中にも、行商などの零細なものが数少なからず含まれており、その階層の性格を思

第9表　生家の職業

職　業	男	女	計
農　業	159	500	659
漁　業	6	17	25
林　業		7	7
商　業	9	32	41
工　員	4	15	19
会社員		30	30
自由業	1	1	2
公務員	4	9	13
その他	11	37	48
無　職	5	24	29
不　明	8	18	26
計	207	690	897

わせるに十分である。

第10表は労働者の家族内において占める地位、すなわち、戸籍筆頭者との続柄を示すものである。男子についていえば長男の比率は一八%にすぎないのに対し、長女の比率は三八%に上っている。このことは逆に男子においては、二男、三男以下が圧倒的多数を占めていることを示し、農家の二三男問題がここにも持込まれていることを物語る。これに対して、女子には長女とか、次女とかいう配慮は全く欠けており、長女三八%、次女三〇%、三女一七%、四女八%という数字が示すように等しく出稼ぎ的に勤めにでていることが窺われる。

労働者の家族構成については、第11表に掲げるように富士宮工場で事例調査として行った五人の労働者の例を掲げるにとどめる。

もちろん僅かばかりのこれらの事例からなんらかの結論を下すことはできないが、第10表の続柄の表において三男（女）、四男（女）、五男（女）、六男（女）という数字がかなりの比率を有していることと関連させると、一般的に大家族が多いという傾向を指摘することができる。したがって農家の出身であり、大家族の子女であるということが労働者の性格の一つの特徴として指摘できる。

労働者の最終学歴は第12表のとおり、義務教育を辛うじて終了した中卒の者が男女共に九二%と圧倒的多数を占

第10表　続　柄（津工場）

	長	次	三	四	五	六	七	八	不明	計
男	38	51	63	31	7	6	2	1	8	207
女	262	210	121	56	23	7	2	0	9	690
計	300	261	184	87	30	13	4	1	17	897

め、高卒は男子二・九％、女子一・四％を数えるにすぎない。未熟練労働者たる性格はこのことからも容易に推察することができよう。

以上を通じて、近江絹糸の労働者は、遠隔の農村地帯出身の二〇歳未満の年少者（特に女子）によって占められ、出稼ぎ的な性格を持ちつつ激しい新陳代謝を行っているということができる。

このことはもちろん、近江絹糸のみに特有の現象ではなく、他の紡績業においてもほぼ共通してみられることがらである。すなわちわが国の紡績業においては、先進資本主義国のように、労働力の豊かな地方を求めて工場を建設し、さらにその工場の周辺において未熟練労働力が賃労働者としての陶冶をうけつつ幾世代かにわたって労働力の再生産を行い、組織的な労働市場を形成していくという関係にあるのではなく、遠くの農村地帯から多くの年少者を個別資本が直接募集し、肉体磨滅的な労働を行わせるとともに激しい新陳代謝を行っている。労働者自身、出稼ぎ的な短期間の労働を前提に物質的にも意識的にも絶えず農村と密接なつながりを持ちつつ労働過程に編入されているのである。そこには労働力の陶冶もみられないし、当然のこととして社会的労働市場の組織化という現象もみられない。個別的に細分化された労働力は個々的な資本と絶えず個別的に接触し、工場に送り込まれる。近代的な賃労働者としての意識に満ち溢れた労働者が「働く者の誇らしさ」に顔を輝かせつつ労働市場に登場するのではなく、「口減らし」や「嫁入り前の出稼ぎ」的な農村の子女や二三男が、極めて受動的かつ消極的に労働市場

第11表　家族構成

a）男子20歳　山梨県　連粗係長

続柄	年齢	職業
本人		
父	57	
母	54	
兄	25	農業
兄	23	
弟	18	
妹	10	
妹	7	

計　8人

b）女子17歳　山梨県　仕上班長代理

続柄	年齢	職業
本人		
祖母	70	
父	49	農業
母	40	養蚕
兄	21	〃

計　5人

c）女子17歳　福島県　仕上工員

続柄	年齢	職業
本人		
母	54	
兄	32	農業
兄の妻	30	
姉	20	
妹	15	

計　6人

d）女子17歳　山梨県　仕上工員

続柄	年齢	職業
本人		
父	63	
母	56	農業
兄	26	
姉	23	

計　5人

e）女子19歳　山梨県　炊事

続柄	年齢	職業
本人		
父	48	農業
母	47	
姉	23	事務員
姉	20	商店
弟	16	
姉	14	
姉	11	

計　8人

第12表　労働者の学歴

学歴	高等科	中学卒	高校在学	高校卒	高校中退	タイピスト学院	その他	不明	計
男		190	4	6	3			4	207
女	2	636		10	10	1	2	29	690
計	2	826	4	16	13	1	2	33	897

にくみ入れられているにすぎない。このことからも下級労務者的な意識と性格を払拭することができず、このような労働者の性格が低賃金と過酷な労働条件とを生みだす一つの要因ともなっているのである。近江絹糸では、紡績業一般に内在するこのような労働者の性格と問題点を拡大して、われわれに提示してくれたものといってよいであろう。

(二)　募集の方法

職業安定法が明確に募集人制度を禁止し、通勤可能な地域、もしくは近接地域から労働者を募集すべき原則を謳っているのに対応して、かつてのような募集人制度は、現在では姿を消してしまった筈である。しかし「いまもなお低賃金のもとで二交替制がとられており、寄宿舎も、もとのままの内容で厳存しているかぎり、そのような搾取制度と結び付いた募集人制度は、法令だけで廃絶できるような容易な存在ではない。それればかりか公共職業安定所も、中学校さえも、募集人的性格を持つようになることが想像される。(1)」といわれている。もちろん、募集人による誘拐的な募集は過去の悪夢にすぎないが、現在でも大部分の紡績会社が連絡人または駐在員と称する者を各地に配属し、学校あるいは安定所とタイアップしつつ労働者を募集している。近江絹糸でも人事課に所属する駐在員が岩手、宮城、秋田、福島、長野、新潟、鹿児島、山形、山梨の九県におかれている。今回の争議に際しても各地から募集人が工場に駈けつけ、例えば富士宮工場では、山梨県の駐在員が「山梨県から来ている者はいないか、私は第三（組合）（御用組合的な第一組合を解体して、新たに結成された協調的組合）または会社側の者ではないが、皆様がこうしていることについて皆様の親達が非常に心配している……」（静岡県労働部労政課『近江絹糸紡績富士宮工場労働争議概要』より）といって、坐り込み中の第二組合員の動揺を計ったことが報告されているが、この一言は、会社の駐在員という肩書がどうあろうと募集人としての性格と意識とを自らさらけだしたものとして興味深い。

ともあれ現在では労働者は形式的には安定所または学校を経由して応募しており、募集人は表面には出てきていない。このことはわれわれの調査においても確められた。しかし、注目すべきは第13表に明らかなように、門前募集、あるいは縁故募集と思われる「その他」をも含めて、会社に直接応募してくる者の数が僅かに一％強にすぎず、三四％が学校、五九％が安定所を通じて応募している事実である。労働者が長野、新潟などの単作地帯、東北、九州南部などの零細な農村に求められていることについては前述のとおりであるが、このことは就職経路において学校および安定所の占める比重の極めて高いことを物語る。そしてその比重が高ければ高いほど、会社と募集地とをつなぐ、いわゆる会社の駐在員の活躍する余地が大きくなるわけである。

募集に際しては、まず安定所や学校に対してポスターや『求人要項』を記したビラが配布される。試みに富士宮工場の求人要項を一瞥すると、「楽しく働ける近代的理想工場、美しい優れた工場」という見出しのもとに「北方に霊峯富士が聳え、近郊に白糸滝あり、五湖巡りの起点としても知られ、西方に身延山、東方に駿河湾を控え、風景環境は誠に良い」と乙女の夢をゆさぶるように会社の環境を書き立てている。また、『楽しい工場——働きながら学べる工場です』と題する写真入りの美しいパンフレット（彦根工場）には次のような、いたれりつくせりの条件が列挙されている。

第13表　就職経路（津工場）

	学校	安定所	会社に直　接	その他	不明	計
男	52	136	6	1	12	207人
女	230	401	6	4	49	690
計	282	537	12	5	61	897

「1　寄宿寮……近代的な諸設備が充実し……各寮は名花そのものの如く綺麗に整備され、正しく民主化された規則によって明朗な生活を営むことができます。

2　食堂……清浄な炊事場、清潔な食卓食器、見るからに気持よく、調理は専門の人がこれに当り、相当量の加配米と極力栄養価を高めた献立はいつも皆様を満足させています。

3　衛生施設……権威ある専門の医師と熟達せる看護婦の勤務する病院では、何時でも無料で診察が受けられ、入院加療することもできます。また衛生管理者の指導によって衛生に万全を期しています。

4　教育……『事業は人にあり、人は教育にあり』の社是に則って現代婦人の教養を第一義とし、和洋裁・生花・割烹・舞踊等夫々専門の教師について自由に修得することができ、立派な美しい花嫁となる修養を積むことができます。

5　その他……立派な浴場での日々の入浴は疲れを癒し、附設の美容室ではパーマネントもできるし、物品販売所では生活必要品を安価に配給販売しています。また遠足会・演芸会・映画会・音楽会・舞踊会等の催しも度々あり、勤続賞品を授与し、なお毎月一回宝籤抽籤会を行い皆様を優遇しています」。

このようなビラやポスターによって集った応募者に対し、安定所ではさらに詳しい説明が行われる。われわれの行った調査事例の中からも安定所を通して入社した男子A（二〇歳）は入社の動機について「募集人が会社には高等学校があり、働き乍ら学校に行けるといったから」と答え、同じく安定所を通じて入社したB子（一七歳）は「和裁や洋裁を習わせてやるという募集人の話に憧れてきた」と答えている。安定所を訪れる応募者に対する募集人の活躍ぶりが眼に写るようではないか。募集人とならんで一役買っているものに写真入りの社報『近江絹糸』が存在することを忘れてはならない。これは会社のPR活動として従業員の家庭や学校に配布されているものである。例えば『父兄の便り』として第一四五号には長崎県の父兄から大垣工場の寮母に宛てた手紙が掲載されているが、その中に「月々御送附下さる社報をみるのが唯一のたのしみに毎日を過して居りました。近所隣の人達様が○○の（自分の子供の名前―筆者註）わずか三ケ年の修養にて、当地方の高等学校の家政科卒以上の知性の発達にうらやましがってその人いわく、以前は紡織工場に働きにだすのは下の下というていた時代もあったのに今時の紡織はいいね、自分の子女達も中学校を卒業したなら是非○○様の会社に入社させて貰う……」と書かれている。

また中学校へ宛てたものとして、つぎのような記事が眼につく。

「在校生の皆様へ

富山県氷見郡　藤○ミ○子（彦根工場）

本年もいよいよ押し迫り歳末御多用のことと存じます。……

こちらに来てからは初めての寮生活なので色々心配していましたが工場でもお部屋でも古いお姉様方の親切なお優しい御指導により楽しい日を送って居ます。当社は琵琶湖と彦根城の美しい風光に恵まれて工場の設備は総て模範工場として完備して居ます。……若い娘時代の教養を高めるために情操教育があり、お茶の湯、お花、お琴、三味線、舞踊、洋裁、和裁、ピアノ、ブラスバンド、又いろいろなスポーツが盛んに行われています。特に洋裁の御稽古は非常に盛んで……外出の時等は町の娘さんよりも、もっと立派な清新なニュールックの行列です。図書を読むにも文学、哲学、宗教、名作全集、詩集、随筆その他御料理、デザイン等何でも好きな本を選んで読むことができます。又春秋には憧れの夢をロマンスカーにのせて優雅な京都の見物に一日を送ったりなど学校生活の様な気持です。私達はこの会社に来て本当に幸福だったと思います。働きながら教養を高めて行くことの出来る美しい近江絹糸に母校の来年度の卒業の方達に是非入社される事をお誘い致します」(『近江絹糸』第一四四号より)。

毎号のように掲載されるこれらの記事に関して、一応右のような手紙を寄せた者の善意を信ずるとしても、これらの記事を社報に掲載する会社の意図がいかなるところにあるか、それが果たしている機能がいかなるものであるかについては改めて述べる必要もあるまい。

さらにつぎの調査事例は、労働者の就職経路において学校当局の占める性格を如実に示すものであろう。すなわち学校を通じて入社したC子(十五歳)は、中学校の先生が近江絹糸の志望者を集め、「親孝行とはどういうことか」、「家の宗教は何か」、「共産党をどう思うか」、「近親者に共産党員はいないか」というような問題をだして入社試験の練習をやり、「第一志望は近江絹糸であるといいなさい」とか、「近江絹糸は仏教が好きだから家の宗教は仏教といいなさい」というようにしかるべき答まで親切に指導してくれたという。

しかも考えさせられるのは、今までに挙げたA・B・Cの三例がいづれも「四〇人受験して八人合格した」「三〇人で一一人合格した」「五〇人位のうち二五人合格した」と答えているように、かなりの競争率をもっていることである。「中学卒業程度ノ学力アルモノ。身体強健志操堅実ナル者ニシテ永ク勤続出来ルモノ。身長一四〇糎(男子ハ一四五糎)以上、体重四〇瓩(男子ハ四五瓩)以上、五器官健全ニシテ視力一・〇以上、眼疾ナキモノ。耳疾ナク聴力正常ナモノ」という表面上の採用条件はともかくとして、農業においては、「二反歩以下、あるいは五反歩以上のものは採らない」という方針があると聞いている。すなわち極貧の者は、身体が頑健でなく思想上も警戒を要する。

また五反歩以上の比較的余裕のある家庭の者は激しい労働に耐えうるだけの身体と気力をもち合せていないし、家にゆとりがあるために苦しくなればすぐ家庭へ帰ってしまう。したがって三反ないし四反程度の家庭の者が、出稼ぎにも出なければならず、過酷な工場生活にも耐えられるというのである。このような一方的な採用条件にもかかわらず、これを充たしてなお余りある豊富な労働力が農村地帯に存在することは前記の競争率をみるまでもなく明らかなことである。農村の貧困と過剰な労働力がいかなる問題をはらんでいるのか、このような労働力の売り込みに安定所および学校当局がいかに努力を払っているかが窺われると同時に、買手市場においては安定所や学校が売り込みに熱中すればするほど、募集人的性格を帯びざるをえないという事実に一驚させられるのである。

このようにして採用された人びとは駐在員や人事課員につれられ、県単位に集団をなして各工場に到着し、労働者としての生活の第一歩が始まる。

（1）　嶋津『女子労働者』六頁。

三　職　場

紡績業は、元来、近代的大工業の母胎として、資本主義発達史上重要な役割を演じてきている。産業革命を経由しつつ、長い年月にわたって築き上げられた近代的企業とその労働関係の蔭には、これまた長い年月にわたる労働者の組織化と組合運動を通じる原生的労働関係の克服の歴史が存するのである。

しかるにわが国の紡績業は、資本主義の後進性が示すように、すでに先進諸国が産業革命を経由して完成した大工場制度をそのままに輸入し、国家の強力な保護育成政策の中に急速に発展したのである。そのために当初より資本の集中形態がとられ、在来の手工業的紡績を克服すると同時に、外に対しては先進国との競争にのりだし、軍事力を媒介とする国家独占資本の海外市場獲得に依存しつつ短期日の間に飛躍的な発展を示した。

しかしながら大企業相互間においては、激しい競争が行われ、相手を倒すための努力が絶えず続けられてきたのである。すなわち、新紡機の取付け、増錘、新錘、工場の新設拡張が相つぎ、新技術を採用して生産費の切下げを計るとともに、最新式の機械に投下された資本はその回収を早めるために驚異的なスピードで運転された。しかも新しい技術の導入によって増大する労働の密度に対しては、絶対的な賃金額を高めることなく、生産費中の主要部分を占める賃金を、不変資本部分の合理化を媒介としつつさらに労働力の価値以下に切下げようとする努力が続けられたのである。したがって企業の合理化には、労働力の価値以下の賃金を甘受しない労働者を陶汰しなければならなかった。この点からも日本の紡績業においては、伝統的に低賃金と労働強化を無抵抗に甘受する女子が男子よりも好んで採用されたのである。近代的紡績業における労働過程は、極めて簡単な個々的な操作に分解され、自動化された結果、そこにおいて要求される労働は、未熟練労働者で十分である。これらの要件が重なって零細耕作の貧窮に喘ぐ農村から、出稼ぎ的な女子労働者が流出し、日本の紡績業を多くの細腕で下から支えてきた。

このような紡績業界にあって、資本金僅か五〇万円の会社から出発した近江絹糸が、現在では資本金一〇億円の大会社となり、戦後、その規模を四倍に拡張して十大紡の五番目か六番目に匹敵する大企業に飛躍したのは、もちろん、経営者の経営上、取引上の辣腕によるものであることはいうまでもないが、綿紡の綿代が為替管理により統制されているため、原料費の競争条件が他社と同一であるという出発点にたってこれを見る時、異常な競争に打勝って企業の拡大を行うには労務費の切り下げによる以外には方法がないことに容易に気がつくのである。企業の急激な拡張と飛躍の陰には、何にもまして、何物をも恐れざる不敵な、そして巧妙な労務管理、低賃金、長時間労働による剰余価値の収奪が存することを忘れてはならないであろう。
以下、これらの剰余価値の収奪がいかに巧妙に、そしていかに激しく行われていたかを眺めてみよう。まづ端的に工場内の労働者の生活がどのようなものであったか、労働者の手記を借りつつ描写することにする。

(一)　労働環境

以下の引用はいずれも、近江絹糸労働組合津支部発行『若人の叫び』およびわれわれの行った調査票に記入された感想文によるものである。
今年の四月「楽しい学校生活の着物をぬぎ捨てて実社会の第一歩を踏んだ」Y子はつぎのように述べている。

「募集人や近江絹糸から送られた写真等が余りにも良かったものですから、それを信じ切った私は夢見る様な気で憧れてきました。ところが、このT工場に入ったとたんにビックリしました。……新入生でこの絹糸に就職して良かったと、喜んでいる人があるでしょうか？　いいえありません、皆さんが後悔しております。働きながらそして休憩時間中などに、家に帰りたい帰りたいと涙さえためていっておりました。……父の名を呼び、母の名を呼べど誰一人返事してくれる人はなかった。返事はない筈です。両親は何千里、何万里か向うにいるんですもの」。

このような不安におののく新人生に対して、「寮母さんが親切に故郷の安定所、父母、はては学校にまで私のだす手紙文を作って下さいました」と別のT子は書いている。そして「その中には私の心にも見た事もない事が書かれているのでした。『先生方が優しく迎えて下さった』とか『いろいろと面倒を見て下さる』とか寮の庭にありもしない花を『寮の庭の花が色とりどりに咲きほこって』とか……寮母さんの顔色を伺えばそれをどうすることもできず、悪いと知りながらこの文章を故郷の学校、父母へとだしてしまった」という。

しかしまた、貧しい社会階層に生れながらに位置づけられ、働きに出なければならない宿命をもった彼女たちは、「家庭に心配をかけないよう入社して一度も工場、寮での生活に対し悪口を書いて手紙をだしたことがございません。どんな苦しいときも反対に楽しく書いてやりました」。という一昔前の健気さをもちあわせている。そして大部分のものが「ぜんぜん他の工場の様子や待遇を知らない」ままに、「このような生活があたりまえ」であり、「他の工場も同じようなものだと思い込み」つつ、スピンドルの回転と同じように激しい搾取の生活へとまき込まれていくのである。

さて工場には先番、後番、昼番があり、男子には深夜番があるが、まず先番の一日は、「鐘の音と共に」「まだ明けやらぬ午前四時から始まる」。「うす暗い室にパッと電燈がつく。いやだもうちょっと眠りたいなあ、などといいながら床をはなれる。お部屋には押入れがないため、室の一角におふとんが積み重ねられていく。でこぼこの布団はいくら二人で両端をもって積んだとて綺麗につまれるはずがない」。「洗面が終れば床磨きです。雪の日も風の日も休ませてもらったことはない。床磨きの油は皆でお金をだし合い買ってくるのです。お掃除は四時一五分までに終らねばなりません。一五分には出勤調べのベルがなり同時に舎監が各部屋を廻るのです。寮のどこかに舎監が見えたら障子を開けて部屋一同きちんと膝頭を揃えて待っている」。総員何名に始まる軍隊式の点呼があって、「もし欠勤、公休者がいた場合にはメモをだす」。「その中に欠勤者のメモがはいっていたら障子の入口にたって大説教」が行われる。「なんですか。少々体がえらくてもでなさい！　貴女が一人でなかったらそれだけ機械が廻らないんじゃありませんか」と。「以上のような風で出勤調べはすんで早速作業服をつけて帽子をかぶり、ブラウス、ズボン、運転袋をつける。運転袋には必ず『鑑手帳』（仏教にかんすることをくわしく書いた小さな本）を持って行かねばならぬ。

これはお守りみたいに、いつでも体からはなしてはいけないのです。「四時四五分出舎ベルがなり」（富士宮では四時半）、「全部廊下に出て今度は寮長さんの点呼」をうけて工場に出勤する。現場では「組長の笛の合図で台の横に一列に並んで何の目的か知らないが黙想する」。そして出来高が上らぬとか、クレームをだしたとかいう係長の訓話があり、正規の始業時間である「五時より五分か十分前頃」、「精紡では十五分前頃から「ジヤンジヤン運転をつけて」廻し始める。朝食は五時半から八時までの間に交替でする。いわゆる「廻し交替」であるため食事時間中も機械は廻り続け、同僚にその負担分がかかって行く。そのために食事がすむと同時に走って現場に戻らねばならない。したがって食事時間と兼用の「四五分の休み時間もゆっくり休んでおられない。出来高とベストテンの名前を壁に貼りだすので少しでも人に負けたくない一心から休まずにやっていました」。「このような調子なので作業中などは便所はおろか汗を拭くのもやっとでした」。受持の台は「すごく糸切れし、その上廻転は早く、いくら一生懸命継いでも切れてしまう」、「こんな事だったら八時間続くかしらん。もう一寸本数を少くしてくれたらこの足の疲れも楽になるのになあと思いながら」、「一寸横を見ると責任者のAさんの目が私を射るように見ている。一言も発しない、この目が何を語っているかがすぐ分る。どうしよう。またこんな所を見られた。きっと部署を落されるであろうと思うと、恐しいやら、なさけないやらで食事も進まなかった」。またある者は「組長にロットを五本位まとめたのを投げつけられ、ほうきをたたきつけられた」という。「それでもまあこの様な事はいい方で生産競枝になったらもっとつらい」と異口同音に述べる。

「やっと苦しい時間が去る」と、一時四五分頃から床みがきがあり、二時過ぎに退場行事が行われる。太鼓に合せて社歌をうたい、体操を行い、社憲を唱え、「品質本位、日本一の製品を作りましょう」というような目標を唱えて二時半から三時過ぎに昼食を終えて寮へ帰って行くのである。交替のため、朝五時半頃に朝食を食べたときは、三時の昼食までに身体がどうかなりそうな位お腹が空くと訴えていた。

後番は、起床が八時、出舎が午後一時、退場が夜の十時半であり、昼番は起床が六時、出舎が六時四五分、作業開始七時半、退場午後四時一五分となっている。深夜番は起床が午後三時、出舎午後七時五〇分、入場午後八時、退場は朝の五時である。

今年一七歳になるC子は「一昨年は女子も三ケ月ばかり深夜業をやらされました。」といい（当時彼女は一五歳である）、「頭がぼっとして眠くてたまらず、途中四五分の休憩時間にはみんなワラをしいたり、箱の中にもぐったりして眠ってしまった」。といっている。同じ時に深夜業をしたD子、E子は、「へとへとになって柱にすがりつくようにもたれかかると、責任者がコヅいて廻る」、「気が遠くなり機械に巻き込まれそうになってはハッとして気がついた」と述べている。二八年夏、夏川社長がアメリカの繊維産業視察後採用したのが「フクロウ労働」である。すなわち女子および年少者の深夜業が労働基準法によって禁止されている以上、前記のような女子の深夜業は、少くとも公然と行うことはできない。そこで一八歳以上の男子を深夜業専門に働かせ、合法的に機械の二四時間回転を計ろうとしたのである。そして深夜業の青少年の身体に与える影響について、「あらゆる方面より鋭意之が調査」にあたってきた結果、「当工場の優秀なる労務管理下に於ける深夜業は、あらゆる面から見て、成長期に於ける、青少年の身体に対し、悪影響は全然なく昼間勤務者以上に生理的に見て甚だ満足すべき状態下にあると断言する事が出来る」と述べている（会社発行「近江絹糸」第一四五号二頁）。しかし実際に「フクロウ労働」をやっていた労働者諸君に聞くと、異口同音に「一週間も経たない中に顔色が真青になって来る」、「ほゝはこけ、目は窪み、三年前に新調した学生服が現在一八に成人した私の体にぴったりと合うくらいである」と答え、極度の睡眠不足から睡眠薬を買って来て飲む者もいるといっていたが、どうやらこの方に信憑性がありそうである。

「労働力は商品であり、人間は機械である」。価値の顛倒した資本主義社会の冷たい法則が、水をえた魚のように労働過程において赤裸々に自己を主張しているのにいまさらのように一驚せざるを得ない。とにかく「工員なんか牛か豚ぐらいに考えなければ金儲けはできん」（改造一九五四年八月号一七二頁「夏川一家」）のであろうか。

(二)　賃　金

以上のように劣悪な条件のもとで働いている労働者の賃金を、他の紡績会社と比較しつつ考察してみよう。第14表および第15表は富士宮工場と静岡県内の他の紡績工場の比較である。

右の表を一見して明らかなように、初任給は十大紡に比し決して遜色はないにもかかわらず、平均賃金が約半額にすぎない。初任給が同等であるのは労働者募集の際の不可欠の要件であり、「月収四、六七〇円、他に皆勤手当があり、昇給は年四回実施致します」（彦根公共職業安定所扱い、昭和二九年度学卒者に対するもの）という募集要項がなければ十大紡と同質の労働力を大量に期待することはできない。したがって過去においても、全繊同盟の賃上闘争において十大紡の初任給が上るに応じて賃上げをしてきたという。また他に皆勤手当があり、昇給は年四回実施するという事項も看板に偽りはない。問題はただその金額を明記しない点に存するのである。初任給が同額でありながら、平均賃金が半分に等しく、勤続年数が長くなればなるほど賃金に差ができてくるとすれば、昇給の金額が極めて低いことが当然のこととして推察される。したがって、昇給規定から考察を進めていくことにしよう。

会社の昇給規定によれば、昇給は、新入昇給、定期昇給、三ケ年勤続昇給の三種類に分かれているが、新入昇給は入社後二ケ月後に行われる。成績により甲乙丙に分けられ、昇給額はそれぞれ、五円、四円、三円となっている。甲乙丙の格付けに際しては人員の割合が予め定められており、昇給資格者中の四〇％が甲、四〇％が乙、二〇％が

第14表　賃金と昇給状況の比較

会社名	従業員数	平均勤続年数	賃金日給状況 初任給	第二年	第三年	第四年	備考
近江絹糸㈱富士宮工場	男 四〇〇人 女 一、二〇〇人	一年 一年四ヶ月	四、七七六	六、〇〇〇 五、五〇〇	六、六三〇 六、一〇〇	六、一〇〇	会社申立による賃金 従業員申立による賃金
富士紡績㈱小山工場	男 六四二人 女 一、八三一人	……	四、六八〇	六、三七〇	七、二〇二	……	
東京麻糸㈱沼津工場	男 一九八人 女 七〇三人	一二年二月 四年一月	三、六五四	四、二〇〇	四、七〇〇	……	
日清紡績㈱浜松工場	男 二四九人 女 九五四人	一一年八月 四年七月	四、六八〇	七、一〇〇	八、一〇〇	八、九〇〇	
東洋紡績㈱浜松工場	男 一七四人 女 六七五人	四年九月 三年一月	四、六八〇	七、一〇〇	七、九〇〇	八、五〇〇	
富士紡績㈱鷲津工場	男 一九〇人 女 七七七人	六年九月 三年一月	四、六八〇	五、〇九六	五、九二八	六、七六〇	基本賃金を示す

丙であるため、過半数の者は三円か四円しか昇給しない。つぎに定期昇給は、入社後四ケ月後に第一回（したがって新入昇給後二ケ月）が行われ、以後四ケ月ごとに実施される。特甲、甲、乙、丙の四段階に分かれ、それぞれ八円、六円、五円、三円となっているが、割当はそれぞれ一〇％、三〇％、五〇％、一〇％となっているため過半教の者が五円か三円しか昇給しないのである。以上の昇給に際して勤続年数は毎月二〇日を基準として計算するために、二一日以後翌月の一九日までに入社した者はその間の日数は計算に入らず、したがって入社後三ケ月を経過して初

第15表　近江絹糸富士宮工場ならびに静岡県内五大紡との賃金比較表

（昭和29年１月－４月）

月別	区分／事業場	総数			事務技術管理職員			生産労働者		
		平均	男	女	平均	男	女	平均	男	女
1月	近江絹糸	5,320	6,152	4,979	8,536	9,567	5,953	5,115	5,562	4,955
	五大紡	10,252	18,577	7,524	20,805	26,622	9,776	8,501	13,697	7,369
2月	近江絹糸	5,397	6,087	5,114	9,205	10,698	6,040	5,177	5,412	5,090
	五大紡	10,900	18,799	8,290	20,567	26,022	10,178	9,285	14,410	8,158
3月	近江絹糸	4,974	5,850	4,617	9,298	10,982	5,929	4,699	5,031	4,579
	五大紡	10,587	18,482	7,990	20,152	25,998	9,546	8,963	13,918	7,874
4月	近江絹糸	5,218	5,983	4,909	8,671	10,172	5,444	5,006	5,316	4,895
	五大紡	10,317	18,711	7,837	20,118	25,596	9,978	8,807	14,490	7,699

（註）⑴　毎月勤労統計による
⑵　県内五大紡は鐘紡静岡。富士紡小山鷲津。日清紡浜松。日東紡静岡。東洋紡浜松

めて昇給資格を獲得する者もでてくるわけである。また、入社後二ケ月を経た者は全員が無条件で昇給するのではなく、欠勤五日以上の者は昇給が翌月に延期され、遅刻早退は三回を欠勤一日として計算している。昇給には、さらに三ケ年勤続昇給がある。これは同じく甲、乙、丙に分かれ、それぞれ、九円、七円、五円、二〇％、五〇％、三〇％と定められているがその要件は極めて厳格であり、三ケ年以上勤務したものであって、前昇給時より六ケ月以上経過した者の総人員より最も成績優秀な者を半数選出し、そのものを前記の割合で昇給させることになっている。したがって実質上は全体の一〇％、二五％、一五％の者がそれぞれ、九円、七円、五円、昇給するにすぎないのであって、仮に規定通りの半数の選出を行ったとしても、恣意的に行われるため、「三年以上経てば全然昇給しない」という声のとおり、事実上永久に昇給しない者もでてくるわけである。以上のことから十大紡との賃金の差は勤続年数に逆比列して増大する現象が生じてくる。さて未経験者の初任給は年齢により、つぎのように定め

第16表　勤続年数別昇給率表

	初任給	勤続1年		勤続2年		勤続3年		勤続4年	
		年4回昇給	上昇率	年3回昇給	上昇率	年2回昇給	上昇率	年2回昇給	上昇率
歳	円	円	%	円	%	円	%	円	%
15～16	178	198	11.2	213	7.4	225	5.6	237	5.3
17～18	183	203	10.9	218	7.4	230	5.6	242	5.2
19以上	190	216	13.7	231	6.9	243	5.2	255	4.9

第17表　勤続年数別年齢別平均給与日額

（富士宮工場　昭和29年）

年齢 ＼ 勤続年数	性別	1年未満	1年以上	2年以上	3年以上	4年以上
15歳	男 女	182円 181				
16	男 女	198 182	205円 194			
17	男 女	203 181	210 194	219円 196		
18	男 女	205 196	214 202	221 206	219円 211	
19	男 女	204 200	242 206	244 211	252 215	
20	男 女		242 209	257 219	261 222	266円 227
21	男 女	237	247 222	261 220	262 223	231 232
22	男 女		253 226	264 227	－ 223	
23	男 女				267 231	

第18表　勤続年数と日給との相関（津工場）

勤続年数／日給	〜6月	6月〜1年	1年〜1年6月	1年6月〜2年	2年〜2年6月	2年6月〜3年	3年〜3年6月	3年6月〜4年	4年〜4年6月	5年〜5年6月	7年6月〜8年	9年〜9年6月	平均
男	円 179	円 187	円 196	円 225	円 203	円 210	円 217						
女	178	187	193	201	203	205	215	220	229	226	241	240	210

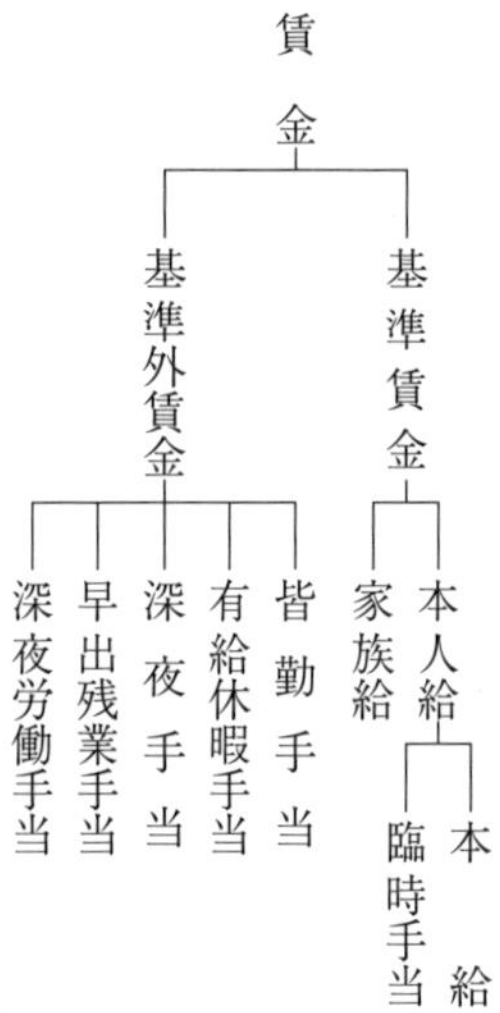

給料明細　2月度（自21日至20日）

科名　精紡　　No.

氏名　○　○　○　子　殿

労働日数	25	金額	187	深夜手当		早出残業	

給料　本給	4,675	健康保険	100
給料　手当		厚生年金	75
皆勤手当		失業保険	38
有給休暇		税金	
深夜手当		労組費	30
早出残業		食費	1,395
深夜労働			
家族手当			
		控除総額	1,638
支払総額	4,675	差引支払額	3,037

られている。

一五歳―一六歳　一七八円
一七歳―一八歳　一八三円
一九歳　一九〇円

したがって前記の昇給規定により平均的な昇給を続けるものと仮定して、勤続年数別に昇給率を理論的に算定し整理すると第16表がえられる。この数字により、勤続年数が古くなればなるほど上昇率が低くなり、年齢が高いものほど昇給率が低くなっていることが分かる。しかも現実においては前述のように昇給の判定が成績に左右され、恣意的な要素の入る余地が多分にあるので、第16表のような上昇率すらも守られていないのである。

このことは第17表、第18表に明らかであり、実際においては賃金の上昇率はさらにゆるやかなカーブをえがき、三年以上は事実上頭打ちの状態を示している。したがって個々人についてみれば、年齢が高く、勤続年数の古いものであっても、年齢の低い勤続年数の短いものより必ずしも賃金が多いとは限らないのであって、賃金の分布の激しさとともに賃金の観念の著しい混乱を示している。

つぎに給与体系および一例として勤続一年後の女子工員の給料明細を掲げる（前頁下欄参照）。基準賃金は、本給と臨時手当に分かれ、同率となっている。家族手当は、本人と同居する扶養家族であって満一八歳以下の子女、または六〇歳以上の父母、または配偶者に対して支給され、最初の一人につき月額一、〇〇〇円、その他五〇〇円となっている。基準外賃金の諸手当はつぎのような率によって計算され、支給されている。

(1)　皆勤手当

一ケ月所定公休を除く全労働日を皆勤した者について一〇〇円

(2)　早出残業手当、休日出勤手当
二五%の割増賃金
(3)　深夜手当
所定就業時間内において深夜作業を行う場合、二五%の割増賃金、ただし深夜専門の場合は三〇%
(4)　深夜労働手当
所定就業時間外において深夜業に従事した場合、五〇%の割増賃金

これらの点から見て、いわゆる能率給、勤続給等のない、形態的には簡素化された賃金体系であると評することができる。しかも紡績業にいまなお一般的な個人請負、あるいは団体請負と呼ばれる出来高給的な要素が全く見られない点に奇異の感じすら抱かせるほどである。しかし仔細にこれを検討すると、出来高給という刺戟的な賃金による少くとも資本主義的な労働能率増大の試みが、明治大正時代の賞旗制度と全く等しい各種対抗競技による刺戟へと置換えられている点に気がつくのである。出来高競技、クレーム絶滅競技、品質改善競技、糸切減少競技、清潔整頓競技、保全競技などが工場対抗、科別対抗、番別対抗、班別対抗で行われているのがそれである。例えば出来高競技は、月間を通して行われるが、まず一〇%向上目標が出され、翌月には一〇%増した前月分が基準となって、さらにその一〇%というように目標を拡大していく。工場には「必勝大垣の面目を死守せよ」、「打倒彦根」などの文字が朱書され、そのために先番の女子は二時、三時ごろから台につき、後番のものは一一時、一二時迄居残りをして頑張り、先番が出動したときにはまだ機械は温かであったという。この対抗競技のために休日が無視され、基準法違反が続出することはもちろん、人権侵害ともいうべき労働の強制までが激しく行われ、病気で寝ている者のふとんを剥いでも無理矢理に工場につれだしたという。こうした対抗競技の優勝工場には持ち回りの社長盃が授

与され、班別、科別の勝者はコッペパン一個、またはうどん券一枚が与えられるだけであって、労働力の対価は見事に欺取されている。

賃金の項でさらに指摘しておかねばならないのは、封建的な現物給与の残存形態が見られる点である。第一に「足止メ」策としての『女子工員勤続奨励金規定』が存在し、「女子工員の勤続を奨励し、且つ勤続に報いる為以下に定むる処による奨励法」が実施されている。

1、勤続一年に達したる者　へら台　一
2、〃一年半　〃　小袖箱　一
3、勤続二年に達したる者　姫鏡台　一
4、〃二年半　〃　針　箱　一
5、〃三年　〃　鏡　台　一

三年以上の者について定めがないのも特徴的であるが、この賞品を受けるためには、資格者が「予め所定の資格審査申込書に必要事項を自ら記入して提出する」必要があり、「資格審査の結果、不適当と認められた者」には授与されないことになっている。

現物給与的色彩が強いものとして第二に『宝くじ』の制度がある。これはポスターなどの反古紙を小さく切って作った会社発行のものであり、参考までに図示するとその様式は次頁のようになっている。

8　月　度
A
1,251

これを各工場ごとに毎月作製し、出勤率のよい者、貯金をした者などに一枚ずつ配って、月に一回仏間に集り、抽籤を行うのである。賞品には端布れ（二ヤール半）、割烹着など三〇〇円程度のものがでるが、ほとんどの者が「あんなもの当りやしない」といっていた（津工場では月二、〇〇〇枚位発行し、当りくじは六〇位である）。

しかし、ともかくもこれらの制度が現存するという事実は、会社の賃金観念の中に多分に封建的な恩恵的な要素が混入していることを卒直に物語るものであろう。

㈢　労働時間および休日休暇

始業、終業、食事、休憩時間がいかに巧妙に「噛り取」られてきたかは、今までの記述において随所に触れてきたところである。その上に対抗競技という年少労働者の若い心理を利用して、労働密度を極度に増大させるとともに、労働時間を「自発的」という衣をかぶせながら極限にまで延長してきた事例についてもすでに述べてきた。したがってここでは単に所定の労働時間、休憩および休日を掲示するだけにとどめる。

休日は毎週一回の輪番制による休日のほか、一年を通じて正月二日間が与えられるにすぎない（一月二日が次週の休日の繰上げとなり一斉に休んでいる）。一年に六日、勤続一年を増すごとに一日を追加する有給休暇も、手続が極めて煩雑であるために事実上とることはできないという。

第19表　労働時間・休憩・休日

番号	始業	終業	休憩時間	休日
	時　分	時　分	時　分　　時　分	
昼番	七・三〇	一六・一五	一二・〇〇―一二・四五	土曜日
先番	五・〇〇	一三・四五	八・〇〇―八・四五	七組に分け輪番制休日
後番	一三・四五	二二・三〇	一九・〇〇―一九・四五	同右
交替制深夜番	二二・三〇	七・一五	五・〇〇―五・四五	同右
専門深夜番	二二・三〇	七・一五	五・〇〇―五・四五	同右

（就業規則より）

就業規則には生理休暇の定めがあるが、死文と化している。フクロウ労働の採用とあいまって、工場の機械は正月の二日を除くほか一年を通じ一瞬も休むことなく回転し続け、このような激しい労働時間の延長に肉体磨滅的な労働形態が結びつき、労基法違反と、人権侵害の諸問題をはらみつつ、現代版「女工哀史」を形成していたのである。

㈣　寄　宿　舎

労働市場が工場周辺に求められず、遠隔な農村地帯の豊富な労働力に期待されている紡績業にあっては、寄宿舎の存在は、工場運営の不可欠の前提である。しかし、紡績業の寄宿舎が、労働者に私生活の場を提供するという福利厚生施設的な役割をこえ、生産行程の不可欠の要素として、すなわち重要な生産施設としての経営経済的機能を果たしてきたこともまた自明のことである。近江絹糸の寄宿舎の実態を紹介する前提として、まず紡績業の寄宿舎が、本質的に、そして歴史的にいかなる機能を有していたかを要約しておくことも無意義ではあるまい。

1　寄宿舎の機能

(1)　関一氏が『労働者保護法論』の中で、寄宿舎の「目的は他地方より出稼の職工に住居を供するにあるは勿論なれども、其実は職工の逃亡を防ぎ工務上の支障を減少せんとする」点にあると指摘しておられるように、寄宿舎の目的は、まず労働力を確保する点に存したのである。監獄とまがうばかりの高い塀やその上に取り付けられた鉄条網、硝子の破片などの忍び返しは、「女工哀史」時代の過酷な労働条件に耐えかねた女工の逃亡を防ぐことを第一の目的とした。（近江絹糸において現在もなお、これが残っている点が象徴的である）。前近代的な労使関係に対応する労働者の反抗は、組合運動という積極的反抗を示すより前に、逃亡という消極的な形をとって自らを守ったのである。しかし、労働者の募集に要した費用を償却してしまうまでは、労働者の他企業への転職あるいは退職は経営上大きな苦痛であり、そのために、資本の側では厳しい監視のもとに外部との交通を制限することに狂奔したのである。このようにして寄宿舎は、積極的に直接的な拘禁の役割を営んできたといえる。

(2)　労働力を確保するという寄宿舎の機能は、右のような封建的な「逃亡防止」の歴史的役割を終え、近代的な寄宿舎制度が確立された後においても、なおかつ次のような重要な機能を果すのである。

すなわち、①農村から流出した若い労働力を工場内に緊縛することにより、労働の開始や交替制を集団的に極めて容易に行うことができる。②労働者の生活をすべて資本の統制下におくことにより、生産行程と直結した労務管理を行うことができ、したがって出勤状態を統制し、就業の正確性を確保するとともに、個人の恣意的・放肆的な遅刻、早退、欠勤を防止することができる。③さらに寄宿舎を通じて労働者の全生活を把握することにより、労働者の人格に一定の規律、統制を加え、企業に対する忠誠心と絶対的な従順性を養成することができる。④そして最後に忘れてならないことは、労働者を寄宿舎に弧立させることにより、労働者の不満が外部の労働団体と結びつき、活発な組合運動となって爆発することを未然に防止することができるという点である。

以上のような寄宿舎の役割が、今日、そのままの形で赤裸々に近江絹糸において果たされていた点に大きな問題が潜んでいた。以下その実態を簡単に紹介しよう。

2　施　設

会社で発行するパンフレットやポスターに写真入りで掲載される寄宿舎は「道行く人も振り返り、しばし驚愕の目をみはらせる白亜の殿堂」としての偉様を誇っているが、これらは全施設から見れば九牛の一毛にすぎない。大半は明治・大正時代の寄宿舎の面影をそのままに伝え、薄暗く陰気で、床が朽ちかけ、「なめくじが出たり」、「雨もりがしたり」する。特に津工場の寮の一部には、「のぞき窓」がそのままに残存し、タコ部屋か監獄部屋の鬼気を忍ばせていた。

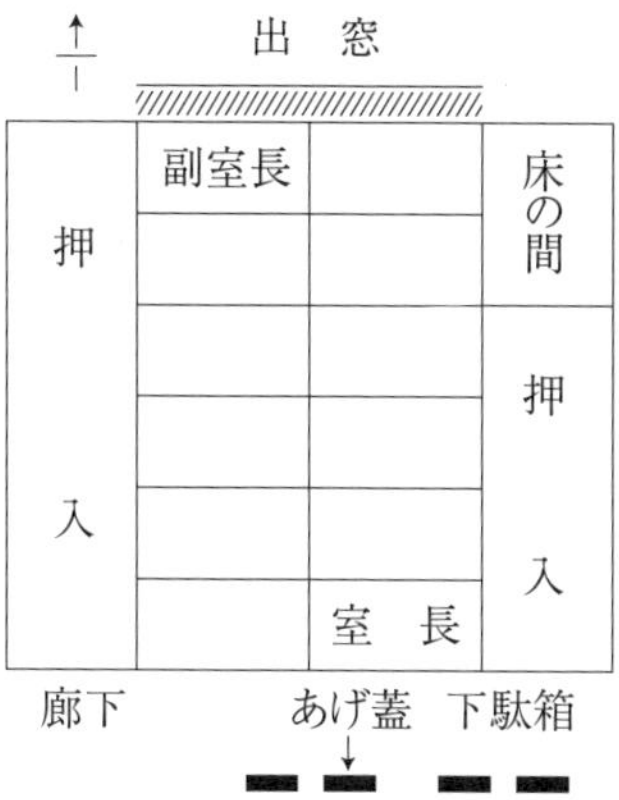

第１図　部屋の平面図

一例として、ここでは中等程度と思われた富士宮工場の寄宿舎の例を紹介しよう。ここは新寮が三棟新しく建増されたほかは、買収工場である日本絹糸時代の古い寄宿舎をそのまま使用している。新寮も、職業安定所に大量の求人申し込みをした際、雇い入れの基礎調査とともに受入体制の勧告をうけ、寮の増設を確約している点などからみて、工場の拡張に伴う最少限度を労働者の募集に必要な限りにおいて設けたとみることができる。寮は高い塀に囲まれた工場の一隅に工場と密着して存在している。工場の入口には守衛が頑張っているのと同じように寮の入口は舎監室となっており、その鼻先きに面会所が設けられている。平屋の細長い寮には、雨戸もガラス戸もない長い廊下がはりめぐらされ、廊下に面してハーモニカのように多くの部屋が仕切られている。さらに第1図は旧寮（女子）の中で一番多い一二畳の部屋の内部を示すものである。廊下の一部が掲げ蓋になって中にミカン箱程度の木箱が埋められてあり、それが下駄箱の用をつとめている。写真を貼ること、衣紋掛をかけることを禁ぜられている部屋の中は極めて殺風景なものであるが、それでも一間の床の間がつき、両側は押入となっている。押入の中は三段に区切られ、上部にはフトン、中段には日用品、下段には行李を入れる。僅かばかり張りだした出窓は唯一の物干場であり、そのために手拭いも八ツ折にかけるように統一されていた。

この一二畳の部屋に平均一四人、学卒者の採用の行われる四月五月頃には、一七、八名もつめこまれていた。部屋の一番奥に副室長、入口に室長の休む位置が定められ、寮生をあるいは保護し、あるいは監視する役目を無言の中に物語っている。

便所、洗面所の設備が悪く、数が少いために、殆どの者が起床の三〇分か一時間前に起きなければならない。「労働者の各人に専用の寝具」は工場のくず綿で作られ、木賃宿の寝具を思わせるほどに不潔なものであり、「えり部を覆うための白布および敷布」は見当らなかった。津工場の男子工員は「破れても自分で修理しなければならないので多くの者が破れたらそのまま使っている」といい、富士宮のある女子工員は「ねずみに噛まれたために枕がなくなり、枕なしで寝ている者が多い。」と苦笑していた。このような劣悪な生活環境を会社が今まで放置してきたこと自体問題であるが、それを我慢づよく忍従しうる野生的な生活力が労働者側にも存することにも改めて気づかざるをえなかった。

3　寄宿舎の自治と舎監制度

長年にわたってチープ・レーバーの温床となってきた寄宿制度を国家は後見的に監督し、悲惨な労働者の状態を改善するためにいくつかの保護法を制定している。その中でも重要な支柱となる労働基準法および事業附属寄宿舎規定は、第一に寄宿舎自治の原則を掲げているのである。これをうけて、近江絹糸においても工場に第一組合という名の御用組合が存したように、寄宿舎にも形式的な自治会が存在していた。しかし新しい寄宿舎制度のもとにおいては、元来、寮内の事務的連絡と建物の管理にとどまるべき舎監が、「先生」と呼ばれる高い身分的な地位と昔ながらの絶対的な権限を有し、寄宿舎の全生活に厳しい監視の眼を光らせている厳然たる事実を忘れてはならない。したがって寄宿舎の自治にふれる前に、まず舎監制度について述べる必要がある。

工場長―事務部長―人事課長―舎監という命令系統につながる舎監は、正式には寮生係という名称をもち、各交替番毎に一名づつ配属されている。例えば従業員二、三〇〇名余の津工場の舎監は男子従業員に対する寮生係三名、女子に対する寮生係七名で構成されている。大垣、彦根などには例外的に年齢の多い「女子大出」の者もいたが、大部分は二一歳から二四、五歳位の旧制高女卒あるいは新制高校卒の者である。これらの者は最初から「寮生係」として募集され、社長が直接面接を行って、思想および家庭調査に重点をおき、洋裁和裁の心得のある者、今まで勤めた経験のない者という基準に基づいて厳選されたようである。

舎監は服装、入浴、居室などのささやかな特権と、会社の労務管理機構の末端としての権力を有している。そして職務に忠実になればなるほど、労働者の私生活を完全に把握し、会社の支配体制を寄宿舎の中に確立するという役割を果たすように仕組まれている。そのことはつぎのような寮生係の守るべき心得が雄弁に物語っている。

「寮生係信条

一、寮生係は寮生を我子我妹と思い親切丁寧に取扱う事

一、寮生係は寮生の個性と家庭事情を知る事につとめる事
一、寮生係は事務を正確にする事
一、寮生係はよき寮風を作ることに努力する事
一、寮生係は常に自己を反省し、寮生の軌範となるよう修養に努める事
一、寮生係は各関係先との連絡を緊密にする事」

このことは寮生係が、使用者のために寄宿舎関係の事務処理を行うという職権を遥かに超えて、使用者との従属関係の断ち切られた筈の労働時間外の労働者を、「我子我妹」としてとらえ、さらに身分的な支配服従関係を強化しようとするものであることを示す。そのために労働者個々人の「個性と家庭の事情を知る事につとめる」ことはもちろん、「よき寮風を作ることに努力する」ことが企てられ、このことによって企業一家的意識を私生活の内面から形成することが計られているのである。

したがって身分的に上位にたつ寮生係は、家長的な権限を当然に有し、寮の内外の掃除の監督に始まり、私物検査、外出外泊の許可、小包発送の許可、貯金、小遣いの監督にいたるまで、ありとあらゆる面にわたって労働者の日常生活を監視、監督するのみならず、さらに「一家の主婦として、社会人として」恥かしくない教養を身につけさせる教育の義務をも引受けるのである。

したがって、これらのことから生ずる種々の幣害を除去するため、国家法の配慮のもとに生れた自治会の存在は、会社側にとっては本質的に目の上のコブ以外の何物でもありえない。そのために、「寮長、室長は舎監が任命していた」と労働者が異口同音に語っていたように、積極的に寮長、室長の選挙に干渉することにより、自治会を全く無力な会社の御用機関とすることに努めたのである。さらに「寮長や室長には勤続年教の多い、先生にウケのよい人

が指名されていた」、「古い人でも何時まで経っても寮長にならない人がいる」といわれているように、自治会役員を恣意的に選定することによって、単なる御用機関の域を超え、舎監の補助機関として自治会は網の目のようにはりめぐらされた寮生の監督機関へと化して行った。労働時間外の無償の寮の清掃や工場敷地の整地作業がすべて舎監の命令により、自治会の決定という形式をとりつつ押しつけられていた一事だけをみてもその性格がどのようなものであるか容易に推測することができる。

4　労働者の私生活

労働に関係のない労働者の私生活の自由は、寄宿舎という集団的な秩序維持の必要性からくる最少限度の留保を除いて、全く自由であるべき筈であり、市民法上当然の権利として主張しうることがらである。しかるに近江絹糸においては、私生活の自由は全く省みられず、憲法上保障された基本的人権の侵害とさえなって現われていた。いくつかの項目に分ってこれらの実情を列挙しておこう。

(イ)　外出の制限

労働者の日課表は第20表のように定められている。したがって終業時間後、門限迄に、一応自由な時間が存在するように思われる。しかしその間に掃除や各種の行事があって、それが終ってからでなければ外出は許可されない。例えば先番の女子についていえば、終業後、退場行事をすませて昼食を終り、寮に帰るのは二時半か三時頃であり、直ちに寮の掃除や各種の行事が行われ、四時半か五時頃にならなければ外出はできない。津工場で若い女子工員は、「映画をみたいと思うときには、夕御飯を食べないで、駅まで走って行く」と健康な顔をほころばせながら語ってくれた。外出には、外出券と称する身分証明書を門衛に提出して外出するようになっている。この身分証明書には、出身県、年齢、課別通番、寮別、部屋別、氏名が記入され、写真が貼り付けられている。特別に用事のある者は、

第20表　女子日課時間表　（富士宮工場の一例）

番別＼日課	起床	出舎	入場	退場	外出門限	入浴	就寝
先番	四・〇〇	四・四五	五・〇〇	一三・四五	一九・三〇	自一七・〇〇 至二〇・〇〇	二〇・三〇
後番	八・〇〇	一三・〇〇	一三・四五	二二・三〇		自二二・三〇 至二四・〇〇	二四・〇〇
昼番	六・〇〇	六・四五	七・三〇	一六・一五	二〇・三〇	自一七・〇〇 至二〇・〇〇	二一・〇〇

（一九国会衆議院労働委員会議事録第三四号八頁）

舎監に申し出て特別外出証をもらうと九時まで門限が延長される。しかし仏教の行事のある木曜日には、外出は一切禁止されるし、夜は七時半から始まる部屋毎の自治会（後述するが、これも一種の宗教の行事にすぎない）までには帰って来なければならないので、平常の日には、事実上なかなか外出しにくい。

奇異に感じたのは、会社を欠勤した場合には、身分証明書を取り上げて、その日は絶対に外出を許可しないことである。病気の日に出て歩くと病状が悪化するという親心からなのであろうか。恣意的な欠勤を防止するという寄宿舎の機能は、ここにおいてその極に達していると評すべきであろう。門限に遅れた場合には、本人は一週間、同室の者は三日間の外出禁止をうける。

(ロ)　各種行事

事業付属寄宿舎規程の定めをまつまでもなく、「教育、娯楽その他の行事に参加を強制すること」は明らかに私生活の自由を侵害するものである。しかしながら、一九三七年四月ワシントンで開かれた国際繊維工業準備会議において、日本の使用者代表が、「日本の紡績工場の寄宿舎では、茶の湯、生け花、琴、礼儀作法を教える。まるで女学校のようなものです。」と見得を切っていることからも明らかなように、紡績工場における趣味教育その他の行事は、早くから使用者側の最も力をそそいできたところであり、労務管理機構の一方の柱を形成するものである。「和洋裁縫、手芸、割烹、音楽、舞踊、茶道、華道など将来家庭の主婦として、また社会人としての実力と教養を与える為十分なる教育をする」という募集要領の文言は、進学と教養の機会に恵まれなかった農村の子女に対して、募集の際に恰好のアメを提供するとともに、工場内においては、これらの教育を通じて封建的な道徳を鼓吹し、それがそのままに過酷な労働に対する忍耐心、指揮命令に対する卑屈なまでの従順性、企業への忠誠心となってはね返えることが期待されているのである。

近江絹糸の寄宿舎生活における各種の行事の一例として津工場の場合を記そう。

月曜　お琴
火曜　お茶、お花
水曜　和裁、洋裁
木曜　報恩行事
金曜　食堂美化
土曜　寮美化

各種の行事の内容を聞くと、各工場に共通して前記のような多彩な趣味教育が極めてお座なりに行われていること、これに反して、いわゆる道徳教育が徹底的に行われていることが認められ、会社の力点の置き方が奈辺にあるかを推測させる。

各種の行事には舎監自身が「各部屋を廻って、出なさい、出なさいと殆ど強制的にいわなければなかなか出てこない」と語っていたように、半強制的に出席させていた模様である。一方、労働者側に聞くと、一日の労働で疲れてしまって、「くたくたになり、一刻も早く横になりたいと思っても、何だかんだと呼びにくる」といい、さらに、洋裁など積極的に習いたいと思っても、「舎監が洋裁の先生をも兼ねているため、いつまで経っても初歩ばかり教える」といって、技術的にかなり不満を有していた。そのため社外に「洋裁や和裁を習いに行こうとしたとき団体生活をしている以上は個人で外部に習いに行くなといわれた」(一八歳女子)というように、いやみをいわれるばかりでなく、転勤その他不利益待遇をうける。さらに連絡日と称している報恩行事の日には、一切の外出を禁止し、全員強制的に出席させ、欠席した場合には、本人一月、同室者一週間の外出禁止を命ずることがある。報恩行事は舎監、人事主任、時には町の坊さんの出席のもとに行われる。長い長い「正信念仏偈」や浄土真宗々歌を歌ったり、恩徳讃を合唱して礼拝をすませ、種々の注意事項を聞いたりして、やっと行事が終るのは二時間か三時間の後であり、「立つ時は自分の足だか人の足だか分らなくなっています」といっていた。

宗教の行事に関連して毎日、各部屋毎に行われるいわゆる自治会の実態についても触れておかねばならない。自治会は先番についていえば、毎夜七時半から始められ、次のような順序で行われる。

1　礼　拝
2　黙　想
3　礼　拝
4　「寮生活向上目標」「わが誓願」を唱える

5　社憲を唱える
6　出欠をとる
7　掃除の連絡。

自治会の際に合唱する『わが誓願』とは、つぎのようなものである。

「わが誓願

一、今日一日、過分の欲を起しますまい。
一、今日一日、腹を立てますまい。
一、今日一日、愚痴不平不足を申しますまい。
一、今日一日、うそを申しますまい。
一、今日一日、人の悪口かげ口を申しますまい。
一、今日一日、清い静かな心、温い情、つつましやかな態度でくらしましょう。
一、今日一日、人を憎みねたみますまい。
一、今日一日、身心を害うすべての慾望から遠ざかりましょう。
一、今日一日、食事は御仏よりのたまものとおもい、合掌礼拝して頂きましょう。
一、今日一日、もろもろの御恩を思い、感謝のうちに過さして頂きましょう。
一、今日一日、私の仕事におのれを空しくし、全身全力をあげて尽さして頂きましょう。
ねがわくは一生を通じて、私の善をよろこびたまい、悪を悲しみたまう、大慈大悲の御仏の御心に反かぬよう、日暮しさせて頂きましょう。」。

以上のことからも明らかなように自治会とは、形を変えた宗教の行事に外ならず、宗教が道徳と結びつき、しかも、宗教教育自体が封建的な道徳を鼓吹することに向けられていたのである。すなわち、「過分の慾を起しますまい」、「不平不足を申しますまい」に始まる『わが誓願』には、宿命を甘受し、現状を肯定する封建時代の分限思想、家業意識がそのままに持ち込まれており、このような意識が、労働過程に反映して、過酷で肉体磨滅的な労働や低賃金に対しても一切不平不足をいわず、これが自己の宿命であるとして封鎖的な世界に安住することが期待されているのである。労働とは「仕事におのれを空しく全身全力をあげて尽さして」頂くことなのであり、「もろもろの御恩」に対する「感謝」として位置づけられている。また賃金は、労働に対する対価としてではなく、「御仏よりのたまものとおもい合掌礼拝して」頂かなければならないというのである。したがってその間の労働関係は無定量な労働と恩恵的な報酬との対応関係として把握されている。このような基本的労働関係を媒介として、具体的には職場における指揮命令系統を封建的な支配服従関係により裏打ちし、価値とは無関係的な絶対服従の封建的ヒエラルヒーの確立を目ざしたのである。そのための恰好の労働者の陶冶機関が寄宿舎であり、舎監を上長とし、「舎監に対し、何一つ反発することはできなかったのです。寮長の行為が間違っていても、私達はいやでも同感しなくてはいけないのです」というピラミッド型の身分的上下の観念に彩られた機構と意識の形成が意図されていた。各種行事とそれへの参加の強制は以上のような意味を有していたということができる。

(ハ)　信書の開封

仏教の強制とならんで人権侵害の事例に挙げられているものに信書開封の問題がある。これは「相当以前から行われていたもので、一つの習慣的業務となっていた」（衆院労働委員会における証言）といわれている。その目的は「寮生の行動を事前に知ること」であり、「主として転職防止であった」。また風紀取り締まりのための無断開封や、舎監の目の前で読ませたりすることが、「寮事務所にて行われていた」。さらに逃亡を防ぐために「月給日が近づくと警戒が厳重になる」、「手紙で目をつけられた者には尾行がつく」とさえいわれていた。このこと自体、労働条件が極端に劣悪であることを自ら証明する以外の何物でもない。女工哀史時代の手段が三〇年から四〇年後の今日においてもそのまま行われている点に、ただ呆然とするのみである。

㈡　私物検査

人権侵害の一例として、最後に私物検査の事実だけを指摘しておきたい。寮生は、入寮と同時に自己の持物を下着類から着物の柄にいたるまで所持品カードに細かく記入し、舎監に届けておかねばならない。その後増えたものも、同じくカードに記入していくのである。それに基づいて、毎週一回私物検査が行われる。盗難があった際には「シュミーズ一枚に脱がされて徹底的に検査を受ける。」という。

われわれは以上の行論から繰り返して近江絹糸の寄宿舎のもつ性格を要約しておこう。寄宿舎は単なる福利厚生施設の域をこえ、労務管理の一側面として主要な経営経済的な機能を果たしており、家父長主義の衣のもとに、私生活の面について、多くの干渉が行われ、生産行程および組合運動の面にわたって資本の側に都合の良い一定の労働者の型を打出す努力が払われていた。日本の労働関係の癌として指摘される多くの封建的諸関係の育成に寄宿舎がどのように貢献したかは、前述のような種々の実態の中から自ら明らかであろう。

四　会社の組合対策

低賃金、長時間労働の上に立って、生産増強、利潤獲得に狂奔した会社側の組合対策が、純粋に労務管理政策の一環として遂行されたとしてもなんら怪しむに足りない。事実、会社側の労働組合対策は、普通いわれるところの支配介入というような生やさしいものではなく、労働組合を徹底的に労務管理機構の中に包摂し、これを業務上、職制上の監視、監督機関としていたのである。労働組合は、労働者の利益を擁護するという機能を全く否定し、会社側の利益擁護機関、執行機関と化していた。したがって近代的な意味での組合対策というものは、片鱗だにその姿を見せない。

もとよりこのような組合対策が、今次の争議にいたるまで大した破綻もみせずに維持されてきたということは、一つには従業員が年少の婦女子であったために、人間としての、また労働者としての意識や自覚を欠いていたということ、二つには、このような婦女子が農村における貧農階級の出身、したがって多分に遅れた封建的残滓を意識的、無意識的に身にまとっているものであったこと、三つには、企業別組合を根幹とするわが国の組合運動における後進性などによるものであろう。しかしながら、他方、巧妙かつ悪辣な夏川式労務管理方策の存することを見逃すことはできない。以下、労務管理方策の一環としてなされた組合対策が、いかに強引に行われたかを、若干の事例に基づいて具体的に検証していくことにする。

1　まず組合の結成および役員選任過程における会社側の干渉をみることにする。

(1)　組合の結成は、つねに会社側のイニシアティブのもとに行われている。その好個の事例は、津工場の組合結成時におけるそれである。ここにおける組合の結成は、従業員が自主的に労働組合を結成しようとする動きに先手を打つかのように行われた。すなわち会社側は、彦根工場より転勤した労働者Nを中心とする労働組合結成の機運が生じたとみるや、機先を制するかのように、昭和二七年七月二九日、突如として工場内仏間において、近江絹糸紡績津労働組合結成大会を開催した。この結成大会が会社のお手盛りの計画によるものであることは、準備委員会が、同工場の人事責任者Ｉ（同年五月末工場人事主任を命ぜられる）、職場担任者Ｋほか三名の上級職員によって構成されていたこと、予め従業員一般に諮ることなく、準備委員だけで、彦根労組、大垣労組のものと同一の組合規約、議事規則、賞罰委員会規則の案を決定し、かつ結成大会において役員として推薦すべき者を決定したうえ、急遽結成大会を開催したこと、さらに大会においては前記Ｉが議長となり、右の印刷された組合規約その他諸規則をこのときはじめて会員に配布して審議に入り、しかも充分の審議をつくさず諸規則および推薦役員を承認したこと、のみならず審議過程において積極的発言をした中岡長一をその後除名し、ひいては解雇にいたらしめたこと等に徴しても明らかである。

(2)　役員選任過程における会社側の干渉の典型的な事例は、昭和二八年七月に彦根工場において行われた役員改選にみられる。

彦根労組の役員改選は毎年七月に行われるが、同年も一五日に立候補締め切り、二〇日迄に立候補者氏名発表、二五日に選挙が行われる旨の公示が同労組選挙管理委員長Ｈから発表された。そこで一五日の締め切りまでに男子工員が一一名、委員長、執行委員に立候補するにいたった。ところが一六日突然夏川社長が彦根工場に姿を現し、午後五時より工場広場に全男子工員を集めて、男子工員の立候補辞退勧告を行い、さらに同日夜には第一、第二応接間において、谷口工場長、夏川副工場長、勝間田工務部長、労組選挙管理委員長Ｈが、立候補をしたＡ他七名を呼び、立候補の辞退を強要している。手をかえ品をかえての立候補辞退の強要には、最後までがんばったＫをも含めて全員が、辞退届を出すことを余儀なくされたほどである。

この間の事情は、産経、中日両新聞にも掲載されたことであるが、衆議院労働専門委員会において一参考人は、つぎのように述べている。「私は彦根支部の書記長をしておりました下村でございますが、昨年七月一五日にわれわれを含めた一一名が執行委員に立候補いたしましたところ、夏川浩次長、谷口工場長、勝間田工務部長三人から……君らがどうしても辞退しないならば君らの身分保障はできないと断言され云々」（衆議院労働委員会会議録三一号）と。

もう一つの事例として同じく衆議院労働専門委員会における大垣工場一従業員の証言をあげておこう。「……こと し選挙管理委員になったのは、投票のその日に私は知ったわけです。そのとき選挙管理委員になったのは、人事主任の石田、人事係の私（仲川）、それとあと一人……何しろ人事は確実に二人入っております。……選挙といっても執行委員は会社で指名してありますから、一五名中一五名立候補で選挙なしで決定、……云々」（衆議院労働委員会会議録三一号）と。

これらの事例からも明らかなように、組合幹部は否応なしに職制上の幹部をもって占められている。したがってこれらによって構成される執行委員会が会社の意思執行機関に化してしまっていたことも当然のことであろう。

(3)　さらにまた組合の幹部が職制上の幹部で占められていたことは、組合大会における一般従業員の積極的な発言を封ずるのに、多大の効果があった。のみならず、組合大会には必ず工場長、副工場長などの会社側の利益代表が出席して、大会の運営を陰に陽に牽制していた。このような状況下にあっては、下からの突き上げによる民主的組合の運営が不可能であったことは推察するに難くない。

組合大会が開かれる場合においてすら右のような状況であったが、その組合大会すら開催されることはほとんどなかったという。つぎの証言はこれを如実に示すものである。「総括して申し上げたいのですが、うちではいまだかって、長浜、岸和田、中津川、富士宮という各方面では、この二、三年大会というものは持っておりません。大垣、彦根においては持ったことはあるそうでありますが、その大会というのは映画会とか、演芸会と書きましてその横に組合大会となっております。……こういうふうに各工場とも……組合自身のそういうようななんらの行為もなしに演芸会でごまかしている。……私本社におりましてその御ぜん立は本社でやっておることはわかっております」（衆議院労働委員会会議録三一号）と。

(4)　最後に会社側の組合対策で注目に値するものは、ユニオン・ショップ協定の利用である。一般に嫌われる完全ユニオンショップ制は、むしろ近江絹糸においては歓迎されていた。というのはショップ制が組合員統制に利用されず、会社の従業員統制に利用されたからである。組合の積極的分子は、まず組合より除名され、ついでショップ制による解雇として職場を追放される。ショップ制がこのような形で利用されることは、まさしくショップ制の濫用の極みというべきであろう。

ちなみに、ショップ制の悪用が典型的に打ちだされているのは近江絹糸だけに見られる現象ではなく、あるいは精鋭分子、活動分子の排除において、あるいは組織対組織の縄張り争いにおいて、われわれがつねにぶつかる問題であることも附言しておきたい。このようなショップ制の本来の機能がわが国の労働関係においては異なった姿態を見せることは、われわれに大きな課題を投げているものといえるであろう。

以上にみたように会社側の組合対策は、もはや支配介入の域をこえて、組合を会社機構の一構成分子として、その労務政策の執行機関として利用しようとすることにあったということができる。

このように一般従業員は、職制による統制と労働組合による統制という二重の束縛を受け、縦横にはりめぐされた監視、監督機構のもとに激しい労働に駆り立てられていたのである。

三　就業規則の「服務規律・懲戒」規定より見たわが国の労使関係

一　はしがき

近代的な企業は、多数の労働者を継続的に雇用し、これを各職場に配置し、一定の秩序の下に労働させなければならないため、労働者に対する関係では、労働条件の基準、職場の機構、人事の準則、服務規律とその違反に対する懲戒の制度などを統一的に定める必要があり、このような企業経営上の必要性から必然的に生まれてきたのが、就業規則である。就業規則は、もとより使用者が予め一方的に制定しておくものであり、労働者は、これを承知のうえで雇われたということから、法的には労働契約の内容として拘束される。

労使の経済的力関係から、産業資本主義社会の初期のいわゆる原生的労使関係においては、長時間労働・低賃金に代表される貧弱な労働条件と厳しい服務規律とが、職場における統一的な定めとして就業規則に記載されていた。それどころか、場合によっては、就業規則に規定されていない不文の服務規律や制裁が労働者を事実上拘束したのである。しかし、やがて労働者保護法の制定により、賃金や労働時間の規制が始まり、必要的記載事項の法定された就業規則の作成義務や、周知義務が使用者に課せられるようになり、また労働組合との団体交渉により、就業規則の主要部分は労働協約に定められるようになった。しかし就業規則は、なお「職場のきまり」、「企業のきまり」

として重要な役割を果たしている。そして就業規則には、その時代の具体的な職場における労使関係の実像が、ありありと現れているのである。

ここでは、労働者が労働契約上の労務提供義務の履行に際し、企業が労働者に対して設定する行為規範ともいうべき就業規則上の服務規律と懲戒の規定を中心に、わが国の個別的労使関係の特色の一端を見ていくことにする。

二　明治・大正期の就業規則

(一)　概　説

1　わが国において、「常時五十人以上ノ職工ヲ使用スル工場」に限ってであるとはいえ、工業主に対し、就業規則の作成・届出義務が課せられたのは、大正一五年の改正工場法施行令二七条ノ四においてである。もっとも明治三八年の鉱業法七五条は、「採掘権者ハ鉱夫ノ雇傭及労役ニ関スル規則ヲ定メ鉱山監督署長ノ許可ヲ受クヘシ」と定めているが、同条の規定による雇傭労役規則の必要的記載事項が定められたのは、やはり大正一五年内務省令一七号によってである。したがって就業規則に対する法的規制は、大正一五年（昭和元年）に始まるから、明治・大正期に制定された就業規則は、悉く企業主が自発的に制定したものであるといってよい。

2　大正一四年二月に協調会は、『主要工場就業規則集』を刊行しているが、これは、協調会が国内労働事情調査のために収集した就業規則中、各種工業にわたる典型的なもの七五を収録したものである。ただし会社名は匿名となっている。内訳は、染織工場（一七）、機械器具・製鉄工場（二四）、化学工場（二〇）、飲食物工場（五）、雑工場（五）、官営工場（四）となっている。同書は、冒頭の「例言」において、「就業規則ハ労働事情ノ縮図ナリ、労働問題研究者ハ、之ニ依リテ幾多事項ノ実情ヲ窺フヲ得ヘシ、殊ニ従来我工場法令ハ就業規則ノ制定ヲ命セサリシヲ以テ、各工場現行就業規則ハ悉ク工業主ノ自発的ニ設定セルモノナリ」と述べているように、当時の労使関係の姿を赤裸々に示す好個の資料というべきものである。会社名は記載されていないが、それぞれの業界を代表する大企業の就業規則とみてよいであろう。以下、同書によりつつ、当時の就業規則の概要をみていくことにする。

(二)　就業規則の形態

1　まず表題であるが、『主要工場就業規則集』では、「就業規則」となっているものは見あたらず、「工場取締規則」、「工場取締内規」、「職工取締規則」、「従業員服務規定」というものが多く、その他「工場場則」、「職工規定」、「職工規則」、「従業員規則」、「工場規則」、「職工服務及賞罰規定」、「従業員服務規程」、「従業員ノ心得」等となっている。

2　「職工取締規則」とか、「職工服務及賞罰規定」という文言が端的に示すように、当時の就業規則は、権力的にも上位者である使用者が予め一方的に制定するものであり、労働者は、採用時に提出するつぎのような誓約書により、これらの規則の遵守を約したのである。

「誓約書
私儀今般御社職工トシテ御採用被下候ニ就テハ左記ノ条項確ク遵守スヘキコトヲ誓約致候
一、御社御制定ノ規定ヲ遵守スヘキハ勿論ソノ他規則命令ヲ確守シ誠実勤勉ヲ旨トスルコト
二、御採用中御社ノ都合ニヨリ何時解雇セラルルトモ何等要求ケ間敷事ヲ申出テサルコト
右誓約候也」。

(三)　服務規律

1　就業規則のほとんどは、つぎのように規則の遵守、上司の指揮命令に対する絶対的な服従義務を冒頭に規定している。

「職工ハ工場ノ内外ヲ問ハス諸規則ニ違反スヘカラサルハ勿論苟クモ正当ノ理由ナクシテ上役ノ指揮命令ニ違背シ又ハ抵抗スルコトヲ許サス」、「作業ハ所属上役ノ指揮ヲ受クヘシ」、「工場主又ハ職工長ノ指揮命令ニ従ヒ業務ニ精励スヘシ」、「職工ハ本規定ノ外随時各示ノ諸規定又ハ命令若クハ各部長役員上長ノ指揮命令ニ服従スヘキコト」、「職工ハ工場主又ハ職工長ノ命シタル一定ノ場所ニ於テ指定ノ業務ニ従フヘシ」、「職工ハ工場規定ヲ遵守シ誠実ニ業務ニ従事スヘシ」、「職工ハ命セラレタル業務ニ対シ異議ヲ申出サルハ勿論指定期間内ニ完成スルコトヲ要ス」、「上司ノ指揮ニ違反シ又ハ抗弁セサルコト」。

2　多くの就業規則は、つぎのような総則的な規定をおいている。

「職工ハ品性ヲ保チ風儀ヲ重シ誠実ヨク業ニ励ミ以テ技能ノ上達ヲ図リ各自幸福ノ増進ヲ期スヘシ」、「職工ハ如何ナル場合ニアリテモ会社ノ利益ニ反スル行為ヲナスヘカラス」、「職工ハ忠実勤勉ヲ旨トシ規律ヲ重ンシ総テ当会社ノ規則ヲ遵守シ係員ノ指揮命令ニ服従スヘシ」。

3　就労中に遵守すべき服務規律にかかわる条項の見出しは、「禁制」、「服務」、「服務心得」、「職工心得」、「規律」、「就業中の心得」、「操業中の心得」となっている。

4　服務に関する規定で目につくのは、労働時間に関する規定と労働時間中の勤務の様式と態度に関するものが多いことである。工場における集団的な就業の規定であるから、始業終業の時刻、休憩時間、休日の定めがあるのは当然である。しかし、これに関連して、細かい服務規律的な規定が設けられているのが特徴的である。

(1)　例えばＨ工場職工規則（麻糸紡織）では、

「第十五条　職工就業時間ハ一日十二時間トシ昼業ハ午前六時ヨリ午後六時迄夜業ハ午後六時ヨリ翌日午前六時迄トス
第十七条　一日ノ就業六時間ヲ超ユル時ハ三十分以上十時間ヲ超ユル時ハ一時間以上ノ休憩時間ヲ就業時間中ニ設ク
第二十条　始業・終業及休憩時間ハ汽笛又ハ振鈴ヲ以テ報ス
始業時間ニ遅刻シタルモノハ当日出勤セシメサルコトアルヘシ
第二十二条　職工ハ始業時間五分前ニ各自受持場所ニ就キ号令ヲ待チテ直ニ業務ニ着手スヘシ」
となっており、つづいて「第八章　禁制」において、
「第八十九条　就業中ハ静粛ヲ旨トシ漫リニ職務ヲ怠リ或ハ受持場所ヲ離レ又ハ他ノ業務ヲ妨ク可カラス
第九十二条　就業中ハ外来人ニ面会シ又ハ休憩時間中ト雖モ許可ナクシテ他人ヲ場内ニ誘引ス可カラス」
と定められている。

(2)　また「○○車両工場の工場作業手規則第四章　服務心得」はつぎのようになっている。
「第一五条　作業手ハ所属上員ノ命ニ従ヒ忠実ニ服務スヘシ
第一六条　作業手ハ常ニ工作用諸材料及ヒ消耗品ノ節約並ニ機械器具ヲ大切ニ取扱フコトヲ注意スヘシ
第一七条　作業手ハ左ノ諸事ヲナスコトヲ厳禁ス
一　無届欠勤スルコト
二　窃ニ私品ヲ製作加工スルコト
三　服務中猥リニ外出スルコト

四　当会社業務ニ関スル事項ヲ他ニ漏スコト
五　構内ニ於テ休憩時間外ニ喫煙スルコト
六　構内ニ於テ飲酒シ又ハ喫飯時間外ニ食事スルコト
七　服務中睡眠又ハ雑談スルコト
八　他人ノ業務ヲ妨害スルコト
九　喧嘩口論ハ勿論総テ騒カシキコト
十　右ノ外総テ不正、不実ノ行為ヲナスコト」。

(3)　このように多くの就業規則には、労働時間の長さとともに、就業時間中の喫煙、飲酒、飲食、雑談、放歌、受持場所を離れること、規定時間外の休憩、外出、面会の禁止等、さまざまな条項がもりこまれている。このことから、労働時間の定めは、契約的な見地からする労働時間の長さの規定というよりは、労働時間の量とともに質の確保に眼目が置かれているように思われる。いくつかを例示しよう。

①「酒気ヲ帯ヒテ出勤スルヲ許サス」、「酒気ヲ帯ヒ作業ニ従事スヘカラス」、「工場内ニテ酒ヲ飲マヌコト」、

②「就業時間中猥リニ自己ノ関係ナキ場所ニ立入リ或ハ私語雑談スル等総テ工事ノ妨害トナリ秩序ヲ紊スカ如キ行為アルヘカラス」、

「就業時間中ハ休憩時間ヲ除クノ外新聞雑誌ノ類ヲ閲覧シ又ハ喫煙、間食、睡眠等工事ノ進捗ヲ阻害スヘキ所為アルヘカラス」、

③「就業時間中ハ来訪者ニ面会シ又ハ電話ヲ使用スヘカラス」、

④「休憩時刻以前ニ食事ノ準備ヲナシ又ハ終業時刻以前ニ洗面更衣等退場ノ用意ヲナスヘカラス」、

⑤「工場備付ノ諸機械物品ヲ毀損シ又ハ疎漏ノ取扱ヲ為スヘカラス」、

⑥「就業中ハ妄リニ自己ノ受持場所ヲ離ルヘカラスハ勿論、業務以外ノ高談、放歌ヲ禁シ且飲食喫煙スヘカラス」。

(4) 当時の企業にとっての労働力の給源は、主として農村にあった。農民は、勤勉で実直であったが、労働時間とか労働義務の観念に乏しかった。各企業は、そもそも時間の観念のない前近代的労働者を、近代的工場での就業に適応する「労働者」として陶冶しなければならなかった。そのために、職工規程とか職工心得として労働時間中の就業の妨げとなる行為の禁止に関する規定（禁制）を詳細に定める必要があった。むしろここに掲げられた禁制事項は、当時の労働者の率直な勤務の実態であったのかも知れない。

5 また、多くの就業規則には、つぎのような風紀秩序に関する規定が置かれている。

「工場内ニ於テ喧嘩口論其ノ他粗暴ノ行為ヲナシ又ハ賭博其ノ他ノ勝負事ヲ為ス等総テ工場内ノ平和秩序ヲ乱ルノ行為アルヘカラス犯スモノハ直チニ処分スルモノトス」、「職工ハ工場ノ内外ヲ問ハス風紀ヲ紊シ風俗ヲ害スル行為ヲナスヘカラス」、「風紀ヲ紊スヘキ行為又ハ其恐アル書籍及雑誌類ヲ閲読スヘカラス」、「夜間ノ集合ハ如何ナル場合ト雖男女混同ヲ許サス」、「工場ノ内外ヲ問ハス苟モ当社ノ風紀、秩序ヲ紊スカ如キ言行アルヘカラス」、「喧嘩口論又ハ猥褻ノ言行ヲ為スヘカラサルコト」、「工場内ニ於テ争闘、喧嘩、其他粗暴ノ行為ヲナスヘカラス」、「工場内ニ於テ賭博其他之ニ類似ノ勝負事ヲ為スヘカラス」、「工場内ニ於テ不衛生ノ行為又ハ風紀ヲ害スルカ如キ行動ヲナスヘカラス」、「便所外ニ用便セサルコト」、「楽書ヲセサルコト」、「異様ノ服装若クハ醜猥ノ挙動ヲナシ又ハ濫ニ裸体トナルコト」。

6 ほとんどの就業規則は、「許可ヲ得スシテ会社ノ物品ヲ工場外ニ搬出スヘカラス」、「必要アル場合ニハ臨時身辺ノ検査ヲ行フコトアルヘシ」、「工場内ノ物品ヲ窃カニ場外ニ持出シ又ハ持出サント謀リタル者ハ解雇ス」、「許可ナクシテ私有物ヲ携帯シテ入場セサルコト」といった規定を設けている。

物品の持ち出しの規制は、どこの国の工場でも行われていることであり、あえて異とするに足りないことであるのかもしれない。しかし、わが国においては、官営の軍需工場においてさえ古くから広範に行われていた点で、労働者の意識の問題として指摘しておく価値があるように思われる。

官品の持出、私物作成について、官営のＤ製鉄所職工規則（明治四十年十月制定）は、つぎのような規定をおいている。

「五九条　監督官又ハ守衛ハ必要ナリト認ムル場合ニ於テハ何時ニテモ職工ノ身体及携帯品等ノ検査ヲ行フコトヲ得

六十条　普通携帯品ノ外私有物ヲ構外ヘ持出サムトスルトキハ監督官ノ検査ヲ受ケ搬出証明書ヲ得テ通門ノ証トスヘシ

六六条　二、私物ヲ作製若クハ修理シ又ハ他人ノ依頼ニ応シ之ヲ作成修理シ或ハ之ヲ依頼シ及依頼ヲ紹介スヘカラス」。

このような厳しい規定があるにもかかわらず、所轄官庁の長官名でつぎのような諭告が出されている。

「官品持出トカ私物作製トカ云フ不正ノ行為ハ人道上ハ勿論諸官紀ヲ維持スル上及経済ノ上カラ軽視シ難キノミナラス少数ノ不良分子ノアル為従業員全体ニ多大ノ迷惑ヲ及ホス如キ事柄テ之ニ対シ特ニ厳重ナル処置ヲ採ルト云フ事ハ致方ノナイコトデアル従来官品持出及ヒ私物作製ニ対スル制裁ハ比較的軽カツタ様デアルカ右ノ見地カラシテ今後ハ此ノ種ノ不正行為ニ対シテハ厳重ナル処置ヲ採ルノミナラス事柄ニ依リテハ法律上ノ手

続ヲモ為シ且ツ善行者ノ表彰同様所属工場及各門ニ掲示スルコト、スル願クハ諸氏ハ斯ノ如キ心得違ノモノヲ見当リタル時ハ厳重ニ戒告シテ不幸ノ人ナキ様注意シ本所ノ弊風ヲ一掃スルコトニ努力セラレルコトヲ希望スル

大正十一年十一月一日

長官　白石　武」

さらに翌年には、つぎのような通達が出されている。

「犯則者処分ニ関スル件

大正十二年五月三日文第五四一号庶務部長発（各部所長、官房主事宛）

官品持出並私物作製ニ関シテハ昨年十一月一日時報「くろがね」紙上ニテ長官ヨリ特ニ諭告ヲ発セラレ爾来私物作製ニ対シテハ多少効果ノ見ルヘキモノ無キニ非サルモ官品持出ニツキテハ本年三月中厳重ナル身辺検査ノ結果ニ徴スルモ毫モ減退ノ傾向ヲ認メ難ク之レ畢竟職工ノ自覚乏シキニ加フルニ制裁処罰ノ寛大ニ失スルニ因ルモノト思料セラレ折角弊風一掃ノ企図ヲ中途ニ挫折セシムルノ虞有之甚タ遺憾ノ次第ニ存セラレ候条此際一層職工ノ指導訓誨ニ意ヲ用ヒラルヽト同時ニ苟モ官品ノ持出ヲ敢テセムトシタル者ニ対シテハ断固タル処置ヲ執ルノ方針ニ依リ其情状稍重キハ解職ヲ原則トシ軽キモノト雖七日以上ノ減給ニ処分セラレ候様致度猶貴部下一般ニ此ノ旨豫メ御伝達相成度依命此段及通牒候也」。

もともと公私の区別を厳格にしないのが日本人一般の社会意識であるといわれているが、対立関係にある契約意識に乏しく、雇用が家族関係になぞらえられているところにおいては、公私混同が一層激しくなるといってよいで

あろう。おそらく今でも、多くの会社の社員は、会社の鉛筆、ボールペン、便せん、封筒などを私用に平気で使っているであろう。程度問題であるとはいえ、これなどは、会社を自己に対立する契約の相手方とみないで、家族関係ととらえていることを示すものの一つであるといってよい。悪いことと意識されていないこと、所有権観念のあいまいさは、「オヤジのものは自分のもの。親族相盗はこれを罰せず」の世界なのである。

7　さらに多くの就業規則には、(1)企業秘密の遵守に関する規定(「職工ハ会社勤務中ハ勿論退社後ト雖モ会社営業上ノ秘密ニ関スル事項ヲ漏スヘカラス」、「作業上ノ秘密ヲ他ニ漏洩スヘカラサルコト」)、(2)火災予防に関する規定(「工場構内ニ於テ指定ノ場所以外ニ火気アルモノヲ携帯シ又ハ喫煙及飲食スルコトヲ許サス」、「作業場及倉庫内等ニ於テハ火気ヲ用ユルコトヲ厳禁ス」、「食事、喫煙ハ休憩時間中ニ指定ノ場所ニ於テナスヘシ」、「濫ニ焚火ヲ為シ又ハ煙草ノ吸殻ヲ放棄スヘカラス」)、(3)兼職禁止に関する規定(「業務ノ余暇ト雖モ他ノ雇用ニ応スルコトヲ得ス」、「他ノ工場ニ雇ハレ又ハ雇入レラレンガ為ニ欠勤シタルモノ」ハ解雇スヘシ)、(4)非常災害の場合の措置に関する規定(「火災水害其他非常ノ場合ニハ何時ヲ問ハス速ニ駆付ケ防衛ニ尽力スヘシ」)等が存在する。

8　いくつかの就業規則には、「職工ニシテ業務上怠慢或ハ故意ヲ以テ工場主ニ損害ヲ与ヘタルトキハ其損害高ノ全部ヲ弁償セシム」、「職工ニシテ会社ニ損害ヲ与エタル時ハ損害ノ全部又ハ一部ヲ当事者又ハ関係当事者連帯シテ賠償ノ責ニ任セシムルコトアルヘシ」といった損害賠償に関する規定が設けられている。

9　当時の就業規則に特異なのは、服務規律として、つぎのような団結禁止に関する規定が盛り込まれていることである。「猥リニ不平ヲ唱ヘ他ヲ扇動教唆シ又ハ之ニ付和雷同スヘカラサルコト」、「他人ヲ煽動シ又ハ他人ノ煽動ニ応シ其他故意ニ会社ノ事業ヲ妨害スルカ如キ所為アルヘカラス」、「職工ハ十人以上共同シテ集会シ何事カ開催セントスルトキハ其方法目的ヲ予メ事務所ニ申出テ同意ヲ受クヘシ」、「許可ヲ得タル者ノ外広告其他ノ文書類ヲ工場内ニ於テ配布又ハ掲示スヘカラス」、「工場内ニ於テ濫リニ集会ヲナシ又ハ他人ヲ強制煽動セサルコト」、「他人ヲ教唆シ若シクハ扇動シテ本会社ニ対シ同盟罷業又ハ賃金其ノ他ニ関シ強請ヲナサシメ若シクハ自ラ之ヲ為シ又ハ共謀議ニ参与シタルモノ」。

10　大正初期に制定されたE工場職工規則（電機）は、懲戒解雇事由の一つに「本会社ノ體面ヲ汚損スヘキ行為アリタルモノ」を挙げている。これがどのような行為を指すのかは明らかでないが、不正行為の禁止、同盟罷業または賃金その他に関する強請の禁止、上役に対する粗暴の挙動の禁止と並んで規定されている事実だけを挙げておくことにしよう。

㈣　服務規律の遵守——賞罰

1　服務規律を守らせるために、就業規則では、「賞」と「罰」が定められている。表題も端的に「賞罰」、「賞及懲戒」、「賞与及懲罰」となっているものが圧倒的に多いが、「賞与」、「賞与及手当」、「賞与及慰労金」と「罰則」、「処罰」、「制裁」、「懲戒」と分けて規定しているものもある。

まず「賞」に関する規定から看取されることは、労働者に服務規律を守らせ、忠実に勤務に勉励させるために、各種の賞与、手当、慰労金が用意されているということである。「賞」の制度には、いろいろあるが、①平素の勤務ぶりを評価する精勤手当、勤勉手当、皆勤賞与、②半年毎の勤務ぶりと業績を評価する賞与、③一年の期間を超える勤続を確保し、評価する勤続手当、④永年勤続に対する慰労金、慰労休暇、⑤性行技量抜群、有益な発明、改良の考案をした者に対する特別賞与などが主なものとなっている。これらの「賞」は、一種の刺激的賃金ともいうべき意味をもつが、「罰」の懲戒の規定と並んで服務規律を確立するための手段であったということができる。

「賞」について詳細な規定がおかれているのに対し、「罰」（懲戒処分）は比較的簡単な規定が存在するにすぎない。

企業の側では自前で育てた良質の労働力は確保しておきたいため、当時はどちらかとえば、「罰」よりも「賞」の方に比重がかけられていたことが窺われる。これらの各種の手当は、やがて刺激的賃金の性格を失って労働者の既得権化し、賃金体系をいたずらに複雑にする元となったと評することができる。

2　わが国の工業化は官主導で行われ、労務管理も官業が大きな影響力をもっていたことから、ここでは、まず官業の賞罰規定をみていくことにする。

(1)　陸軍工務規程（大正九年陸軍省令第八号、労務事情調査所編『官業労務規程総覧』昭和十三年版より引用）

第一章　総則

第一条　本令ハ陸軍ノ工員ニ関スル事項ヲ規定スルモノトス

第七章　賞及懲戒

第七十一条　工員ヲ賞シ又ハ懲戒スルハ特ニ規定アルモノヲ除クノ外部隊長ニ於テ之ヲ行フ

第七十二条　工員ニ対スル賞ハ左ノ八種トス

一　慰労休暇　特別ノ勤務ニ服シ其ノ労多キ者ニ与フ但シ一回ニ付二日以上ヲ付与スル場合ニ於テハ陸軍大臣ノ認可ヲ受クルコトヲ要ス

二　普通賞与　勤務ニ勉励シ成績良好ナル者ニ普通賞与トシテ賞与金ヲ給ス
普通賞与ハ毎年六月及十二月ニ於テ之ヲ支給スルヲ例トシ其ノ標準額ニ付テハ其ノ都度之ヲ定ム

三　精勤賞与　一年間欠席ナク勤務勉励、品行方正ニシテ且衆ノ模範ト為リ之ヲ表彰スルノ価値アル者ニ精勤賞与トシテ賞与金ヲ給ス
精勤賞与ハ毎年十一月三十日ノ現在員ニ付選考ノ上之ヲ支給スルモノトス

四　勤続賞与　勤続十二年以上ノ者ニシテ勤務ニ勉励シ成績良好ナルモノニ勤続賞与トシテ賞与金ヲ給ス
勤続賞与ハ毎年十一月三十日調ヲ以テ給スルヲ例トシ其ノ金額ニ付テハ付表第三ニ依ル
勤続賞与ヲ受クベキ工員ニシテ其ノ年ニ於ケル当該賞与ノ支給期ニ先チ退職スル者ニハ其ノ者ノ解雇ノ年ニ於ケル実際ノ勤続年月数ヲ考慮シ解雇ノ際退職ノ年ニ対スル応分ノ勤続賞与ヲ支給スルコトヲ得

五　解雇賞与　勤続一年以上ニシテ在職中生命危篤ニ陥リタル者又ハ第二十五条第五号（傷痍を受ケ又ハ疾病ニ罹リ部隊付医官ノ診断ニ依リ将来業務ニ堪ヘズト認メタルトキ）、第六号（公衆衛生上必要ト認メタルトキ）若ハ第九号（部隊ノ改廃、作業ノ整理縮小又ハ作業方法ノ変更其ノ他官ノ都合ニ依リ必要アルトキ）乃至第十一号ノ一（男子ニ在リテハ年齢五十五年、女子ニ在リテハ五十年ニ達シタルトキ但シ身体強健ニシテ特別ノ技能アル者ハ選考ノ上期間ヲ限リ引続キ雇入ルルコトヲ得）ノ規定ニ依リ解雇セラレタル者及女子結婚スル為第二十五条第八号（解雇ノ申出アリタルトキ）ニヨリ解雇セラレ解雇後百八十日以内ニ婚姻ヲ証明スベキ戸籍抄本ヲ退出シタル者ニ解雇賞与トシテ賞与金ヲ給ス其ノ金額ニ付イテハ附表第四ニ依ル
前項ノ外解雇賞与ハ勤続三年以上ノ者ニシテ第二十五条第四号（公務ニ基因セザル傷痍疾病ニ因リ引続キ九十日以上就業セザルトキ但シ全治ノ見込アル者ニ限リ百八十日ニ及ブ迄解雇セザルコトヲ得）又ハ第八号（解雇ノ申出アリタルトキ、前項ノ婚姻ノタメノ解雇者ヲ除ク）ノ規定ニ依リ解雇セラレタルモノニ之ヲ給ス其ノ金額ニ付イテハ附表第四ノ額ノ二分ノ一トス
婚姻ノタメ第二十五条第八号ノ規定ニ依リ解雇セラレタル女子其ノ勤続三年以上ナルトキハ前項ノ規定ニ拘ラズ賞与金ノ二分ノ一以内ヲ限リ解雇ノ際支給スルコトヲ得

六　特別賞与　特別ノ任務ニ服シ成績良好ナル者又ハ特別ノ勤労アル者ニ特別賞与トシテ賞与金ヲ給ス

七　善行賞　特ニ表彰スベキ価値アル善行ヲ為シタル者ニ之ヲ付与ス
八　有功賞　有益ナル発明考案ヲ為シタル者ニ之ヲ付与ス
有功賞ヲ付与スルトキハ賞状及賞金ヲ併与ス
部隊長ハ善行賞及有功賞ヲ付与セントスルトキハ所管長官ノ認可ヲ受クベシ
第七十六条　工員ニ対スル懲戒ハ左ノ四種トス
一　譴責　諸規則ヲ遵守セズ又ハ不都合ノ所為アリテ其ノ情状軽キ者ニ対シ犯行ヲ糾シ将来ヲ戒飭スルモノトス
二　減給　譴責ニ依リ改悛ノ実ナキ者又ハ犯行ノ情状稍重キ者ニ之ヲ科ス
減給ノ程度ハ部隊長之ヲ定メ給料支給ノ際其ノ額ヲ控除スルモノトス但シ一回ノ減給ハ日給五日分ヲ超ユルコトヲ得ズ
三　停勤　犯行ノ情状ガ出業ヲ禁止スルヲ要スル者ニ之ヲ科ス一回ノ停勤ハ十日以内トシ其ノ間給料ヲ支給セザルモノトス
四　罷免　減給又ハ停勤ノ処分ヲ受クルモ尚改悛ノ実ナキ者又ハ犯行ノ情状重キ者ニ之ヲ科ス」。
(2)　「〇〇廠陸軍工務規程施行細則
規程第七十六条ニ依リ懲戒スヘキ者概ネ左ノ如シ
一　抗命、上官侮辱又ハ暴行脅迫ノ行為アリタル者
二　猥リニ徒党ヲ組ミ不穏ノ挙動ヲナシ又ハ怠業、罷業ノ教唆扇動ヲ為シタル者
三　風紀ヲ紊ス所為アリタル者

四　職員ソノ他監視者ノ執務ヲ妨害シ又ハ其ノ指示ニ従ハサル者
五　金属物品ヲ窃取シ又ハ窃取セントセシ者
六　賭博又ハ之ニ類スル所為アリタル者
七　仮名シテ工員ト為リタル者
八　私物ヲ製作セシモノ
九　擅ニ他ノ工場ニ就業セシ者
一〇　怠惰ニシテ屡々欠勤スル者又ハ無届欠勤スル者
一一　故意若ハ重大ナル不注意ニ因リ官物ヲ紛失毀損シ又ハ製品ヲ誤造セシ者
一二　濫ニ官物ヲ放棄シ又ハ電力、瓦斯、用水等ヲ濫費スル者
一三　就業時間中各規定外ノ場所ニ於テ喫食又ハ喫煙スル者
一四　許可ナクシテ始業号音後就業セサル者、就業準備号音前作業ヲ止ムル者
一五　業務ヲ怠ル者
一六　自己ノ業務ヲ故ナク他人ニ嫁スル者
一七　他人ノ作業ヲ妨害スル者
一八　以上ノ外諸規則命令ヲ遵守セス又ハ不都合ノ所為アリト認ムル者」

3　右にみた官業の場合にも明らかなように、詳細な服務の心得ないしは懲戒事由の定めがあるわりに、これに対応する懲戒の手段方法は包括的に列挙されているだけで比較的簡単である。手続についてはほとんど定めがない。この点については民間企業の場合も同じであるが、前記『主要工場就業規則集』によれば、懲戒に関する規定はつ

ぎのようになっている。

(1)　いずれも詳細な服務規律ないしは服務心得の規定をうけて、

①　「禁制ヲ犯シタルモノハ事ノ軽重ニヨリ左ノ処分ヲナス可シ　一、譴責　二、一週間以内ノ出勤停止　三、有期給料ノ減額　四、解雇」としているもの、

②　服務心得とは別個に「左ノ各号ノ一ニ該当スルモノハ事ノ軽重ヲ考慮シ本章ノ規定ニヨリ処罰ス　一、社規ニ違背シタルモノ　二、素行修マラサルモノ　三、作業ニ怠慢ナルモノ　四、上長ノ命ニ従ハサルモノ　五、会社ニ損害ヲ及ホシタルモノ　六、其他不都合ノ行為アリタルモノ」、「処罰ノ種別左ノ如シ　一、譴責　二、出勤停止　三、降給　四、解雇」というように懲戒事由を限定的に改めて列挙しているもの、

③　「会社ノ諸規則、命令、工手心得又ハ会社カ掲示シテ周知セシメタル禁制事項ニ違反シタル者ハ其軽重ニ依リ解雇、停業、減給又ハ譴責ノ処分ヲナス」というように懲戒事由をさらに拡大しているもの、

④　「左ニ掲クル者ハ情状ニ依リ解雇シ又ハ就業停止ヲ命ス　一、故意ニ機械器具又ハ工作物ヲ滅失又ハ毀損シタル者　二、他人ノ業務又ハ善行ヲ妨害シタル者　三、工場内ノ秩序風俗ヲ紊乱シ又ハ之ヲ為スノ虞アル者　四、他人ヲシテ退社セシメ又ハ之ヲ企テタル者　五、許可ナキ場所ニ於テ喫煙シ其他火ヲ使用シタル者　六、刑法上ノ罪ヲ犯シ又ハ犯サントシタル者」、「左ニ掲クル者ハ譴責ニ処ス　一、過失ニ因リ機械器具又ハ工作物ヲ滅失又ハ毀損シタル者　二、上司ノ命ニ背キ不正又ハ不当ノ作業ヲ為シタル者　三、工場内ニ於テ裸体トナリ又ハ睡眠ヲナシタル者　五、其他不都合ノ行為アリタル者」というように、懲戒処分の種別毎に処分事由を列挙しているものに分かれる。

(五)　懲戒の方法は、一般的には、つぎのようになっているものが多い。

「一、訓戒ハ口頭ヲ以テス
二、譴責ハ口頭又ハ書面ヲ以テ戒飭ヲ加エ改悛ヲ促ス
三、過怠金ハ五円以下トシ文書ヲ閲読セシメタル上之ヲ懲戒ス
四、出勤停止ハ十日以内出務ヲ差止謹慎セシム
五、解雇ハ文書ヲ以テ本人ニ交付ス」。

(六) 懲戒解雇と普通解雇

R工場工人規則（電球）は、第七十条において、「工人ノ解雇ヲ分チテ当社ノ都合ニ依ルモノト懲罰ノ意義ヲ以テスルモノトノ二種トス」と明確に述べ、

「第七十一条　左ノ場合ニハ工人ヲ解雇ス
一、工場ノ規模ヲ変シ工人ニ過員ヲ生シタルトキ
二、其他会社ニ於テ必要ト認メタルトキ
第七十二条　左ノ場合ニハ懲罰ノ為解雇ス
一、勤務不熱心ニシテ改悛ノ見込ナキ者
二、無届欠勤二週間以上ニ亘ル者但特別ノ事情アル者ハ此限リニアラス
三、諸規則命令ヲ遵守セス其他不都合ノ所為アリト認メタル者」と規定している。

たしかに企業の側の主観的意図としては、両者は明確に区別さるべきものであろう。また一般的にも、懲戒処分による解雇として、普通解雇より不名誉なことという受け取り方がなされている。そのために、A工場職工規則（煉瓦）のように「賞罰ニ依ル事項ハ其ノ事由姓名ヲ掲示スヘシ（第三十八条）」、あるいはA工場職工規程（機械）のよ

うに「懲戒処分ニ付シタルトキハ場合ニヨリ其事由ヲ公表スルコトアルヘシ（第七十九条）という扱いが、賞罰の効果を一層高めることができるのである。

しかし、また懲戒解雇については、なんらかの経済的な不利益な取扱がなされている場合が多い。それには①「従業員ノ過失又ハ怠慢ニヨラス事業縮小、或ハ閑散ノタメ解雇ノ場合ハ左ノ率ニヨリ解雇手当ヲ支給ス（略）尚右ノ解雇ノ場合ハ二週間前ニ予告スルカ又ハ予告手当トシテ日給二週間分ヲ支給ス」（M工場工場規則（護謨））という消極的な書き方、あるいは②「第三十六条　処罰ニヨリ解雇サレタル者ハ会社ニ対シテ何等ノ要求ヲスルコトハ出来ナイ」（N工場職工規則（染色））という包括的な書き方、③「第三十五条　勤続年数満十ヶ年以上ニ達シタルモノハ退社ノ際其勤続年数及在勤中ノ勤怠品行等ヲ審査シ金拾円以上壱百円以上（ママ）ノ特別慰労金ヲ給与ス　但シ懲戒解雇ノ場合ニ適用セス」（P工場工手規則（莫大小））、あるいは「懲戒処分又ハ第七十七条第四号（業務不熱心、品行不良又ハ性懶惰ニシテ改悛ノ見込ナシト認ムルモノ）、第五号（刑罰ニ触レタルモノ）ニヨル解雇及第七十五条第二項（無届欠勤五日ニ及フ者ハ就業ノ意思ナキモノト認メ除籍ス）ニヨル除籍ノ場合ハ退職慰労金、手当、利益標準奨励金其他支給ニ関スル一切ノ規程ヲ適用セス」という積極的な規定の仕方がある。この旨を比較的詳細に定めたものにT工場職工諸規則（セルロイド）がある。同規則では、会社の都合により解雇したときには、勤続年数により定められた所定の解雇手当金を、自己の都合により会社の承認をえて退職する者には、所定の退職金が支払われるようになっているが、第五十四条で「同盟罷業ヲ為シ又ハ怠業ノ状態ニ在リト認メタル者、同輩ヲ扇動シ団体的不穏ノ行動ヲ為シ又ハ其予備行為アリト認メタル者」は即時解雇、その他の所定（第五十五条）の非違行為をなした者は、「其軽重ニ依リ譴責、減給、実費弁償、就業停止又ハ解雇ノ中一若クハ二以上ノ罰科ニ処ス」と定められているが、第五十四条により解雇された者には、解雇及び退職手当金は、一切支給せず、第五十五条により解雇された者には、「減額シ又ハ支給セス」と明確に規定されている。

(七)　懲戒処分の手続

懲戒処分の手続について定めたものは、ほとんど見あたらないが、P工場職工諸規則（肥料）では、「第五章　賞罰　第二六条　工場ニ賞罰委員会ヲ置キ職工ニ関スル賞罰ヲ審議決定ス　第二七条　賞罰委員ハ五人トシ社員ノ中ヨリ工場長之ヲ指定ス」となっている。服務規律の確保が賞と罰の両面から行われ、どちらかといえば、賞の方に重点がおかれていたことからすれば、賞の授与の手続がそのまま罰の手続として使われていたといっても誤りではないであろう。端的にいえば、いずれも、ほぼ一方的に行われていたが故に懲戒処分に対する手続の定めを欠いているのである。そもそも懲戒処分が、民事上の制裁と異なり刑事制裁に似た性格と構造をもつという認識が、当時においてはみられないことからくるものである。

(八)　懲戒処分に対する法的規制

明治・大正期の産業資本主義確立期においては、体罰が普通のこととして通用していた。例えば農商務省工務課『綿糸紡績職工事情』（明治三六年、一一六～一二〇頁）は、「近時各工場ニ於テ体罰ヲ加フル事ハ稍減少シタルモノ、如シ、工場又ハ他職工ノ金銭物品ヲ窃盗セル者等ノ場合ニハ、一般法律上ノ制裁ヲ加フルモ往々殴打　監禁等ヲナシ、又ハ罪状ヲ表示シテ工場ノ要所ニ佇立セシムルコトアリ。又、幼者ガ夜業ニ際シ睡魔ニ襲ハレ執行ヲ怠リタル場合ニ双方手桶ヲ引揚ゲ佇立セシメ、或ハ寄宿職工ガ逃亡ヲ企テ若クハ監督者ノ督促ヲ受クルモ出場ヲ肯ジザル場合、他職工ヲ誘フテ逃走ヲ企テタル場合、又ハ間諜職工（職工ニ来タルモノ）ノ発覚シタル場合等ニ之ヲ殴打シ或ハ・・トシテ工場内ヲ引回等過酷ナル方法ヲ以テ懲罰ヲ加フルモノアルガ如シ。」と述べている。

これらの前近代的懲戒罰は、もちろん法の許さざるところであり、逮捕監禁罪に問われた例がある。

①「契約ニ因リテ工業主ノ為メニ一定ノ労務ニ服スル職工ノ如キハ其契約時間中ハ契約ノ趣旨ニ従ヒ労務ヲ強要セラルヘキモ右労務ノ遂行ヲ妨害セサル限リ一切ノ自由ヲ奪ハルヘキニ非サルハ勿論一定ノ時間中不法ニ其居所ト外部トノ交通ヲ遮断スルカ為ニ出入口ノ戸ヲ外部ヨリ鎖鑰ヲ施シ外出ヲ禁止シ因リテ職工ノ自由を奪フカ如キハ刑法第二百二十条第一項ノ不法監禁罪ヲ構成スト謂ハサルヘカラス縦令室内ニ相当ノ設備ヲ為シ職工ノ健康保全及ヒ慰安娯楽ノ方法ヲ講シアリトスルモ苟クモ契約ニ因ルニ非スシテ職工ノ自由ヲ侵害スヘキ方法ヲ以テ其出入ヲ禁止スルハ監禁罪ノ成立ヲ妨ケサルモノトス（大審院大正四年一一月五日判決、刑録二一輯一八九一頁）。

②「民法上ノ雇用関係ニ在リテハ使用者ハ労務者ニ対シ労務ノ供給方法ニ関シ指揮ヲ為スコトヲ得ヘシト雖モ労務者ノ身上ニ懲戒ヲ加フルコトハ労務者ノ未成年ナルト否トニ拘ハラズ民法其他ノ法令ニ於テ認メサル所ナリ故ニ未成年者タル其ノ雇人カ作業ヲ怠リタルノ故ヲ以テ之ヲ制縛シタル行為ハ刑法第二二〇条第一項ニ該当シ不法逮捕罪ヲ構成スルモノトス（大審院大正一一年三月一一日判決、刑集第一巻一二七頁）。

三　昭和初期および戦時中の就業規則

(一)　就業規則の作成・届出義務

1　わが国において、工業主に対し就業規則の作成・届出義務が課せられるようになったのは、大正一五年の改正工場法施行令二七条ノ四の制定、および大正一五年内務省令一七号による鉱夫労役扶助規則の改正によってである。

(1)　工場法施行令二七条ノ四は、つぎのように定める。

「常時五十人以上ノ職工ヲ使用スル工場ノ工業主ハ遅滞ナク就業規則ヲ作成シ之ヲ地方長官ニ届出ツヘシ就業規則ヲ変更シタルトキ亦同シ

就業規則ニ定ムヘキ事項左ノ如シ

一　始業終業ノ時刻、休憩時間、休日及職工ヲ二組以上ニ分チ交替ニ終業セシムルトキハ終業時転換ニ関スル事項

二　賃金支払ノ方法及時間ニ関スル事項

三　職工ニ食費其ノ他ノ負担ヲ為サシムルトキハ之ニ関スル事項

四　制裁ノ定アルトキハ之ニ関スル事項

五　解雇ニ関スル事項

地方長官必要ト認ムルトキハ就業規則ノ変更ヲ命スルコトヲ得」。

(2)　また鉱夫労役扶助規則は、つぎのように定める。

「第一条　鉱業法七五条ノ規定ニ依ル雇傭労役規則ニハ左ニ掲クル事項ヲ記載シ鉱業着手前鉱山監督局長ニ其ノ許可ヲ申請スヘシ

一　業務ノ種類

二　雇入ノ手続

三　解雇ノ事由及手続

四　解雇ノ場合ニ於ケル帰郷旅費支給ニ関スル事項

五　賃金ノ支払方法及支払期日

六　石炭鉱業ニ在リテハ検炭ニ関スル事項
七　鉱夫ノ貯金其ノ他ノ積立金ヲ管理スルトキハ其ノ方法、払戻ノ事由及手続
八　鉱夫ノ負担ニ属スル作業用品目
九　業務別就業時間及終業時ノ転換方法
十　休日
十一　尋常小学校ノ教科ヲ終了セサル学齢児童ヲ雇用スルトキハ就学ニ関シ必要ナル事項
十二　賞与及制裁ノ定アルトキハ鉱山監督局長ノ許可ヲ受クヘシ」

2　したがって昭和期に入ってから制定された就業規則は、必要的記載事項の点で、少なくとも改正工場法施行令の影響を受けている筈である。しかし、手元にある資料を見る限りでは、就業規則の作成・届出義務が課せられるようになってから後の就業規則も、それ以前に制定された就業規則と内容はほとんど変わっていない(1)。したがって法的規制がまったくなかった時代の就業規則の原型は、ほぼそのまま昭和期にも引き継がれたとみてよいであろう。もっとも同施行令により、常時五〇人以上の職工を使用する工業主には就業規則の作成義務が課せられたから、就業規則を制定していなかった中小企業のいくつかは就業規則を作成したかも知れないが、統計資料が皆無であるので明らかにすることはできない。従来でも、工場法の適用を免れるため、労働者の雇用を五〇人未満におさえる中小企業が多かったといわれていたから、それほどの影響はなかったとみても誤りではないであろう。

（1）　例えば協調会篇『主要工場就業規則集』（大正一四年版）四四〇頁以下に掲載されている「T工場職工諸規則（セルロイド）」は、会社名を実名で掲載している井上信明編『模範就業・共済規則集』（昭和一〇年）三九九頁以下の「大日本セ

ルロイド株式会社」の職工規則と同一のものであると特定することのできた数少ない例の一つであるが、第六章　賞罰の項に入っていた第五十三条（「勤続六ケ月以上ノ者自己ノ都合ニ依リ本会社ノ承認ヲ受ケ退職シタルトキハ別ニ定ムル所ニ依リ退職手当金ヲ支給ス」）が削除されて退職手当金規程の方に回され、旧五四条以下が新五三条以下に繰り上げられているほか、内容は全く同一である。

(二)　昭和初期の就業規則（服務規律・懲戒規程）の実例

1　井上信明編著『模範就業・共済規則集』（昭和一〇年経済時論社）は、四六の大企業の就業規則を集めたものであるが、各社の就業規則の表題には、「職工就業規則」、「工員就業規則」、となっているものもあるが、「職工規則」、「従業員服務規程」、「工手規則」、「雇員及傭員規定」、「工場規則」「従業員服務規程」等となっており、従来の名称をそのまま受け継いでいるものが多い。

2　就業規則の実例として、後述する戦後の就業規則との比較が可能な野田醤油工員規定（昭和五年改訂）の「第四章　服務」と王子製紙職工規則（昭和四年改正）の「第六章　賞罰」に関する部分を掲げることにする。

(1)　野田醤油工員規定第四章　服務

「第二十一条　工員ハ常ニ上役ノ指揮命令ニ遵ヒ協同一致職務ニ勉励スヘシ但シ本条ニ違反シタルトキハ相当ノ処分ヲ採ルコトアルヘシ

第二十二条　各担当業務ノ変更ヲ命スルコトアルモ異議ヲ申立ツルコトヲ得ス

第二十三条　社ノ内外ニ於テ災害事変アリタル場合ハ勤務中ハ勿論退場後ト雖モ之ガ防衛警戒ニ任スヘシ

第二十四条　社ノ内外ヲ問ハス常ニ火気ニ注意シ燃焼シ易キモノハ必ス適当ノ処置ヲ為スヘシ尚所定以外ノ場所

ニ於テ喫煙ヲ厳禁ス
第二十五条　衛生ニ関シテハ勤務中ト否トニ拘ハラス絶エス注意ヲ怠ル可カラス
第二十六条　出入ノ際又ハ如何ナル場合ト雖モ身体被服若クハ携帯物ノ検査ヲ拒ムコトヲ得ス
第二十七条　会社ヘ提出シタル書類ハ法令若ハ提出当時ノ約束ニ依ル場合ヲ除クノ外一切返還セサルモノトス
第二十八条　改名転籍住所移転印章ヲ改メタルトキハ其ノ都度届出ツヘシ」（以下略）。
(2)　王子製紙職工規則第六章　賞罰
第五十三条　左ニ掲クル事項ノ一ニ該当スル者ニハ詮議ノ上特ニ相当ノ褒賞金ヲ支給ス
一　事業上有益ナル機械器具又ハ作業ノ方法等ヲ発明工夫シタル者
二　火災其他非常ノ事変ニ際シ抜群ノ功アリタル者
三　事業上危険ヲ予防シ又障害トナルヘキ事柄ヲ未然ニ探知報告シタル者
第五十四条　本職工ニハ工場ノ事業成績ニ依リ毎年七月十二月ノ両度ニ於テ各自ノ勤務日数及ヒ成績ヲ斟酌シ期末賞与金ヲ支給スルモノトス
第五十五条　本職工ニシテ皆勤シタル者ニハ皆勤賞与金ヲ支給ス但シ其金額及ヒ支給方法ハ業務又ハ土地ノ状況ニ依リ専務取締役ノ承認ヲ経テ工場長之ヲ定ム
第五十六条　左ノ各号ノ一ニ該当スル者ハ譴責ニ処ス
一　第二十五条第一項ノ規定ニ違反シ欠勤ノ届出ヲ怠リタル者
二　遅刻一ヶ月中三回以上ニ及ヒタル者
三　終業時刻前ニ退出ノ用意ヲナシタル者

四　酒気ヲ帯ヒテ入場シタル者
五　工場ノ内外ヲ問ハス落書ヲ為シタル者
第五十七条　左ノ各号ノ一ニ該当スル者ハ其ノ情状ノ軽重ニ従ヒ罰俸ニ処ス
一　正当ノ事由無クシテ昼夜交替ノ日ニ出勤セサル者
二　就業時間中無断退出シタル者
三　交替ノ際引継ヲ粗漏ニ為シタル者
四　無届欠勤一ヶ月中二回以上ニ及ヒタル者
五　不注意、怠慢ニ因リ機械、器具、製品、原料其他工場用品ヲ毀損シ又ハ紛失セシメタル者
六　前号ニ掲ケタル物品ノ取扱ヲ粗漏ニシタル者
七　服務中睡眠ヲ為タル者
八　服務中妄リニ担任場所ヲ離レタル者
九　他人ノ服務ニ対シ妨害トナルヘキ悪戯ヲ為シタル者
十　担任場所又ハ保管物品ヲ不潔ニシタル者
十一　喧嘩口論ヲ為シタル者
十二　便所外ニ於テ屎尿ヲ為シタル者
十三　工場内設置ノ唾壺外ニ唾痰ヲ咯出シタル者
十四　風紀ヲ紊ルノ行為アリタル者
十五　出勤通票ヲ紛失シタル者

十六　一ヶ月中前条ニ規定シタル事項ノ二以上ニ該当シタル者

第五十八条　左ノ各号ノ一ニ該当スル者ハ解雇ニ処ス

一　上長ノ指揮命令ニ反抗シタル者

二　暴行、強迫其他不穏ノ行動ヲ為シタル者及ヒ之ヲ教唆シ又ハ其ノ謀議ニ参与シタル者

三　業務上ノ秘密ヲ漏洩シタル者

四　故意ニ機械、器具、製品、原料其他工場用品ヲ毀棄シ又ハ毀棄セントシタル者

五　喫煙又ハ火気ノ禁止ニ背キタル者

六　他人ノ服務ヲ妨害シタル者

七　窃ニ物品ヲ持出シ又ハ持出サントシタル者及ヒ其他ノ不正行為アリタル者

八　無届欠勤二週間以上ニ亘リタル者

九　許可ヲ受ケスシテ他ノ業務ニ従事スル者

十　職務ヲ怠リ改悛ノ見込ナキ者

十一　犯則ノ情状軽キモノト雖モ屡々違背シテ改悛セサル者

十二　工場ノ内外ヲ問ハス犯罪行為アリタル者

第五十九条　第五十七条第五号及ヒ前条第四号第七号ノ場合ニ於テハ其ノ損害ヲ賠償セシムルモノトス

第六十条　前数条ニ定メタル事項ノ外時々発スル規則命令口達等ニ違背シタルトキハ其情状ノ軽重ニ従ヒ随時詮議ノ上相当ノ処分ヲ為スヘシ」。

(三)　昭和初期の服務規律・懲戒規定の特色

1　昭和に入ってからの就業規則も、従来の就業規則と殆ど変わりはなく、服務規律ないし服務心得には、「職工ハ誠心、誠意、業務ニ服シ規則命令ヲ遵守シ常ニ言語動作ヲ慎ミ礼儀ヲ重シ同僚相和シ苟モ軽挙粗暴ノ振舞ヒアルヘカラス」（中山製鋼所『就職規則』第二十条）、「職工ハ従順ヲ旨トシ謙譲ヲ重ンシ勤勉ニシテ常ニ当社ノ利益ヲ図リ自己ノ能率振作ニ就テハ最善ノ努力ヲ払ヒ凡テ係員ノ指揮命令ニ服従スヘシ」（神戸製鋼所職工規則第三七条）というような総則的な規定がおかれている。

2　就業時間中、職務に専念すべき義務を負うことは労働契約上、当然のことであるが、明治大正期に引き続き、就業規則には、「作業中新聞、雑誌、小説等ノ閲読ハ勿論喫煙、睡眠、飲食、雑談等ヲ禁ス」、「場内ニ酒類ヲ携帯シ又ハ酩酊シテ入場スヘカラス」、「賭博又ハ之ニ類似ノ行為ヲナシ又ハ放歌口論喧噪粗暴ノ行為アルヘカラス」といった服務規律がそのまま規定されている。

また「工場内ニ於テ金銭ノ貸借物品ノ売買及取引ヲナスコトヲ禁ス」、「衛生上有害ナル行為ヲ避ケ特ニ便所以外ニ放尿スルコトヲ厳禁ス」、「掲示ヲ塗抹シ楽書貼紙等ヲナスヲ禁ス」といった細かい規定も残存している。

3　懲戒解雇事由に、「私物ヲ製作シタル者又ハ製作セシメタル者」、「社品ヲ工場外ニ搬出シ又ハ搬出セントシタル者」、「社内ニ於テ私品ヲ製造シ又ハ社品ヲ持出シ若ハ持出サントシタトキ」等私物作製、物品持ち出しの禁止の条項が、依然として数多くみられる。会社側が鼓吹する企業一家、温情主義が、労働者に自己を対立する契約当事者としてとらえるという意識を欠如させ、社会的な風潮でもあった役得意識から、私物作成や物品の持ち出しは後を絶たなかったのであろう。さらに戦時体制へ移行するにつれ、物資の不足がこれに拍車をかけた。

4　先に明治大正期の就業規則が、服務規律ないしは懲戒解雇事由として、企業内における集会結社の禁止を謳っていることを指摘したが、昭和期に入ってからもこの点については変わりはない。例えば懲戒解雇事由として、「同盟罷業ヲ企テ又ハ教唆シタルトキ」（日本製鋼所室蘭工場職工規則六七条二号）、「許可ヲ得ス工場内ニ於テ会合シ又ハ演説ヲナシ若クハ他人ヲ誘惑扇動シタル者」（中山製鋼所就職規則六一条五号）というように、懲戒規程の中に集会結社の禁止が明確に掲げられている。

5　極めて少数例に止まるとはいえ、既に大正期の就業規則においても、E工場職工規則（電機）のように、懲戒解雇事由の一つとして「本会社ノ體面ヲ汚損スヘキ行為アリタルモノ」という規定を掲げるものがないわけではないが、昭和期に入ってからは、懲戒の事由に「職務ノ内外ヲ問ハス社員タルノ體面ヲ汚損シ又ハ信用ヲ失スヘキ行為アリタルトキ」（重工業会社社員懲戒規程一条二号）、「職務ノ内外ヲ問ハズ職員タルノ體面ヲ汚シ又ハ信用ヲ失墜スベキ行為アリタルトキ」（商事会社職員懲戒取扱一条三号）（田中『会社・工場業務規定集（社員進退服務実務篇）昭和一六年』二七三頁、二七七頁）が、挙げられるようになっている。これまでの職工、工員を対象としていた就業規則が、より広く職員、社員と呼ばれる層にまでその対象が拡大されてきたことを示すものであろう。

労働契約の相手方の信用名誉を不当に毀損してはならないことは、労働者にとっては当然の義務であるが、企業社会の倫理として、社の内外を問わず従業員としての体面を保持すべき義務を課しているのは、わが国における「世間体」、「恥の文化」が労使関係に現れたものといってよいのではなかろうか。

6　さらに就業規則において、私生活への関与があたかも当然であるかのように行われている例をあげておこう。

(1)　「社員の生活取締に関する規定[1]」

イ「社員ハ他ノ業務ニ関係スヘカラサル件（示達）　當会社ノ社員ニシテ他ノ業務ニ関係スルハ素ヨリ社則ノ禁スル所ニ有之」「苟クモ社員タル者ハ一身ノ全力ヲ挙ケテ専ラ社業ニ渇サシメ今ヤ大ニ社運ノ発達ヲ期図スルノ場合ニ於テ仍ホ他ノ業務ニ関係スルハ或ハ本社事業ノ実ヲ傷フノ嫌モ有之」「今後假令何等ノ事情アルモ直接間接ニ不拘

一切他ノ業務ニ関係スルコトヲ許サス」。

ロ「機械製作所社員負債取締規定(2)」

第一条　本規程ニ於テ高利負債トハ年利率二割四分以上ニ該当スル債務又ハ其ノ保証債務ヲ謂フ

第二条　社員ハ会社ノ承認ヲ受クルニ非サレハ高利負債ヲ為スコトヲ得ス　但シ高利負債ノ総額金一〇〇円ヲ超エサル場合又ハ緊急ノ必要ニ因リ已ムヲ得サル場合ハ此ノ限ニ在ラス

前項但書後段ノ場合ニ於テハ其ノ事由ヲ具シ遅滞ナク会社ノ承認ヲ受クルコトヲ要ス

第三条　本規程施行前高利負債ヲ為シタル者ハ其ノ時期、事由、金額、利率、弁済期、債権者、債務者、担保及経過ヲ詳記シ本規程施行ノ日ヨリ二ヶ月以内ニ所属長経由、総務部人事課長ニ届出ツヘシ

第七条　本規程ニ違反シタル者ニ対シテハ解職其ノ他厳重ノ処分ヲ為スコトアルヘシ」。

(2)　社宅・寮・寄宿舎は、福利厚生としての役割をもつが、会社の業務遂行のための便宜でもある。しかし社宅居住を義務づけ、あるいは居住地域制限を行う場合には、私生活への関与として問題とされる場合がありうる。この点に関しては、つぎのような例がある。

「化学工業会社社員居住制限及住宅供用規定(3)」

第一条　左ノ各号ニ該当スルモノハ其在勤事務所所属ノ社宅ニ居住スルコトヲ要ス

一、製造所長及主任ノ内二名

二、精製所長及主任ノ内二名

三、精製所分工場、精製主任

四、本管係長

五、供給係長オヨビ供給所ヲ管守スルモノ一名
六、派出所主任
第二条　営業所長ハ其所営区域内ニ居住スヘシ
営業所長ニシテ前項区域内ニ居住スルモノニハ居住手当トシテ毎月金弐拾円ヲ補給ス
第三条　第一条、第二条ノ居住義務者ニシテ已ムヲ得サル事由ニヨリ其義務ヲ履行スルコト能ハサルトキハ所属部課長ハ社長ノ決裁ヲ経テ其ノ事由ノ存続スル期間別ノ居住義務者ヲ選定シテ之ニ代ハラシム」

7　懲戒に関しては、例えばつぎの懲戒規程のように手続に関する規定が定められるようになった点が特徴的である。

「商事会社職員懲戒取扱
第六条　懲戒処分ハ懲戒委員会ノ決議ヲ経テ社長之ヲ行フ
　第二章　懲戒委員会
第七条　懲戒委員会ハ委員長一名、委員八名ヲ以テ之ヲ組織ス
第八条　委員長ハ秘書課長ヲ以テ之ニ充テ委員ハ職員ノ中ヨリ社長之ヲ命ズ
第九条　委員会ハ委員長及委員ヲ併セ其ノ指定数以上出席スルニ非ザレガ会議ヲ開クコトヲ得ズ
委員会ノ議事ハ過半数ニ依リ之ヲ決ス可否同数ナルトキハ委員長之ヲ決ス
第十条　委員長事故アルトキハ社長ノ指名スル委員其職務ヲ代理ス
　第十一条　委員会ニ幹事二名ヲ置キ社長之ヲ命ズ
幹事ハ委員長ノ命ヲ承ケ庶務ニ従事ス

第十二条　委員長ハ審査ヲ命ゼラレタルトキハ期日ヲ定メ委員会ヲ招集スベシ
第十三条　委員会ハ書面ニ依リ事実ヲ審査ス　但シ必要ニ応ジ本人若ハ関係者又ハ所属長ニ出頭ヲ命ジ之ヲ審査スルコトヲ得
第十四条　委員会ハ懲戒ノ審査終結前本人ヨリ弁明ノ申出アリタルトキハ之ヲ許可スベシ
第十五条　委員会ニ於テ審査ヲ終リタルトキハ調書ヲ作成スベシ
委員会ニ於テ決議ヲ為シタルトキハ其ノ理由ヲ具シ社長ニ報告スベシ
　第三章　懲戒手続
第十六条　所属長ハ所属職員ニシテ懲戒ニ該当スベキ行為アリト認ムルトキハ証憑ヲ具ヘ書面ヲ以テ社長ニ報告スベシ
所属長前項ノ報告ヲ為サザルトキハ秘書課長ハ所属長ニ対シ其ノ報告方ヲ要求スルコトヲ得
第十七条　懲戒処分決定シタルトキハ秘書課長ハ決定書ヲ本人ヘ伝達スベシ
前項ノ決定書ニハ左ノ事項ヲ記載スベシ
一、本人ノ身分、職名及氏名
二、決定ノ主文
三、決定ノ理由
四、決定ノ年月日
第十八条　懲戒処分ハ之ヲ会社一般ニ周知セシム」
このように複数の委員で構成される懲戒委員会を設けて審議し、多数決で決定していること、本人の弁明権を認めている点で一歩前進と評価することができる。しかしこの会社の場合、懲戒委員会の委員長、委員、幹事は、すべて社長が任命するようになっていること、懲戒事由が抽象的であり、かつ包括的であるため、非違行為が懲戒事由に該当するか否かについて、所属長あるいは懲戒委員会委員の主観的判断に陥りやすい等、実際に機能すれば問題は多いように思われる。あくまでも懲戒規定は「タテマエ」(4)であり、現実に発動されることはあまりないという実態を反映したものであろう。

8　懲戒解雇より軽い処分として、殆どの就業規則は減給の制裁の規定をおいている。中には日本車輌製造従業員服務規定一七条のように「左ノ各号ノ一ニ該当スルモノハ賃金計算ニ於テ勤務時間ヨリ十時間乃至五十時間分ヲ減スヘシ」という形で減給の定めをしているもの、あるいは東京瓦斯懲戒規程のように懲戒の種類を譴責、過怠金、減給、解雇ととし、「過怠金ハ給料月額三分ノ一以内トス」、「減給ハ一ケ月以上六ケ月以内給料月額三分ノ一以内ヲ減ス」と、軽重に応じ過怠金と減給を分けているものもある。しかし減給の制裁については、その上限額についての定めをおいていないものが多く、また「減給ハ若干期間日給又ハ月給ノ一部ヲ減スルモノトシ給料支給ノ際之ヲ引去ルモノトス」（帝国人造絹糸工手規則八十一条）というように極めて曖昧な規定をおいている例も見られる。以下、減給の制裁について制限を設けている例をあげておく。

①　日本製鋼所室蘭工場職工規則六八条「職工左ノ各号ノ一ニ該当スルトキハ減給ニ処シ十日間以内ニ限リ日給ノ二分ノ一ヲ減額ス」

②　三菱重工業職工就業規則（長崎造船所）六十三条「職工左ノ各号ニ該当スル場合ニハ譴責又ハ日給二日分以内ノ減給ニ処ス但シ情状重キ者ハ五日以内ノ停職ニ処シ又ハ解雇スルコトアルヘシ」

③　大阪鐵工所桜島工場職工就業規則（昭和四年十一月一日改正）五六条「減給ハ定額日給ノ百分ノ三トシ百日以

内之ヲ行フ」
「出勤停止ハ五日以内トシ其ノ間賃金ヲ支給セス」
「懲戒解雇ハ予告手当ヲ支給セスシテ即時解雇ス」
「懲戒ハ之ヲ公示シテ従業員ノ戒飾ニ資ス」
④　帝国製鋲職工就業規則八十三条二「減給（常傭日給ノ三分ノ一以内ニシテ期間ノ最高五日以内トス）
⑤　沖電気職工就業規則（大正十五年七月制定）六十二条　「減給ノ額ハ懲戒事項ノ軽重ニ依リ五日分ヲ超エサル範囲ニ於テ一日ニ付日給半額以内トス」
日本毛糸紡績工手規則四四条「減給ハ規定日給ノ五日分以下トシ」

（1）　田中『会社・工場業務規定集（社員進退服務実務篇）昭和一六年』二八七頁。同書は、会社名については匿名となっている。
（2）　同右　二八八頁。
（3）　同右　二八四頁。
（4）　この点につき、田中『会社・工場業務規定集（社員進退服務実務篇）昭和一六年』二二七頁は、「賞罰の規定は何処の規定を見ても入つて居るが、又何処でも之は殆ど励行されて居ない。多くは大きい事態の発生したときだけ適用して居るようである」と述べている。

㈢　戦時体制下の就業規則

1　産報運動　昭和一三年二月、協調会は、政・財・官界の労働問題関係者三一名を集め、時局対策委員会を設け、傷痍軍人対策、銃後の社会施設、労働力需給調整、労働保護政策、労資関係調整方策、思想対策の六項目について審議を始めた。このうち緊急を要する傷痍軍人対策、労資関係調整方策については、専門委員会を設け、四月に「労資関係の指導精神の確立」、「労資関係の指導精神を普及徹底する諸方策」の二項目からなる労資関係調整方策要綱」を決定し、内務・厚生両省に建議するとともに、労資関係調整のための機関の設立について政府の援助を要望した。同要綱は、「労資関係の指導精神」として、つぎのように述べている。「産業は、事業者・従業員各自の職分によって結ばれた有機的組織体であり、しかも産業窮極の使命は、産業の発展によって国民の厚生をはかり、もって皇国の興隆、人類の文化に貢献することである。かかる使命の達成に当たっては、両者は正に一体とならねばならぬ。すなわち、事業者は経営に関する一切の責に任じて従業員の福祉をはかり、従業員は産業の発展に協力し、事業一家・家族親和の精神を高揚し、もって国家奉仕のためにおのおの自己の職分を全うしなければならぬ。…」。

協調会は、右の指導精神を普及徹底するための機関として、各企業・事業所ごとに産業報国会（産報）を設置することを呼びかけ、産報の指導・連絡に当たる中央機関として、産業報国連盟を結成した。これに呼応するかのように、従来労働問題に深い関係をもってきた各府県警察部特高課が産報運動の指導に乗り出し、各企業・事業所で産業報国会が結成され、これに平行するかのように労働組合は衰退し、戦時体制下に入るとともに、やがて自発的な解散に追い込まれていった。「労資一体・事業一家」が当時の労使関係のあり方を示すイデオロギーとなったのである。

2　国家総動員法と国民徴用令　　昭和一七年二月二五日に制定された重要事業労務管理令第四条は、重要事業（総動員物資の生産、修理、又は国家総動員上必要なる運輸に関する業務を営む工場、鉱山その他の場所で厚生大臣の指定するもの）の事業主は、「従業規則」を作成し（変更の場合も同じ）、厚生大臣に届出るべきことを定めている。これをうけて、同施行規則第二条は、「従業規則ニハ左ノ事項ヲ記載スベシ

一　従業者ノ身分、職務及指揮監督ニ関スル事項
二　始業及終業ノ時刻、休憩時間、休日、休暇竝ニ交替制ニ於ケル就業時転換ニ関スル事項
三　早出、残業ニ関スル事項
四　入場、退場、遅刻及早退ニ関スル事項
五　欠勤及休暇ニ関スル事項
六　保健衛生ニ関スル事項
七　危害予防ニ関スル事項
八　褒賞及懲戒ニ関スル事項
九　解雇及退職ニ関スル事項

前項各号ニ掲グル事項ノ外従業ニ関シ必要ナル事項ハ之ヲ従業規則ニ記載スルコトヲ得」として、就業規則の必要的記載事項を定めている。

3　応徴士服務規律　また国民徴用令一六条の五は、管理工場または指定工場において行う総動員業務に従事する被徴用者を応徴士と呼称し、応徴士の懲戒、服務に関する必要な事項は命令を以て定むと規定しているが、これに基づいて応徴士服務規律が制定されている（昭和一八年八月一〇日厚生省令二六号）。徴用の場合は、労働者のみならず、事業主も徴用されるため、応徴士には、「事業主たらざる応徴士」と「事業主たる応徴士」の二種類がある。

(1)　事業主たらざる応徴士の服務規律　事業主たらざる応徴士は、総動員業務に従事すべき義務を国家に対して負うとされているから、その服務規律は、このような義務の遂行に関するものである。同令二条は、応徴士は、徴用の本義に則り、以下の規律を遵守すべき旨を定めている。

①　応徴士ハ職紀ヲ尚ビ責任ヲ重ンジ全能ヲ奮ヒ誠心誠意職務ニ勉励スベキコト
②　応徴士ハ至誠上長ニ服従シ上下相信倚シ和衷協同互ニ敬愛スベキコト
③　応徴士ハ率先挺身部下ノ模範トナリ其ノ信望ヲ一身ニ聚ムル如キ行動ヲ為スベキコト
④　応徴士ハ知識技能ノ錬磨ニ努ベキコト
⑤　応徴士ハ気節ヲ尚ビ廉恥ヲ重ンジ苟モ応徴士タルノ名誉ヲ毀損スルガ如キ所為アルベカラザルコト
⑥　応徴士ハ居常簡素ヲ旨トシ質実剛毅ノ気風ヲ振起シ堅忍不抜ノ精神ヲ涵養スベキコト
⑦　応徴士ハ保健衛生ニ留意シ体力ノ錬成ニ努ムルコト
⑧　応徴士ハ職場保安ニ留意シ災害予防其ノ他ノ措置ニ万全ヲ期スベキコト
⑨　応徴士ハ機械、器具、材料、製品、其ノ他ノ物資ヲ尊重シ苟モ粗略ノ取扱アルベカラザルコト
⑩　応徴士ハ自己ノ職務ニ関スルト否トヲ問ハズ知悉シタル機密ヲ保持シ防諜上遺憾ナキヲ期スベキコト

(2)　事業主たる応徴士の服務規律　国民徴用令七条ノ四により、いわゆる社長徴用と呼ばれる管理工場、指定工場の事業主の徴用が行われるようになり、事業主たる応徴士についても、概略つぎのような服務規律が定められた。

①　事業主たる応徴士は、生産遂行の全責任を負荷された者として、戦力増強の責任を負うこと
②　率先垂範して一般応徴士の服務規律を遵守する外、常に士気の鼓舞に努め、明確な企図の下に適時適切な指揮をなすこと
③　「工場事業場総員一家」の「肉親的団結」を図ること。

(3)　懲戒制　応徴士が右の「規律に違背し、其の他応徴士たるの本分に悖る所為」があった場合には、懲戒し

うることが規定されている（同令四条）。

懲戒は、訓告、譴責、罷免の三種であり、訓告、譴責は文書で以てこれを行い、罷免は徴用解除に依って行う。罷免及び事業主たる応徴士の訓告・譴責は、厚生大臣が行い、一般の応徴士の訓告・譴責は管轄地の地方長官（東京都は警視総監）が行う。

厚生大臣が応徴士を罷免し、事業主たる応徴士を譴責したときは、官報に公告する。事業主たる応徴士が罷免されたときは、他の者が当該工場の指導者として徴用の形式で任命され、一般の応徴士が罷免されたときは、事業主は、当該労働者を解雇すべき義務を国家に対して負担するとされている。

3　徴用工に対する経済外的強制　徴用工に対しては、タテマエとしては、以上のような服務規律と懲戒の制度が定められているが、現実には軍隊的上下の関係がもちこまれ、体罰をともなう私的制裁が行われたことは公然の秘密となっていた。とくに昭和一四年以降、生産力増強のため、鉱山に朝鮮人労務者を積極的に導入することが図られ、禍根を後世に残すことになった。

四　戦後の就業規則

㈠　就業規則に対する法的規制

1　昭和二二年四月には、労基法が制定され、使用者が常時全体として一〇人以上の労働者を使用している場合には、事業場ごとに就業規則を作成し、労働基準監督署長に届出なければならないこととされた（同法八九条）。

2　就業規則の内容にできる限り労働者の声を反映させるため、就業規則の作成（変更）に当たっては、その事業場に労働者の過半数で組織する労働組合がある場合にはその組合、そのような組合がない場合には、労働者の過半数を代表する者の意見を聴くべきことを要求している（九〇条一項）。

3　そして就業規則の内容として、つぎのような必要的記載事項を定めた。その中の①から③までは絶対的必要的記載事項である。

①　始業及び終業の時刻、休憩時間、休日、休暇並びに労働者を二組以上に分けて交替に就業させる場合においては就業時転換に関する事項

②　賃金の決定、計算及び支払の方法、賃金の締切り及び支払の時期並びに昇給に関する事項

③　退職に関する事項

④　退職手当その他手当、賞与及び最低賃金額の定めをする場合においては、これに関する事項

⑤　労働者に食費、作業用品その他の負担をさせる定めをする場合においては、これに関する事項

⑥　安全および衛生に関する定めをする場合においては、これに関する事項

⑦　災害補償及び業務外の傷病扶助に関する定めをする場合においては、これに関する事項

⑧　表彰及び制裁の定めをする場合においては、その種類および程度に関する事項

⑨　前各号に掲げるもののほか、当該事業場の労働者のすべてに適用される定めをする場合においては、これに関する事項

4　さらに労基法は、九一条において「就業規則で、労働者に対して減給の制裁を定める場合においては、その減給は、一回の額が平均賃金の一日分の半額を超え、総額が一賃金支払期における賃金の総額の十分の一を超えてはならない」という減給についての制裁規定の制限を設けた。

である。

二　終戦直後の就業規則(1)

1　戦後初めて団結権が法認され、昭和二〇年一二月には労働組合法が、翌二一年九月には、労働関係調整法が、二二年四月には、労働基準法が制定された。占領軍当局の組合助長策は、当時、インフレと生活難にあえいでいた労働者に口火をつけるようなものであり、労働組合運動が急激に燃え上がった。このような中で労基法が制定され、殆どの事業に就業規則の作成義務が課されたのである。当時の就業規則に、労働組合の関与がみられるのは当然である。

（1）　終戦直後の就業規則の実例については、日本経営者団体連盟『改訂就業規則作成要領』（昭和二四年）、宮脇辰雄『就業規則の研究』（司法研究報告書第四輯第七号昭和二七年）を参照した。

(1)　就業規則の前文　　二二年一〇月二一日に制定された富士電炉工業就業規則は、冒頭につぎのような「序文」を掲げている。「難局に直面している国の現状を深く思い、産業人の誇りを以て常に希望に満ち、高い理性と相互親愛に依る新しい職場をつくり出さんとする富士電炉精神を基とし、倦むことない努力により技術の改善を図り、以て平和と民主主義文化建設の理想達成に貢献するために、もっとも民主的な手続きに依って此規則を定め、之を厳かに実施するは我等の特権であり、又責務であると信ずる。」。終戦直後の廃墟の中から立ち上がり、労使が手を携えて新しい社会を建設しようという熱気が伝わる文章である。

関東経営者協会は、昭和二二年九月に就業規則作成要領を公表しているが、翌二三年四月に設立された日経連がこれを引き継ぎ、労基法制定後公布された各種の施行規則や解釈例規、就業規則の実施による経験等をふまえて『改訂就業規則作成要領』を刊行している。同書では、就業規則の前文は「この規則は労働基準法に基づき（労働協約の精神に則り）、日本経済の再建のために、会社は経営の民主化の方針を以て従業員の福祉をはかり、その人格、自主性、責任性を尊重し、従業員はその本分を尽くし会社事業の興隆に協力することを前提として○○組合との協議をへて（意見を聴いて）定めたものであって、共に誠意を以てこの規則を励行厳守して労働能率の向上、社業の発展に努めんとするものである。」旨を簡明に表現さるべきであるとしている。また「ここに社是又は就業上の綱領を掲げ、あるいは特殊の持ち味を謳う等経営の方針を明示することも結構であろう。」と述べている。多くの就業規則は、これをモデルとし、前文で「この規則は社業の伸張、発展のため、法令及び労働協約の精神に則り定められたものである。」（明治生命保険相互会社）、「就業規則は社則の付属規定であって、職員の就業勤務に関する事柄を定めたものである。」（千代田生命保険相互会社）などと規定している。いずれにせよ、「従業員の福祉をはかり」、「労働能率の向上」と「社業の発展」を目指すというのが、就業規則の制定に対する当時の労使双方の意識であった。

(2)　組合との協議　当時の就業規則は、労働組合との協議ないし合意の上で作成されたものが多い。例えば昭和電工従業員就業規則は、前文においてこの規則は、会社と昭和電工労働組合連合会及び工場労働組合との「完全なる意見の一致によって制定したものである。」旨を明らかにし、また明治生命の就業規則は、「会社と従業員組合と協議の上定められたものである」、富士通信機の就業規則は、「労働協約に基づき双方協議して規定したものである」と規定している。

(3)　クローズドショップ　特異なのは、「社員は連合会所属の組合員である。但し組合より除く者については連合会又は組合と協議する。」、「組合より除名された者は解雇する。但し会社が解雇不適当と認めたときは連合会又は組合と協議する。」（日本紙業就業規則三、四条）という規定が見られることである。

(4)　解雇協議・同意約款　当時の就業規則には解雇協議・同意約款をもつものが少なくはない。例えば三菱化工機従業員規則一七条は、「解雇は従業員が組合員であるときは会社は予め組合の了解を得て行う」、塚本商事就業規則七四条は、解雇については「従業員組合と協議の上これを行う」、大林組就業規則九一条は、懲戒解雇処分の「適用については組合の同意を得てこれを行う」となっている。

王子製紙就業規則は、解雇を「協議による解雇」と「協議によらざる解雇」に分け、懲戒解雇、試用期間中の解雇、有期契約者の期間満了による解雇、日々雇用者の解雇、組合を除名された者の解雇は、組合との協議を要しない（四二条）が、「会社は従業員が次ぎの一に該当する時は組合と協議の上解雇する。①事故欠勤三ヶ月以上に及ぶ時、②業務外の傷病による欠勤一ヶ月以上（結核性患者にあっては二ヶ月以上）に亘る時、③勤務成績著しく悪く改悛の見込みがないと認めた時、④不具廃疾により職務に堪えられなくなった時、⑤待命後一年を経過した時、⑥天災事変其の他止むを得ない事由の為事業の継続が不可能となった時、⑦正当の理由なくして異動を拒んだ時、⑧其の他前各号に準ずる場合」（四一条）、と規定している。

(5)　就業規則の作成変更についての協議・同意約款　昭和電工従業員就業規則は、附則において「就業規則」・「職制」・「給与規程」・「退職金規程」・「災害補償規程」・「社員昇格規程」・「表彰規程」・「懲戒規程」は、昭和電工株式会社労働組合連合会及び工場労働組合の、「工場安全規程」・「工場保健衛生規程」・「工場診療所使用規程」・「工場寄宿舎使用規程」は、各工場労働組合の同意を得たときは、改廃することができる。」と定めている。また理化学興業就業規則七一条は、「この規則を改正する必要を生じた場合には、組合の同意を得て行う。」としている。

2　協約と就業規則との関係

(イ)　わが国の組合は企業別組合であるため、少なくとも労働条件に関しては、協約も就業規則も同じ機能をもつ。統一的な服務規律や生産秩序の維持に関しては、使用者の権限で就業規則を定立し、組合が協約でチェックするというのが本来の建前であろう。しかし西欧の労働組合のように長い労働運動の伝統なしに、戦後にわかに結成された労働組合は、民主化の風潮もあって、ときにはストライキの代わりに生産管理を行い、あるいは経営協議会の設置と、高度の経営参加を要求した。「社長、重役以外は組合員」という特異な性格をもつ当時の労働組合には、会社の経営組織・機構がそのまま移行していたため、「資金の手当て」を別とすれば、それだけの能力はもっていたのである。したがって作成が義務づけられていた就業規則を協約に代わるものとして受け止め、作成変更についての協議・同意約款を挿入したのである。服務規律や懲戒については、殆ど戦前の就業規則のそれを引き継いでいるが、従業員組合であることから、企業内の秩序や和を乱す者を排除するのは当然という意識からそのまま受け入れたものと推測される。

使用者の側でも、団体交渉、協約という煩瑣なルートより、会社が原案を作り、組合と協議して決定する就業規則の方がらくであることから、労働組合の力の強いところほど協議ないし同意の上に就業規則が作られたのである。もちろん多くの企業では、協約と就業規則は二本立てで作られている。しかし、当初の協約は、文字通り「法三章」的な簡素なものであり、後には全国中央組織のモデル案にそった協約が締結されるようになったものの、簡素で抽象的包括的な規定が盛られているだけであった。したがって当時においては、就業規則の定める労働条件の基準が協約としての役割を同時に果たしていたのである。

(ロ)　しかしながら、やがて外資導入、傾斜生産方式、企業整備による戦後経済の復興が始まり、日経連の設立等によるいわゆる資本家陣営の立ち直りとともに、労使関係の様相は一変した。二四年の労組法の改正は、労働組合の民主制、自主性を確保するという見地から、非組合員の範囲を拡大し、協約の自動延長約款を無効とした。使用者側は、従来企業整備の最大の妨げとなっていた協約の解雇協議約款を無効とするために、協約を失効させ、無協約状態をつくり出した。協約による人員整理の防波堤を崩された組合側は、就業規則の解雇協議・同意条項を援用し、あるいは作成変更についての協議・同意条項を持ち出して、人員整理に対抗しようとした。当時、裁判闘争と学界を巻き込んでの就業規則の本質論争が展開されたのは、このようないきさつがあったからである。就業規則の解雇協議条項、作成変更についての協議条項の問題は、法的には一応の決着をみせたが、後になって就業規則の不利益変更の問題、過半数組合ないし過半数の労働者代表との書面協定（労基法上の協定）の法的性質の問題となって再び論議を呼ぶことになる。

3　職・工員の身分制の撤廃　戦後の就業規則の変化の一つとして指摘しておかなければならないのは、民主化の一環として企業における身分制が撤廃されたことである。例えば昭和電工就業規則は、総則において、昭和二二年七月に職員・工員の身分制を撤廃し、社員、見習社員、傭員とし、社員を一二級の資格に分け、いわゆる「秩序ある月給制」を実施している。また王子製紙の就業規則も、三条で、「従業員は総て社員と称しその従事する職務に応じて各職能各職階に分かちその職責を明らかにする」とし、社員・工員の身分制を廃し、技術員、製造員、林業員、事務員、現務員、医務員の六つの職能区分と、部長、副部長、課長、課長代理の役務の区分に分けている（二三年三月一日）。このような身分制の撤廃に伴い、多くの会社では、従来の労務課を人事課と改称している。

4　減給の制裁　労基法九一条により、減給の制裁の上限額について法的規制がなされ、日経連の『就業規則作成要領』においても、その旨の指導が行われるようになったため、就業規則は、これにあわせて改正されている。

㈢　戦後の就業規則の服務規律・懲戒規定の内容(2)

まず戦前の就業規則との対比で、戦後どのように服務規律・懲戒規定が推移したかをみるため、戦前と戦後の就業規則が特定できた野田醤油従業員就業規則と王子製紙就業規則の服務規律をみていくことにする。

（2）　就業規則の実例については、労働省労働基準局監督課監修『就業規則――その理論と実務解説』（昭和三一年）、三浦恵司『就業規則の作成と運営』（昭和三四年）、本多・佐藤『就業規則―理論と実務』（昭和四〇年）、石井照久編著『就業規則の実証的研究』（昭和四三年）、花見・深瀬編著『就業規則の法理と実務』（昭和五五年）等を参照した。ただし、これらはいずれも会社名が匿名となっているため、歴史的な推移について比較検討することはできない。

1　野田醤油従業員就業規則

「第二章　服務　第一節　心得

第六条　従業員は自己の職務に対し責任を重んじ溌剌とした創意を以て業務に精励し社業の発展に協力寄与することを本分とする。

第七条　従業員は互いに人格を尊重し職制により定められた上長の指示に従ひ職場秩序を維持し協力して其の職務を遂行しなければならない。

上長は所属従業員に対し公平にその職務を遂行しなければならない。職制は別に定める。

第八条　従業員は原料、材料、消耗品の節用を計り、建物、設備、装置、機械、器具の手入れを良くし其の取扱を大切にしなければならない。

第九条　従業員は常に生産能率竝に品質の向上を計り又副産品廃物の利用更正に努めなければならない。

第十条　従業員は左に掲げる行為をしてはならない。

一、会社の機密及会社関係者の取引上竝に信用上の事を洩らすこと

二、許可なく他の会社の役員及従業員になること

三、会社の不利益になる様な業務に従事又は関係すること

四、会社の取引先関係請負人、諸営業者から贈与饗応其の他の利益を受けること
五、其の他会社の不利益となる様なこと
第十一条　従業員は自己の分担する業務に付不在の場合他人によって代行される場合も支障のない様常に整理して置かなければならない。
第十二条　左に掲げる場合は会社の許可を得なければならない。
一、就業中の集会其の他の大衆行動
二、会社の施設資材、什器を使用する場合」

2　王子製紙就業規則

「第十五章　懲戒
第八十条　懲戒は戒告譴責及懲戒解雇の三種に分ける。
第八十一条　戒告は文書を以て将来を戒める。
第八十二条 次の各号の一に該当するときは譴責に処する。但し特に情状酌量の余地があるか又は改悛の情明らかな時は戒告に止める事がある。
一、正当の理由なくして無断欠勤七日以上に及んだ時
二、故意又は重大な過失により虚偽の事項を申述べ会社に不利益をもたらした時
三、正当な手続を経ず私品を修理作成せしめ又は修理作成した時
四、素行不良で事業場の秩序風紀を紊し又は従業員の体面を汚した時

五、火気の取扱を粗略にし又は所定の場所以外でみだりに焚火をした時
六、職務上の過失怠慢又は監督不行届に依り火災傷害を発生させ又は機械工作物その他物品を毀損亡失しその他重大な事故を発生させた時
七、就業規則その他会社の諸規程に違反した時
八、其の他前各号に準ずる程度の不都合な行為があった時
第八十三条　次の各号の一に該当するときは懲戒解雇に処する。但し情状により譴責に止める事がある。
一、重要なる経歴を詐り其の他詐術を用ひて雇傭された者
二、故意に会社の重大なる秘密を洩らした者
三、会社の金銭物品を無断で融通若くは持出し又はこれを行はんとした者
四、故意に会社の設備又は器具を破壊した者
五、戒告又は譴責数回に及ぶも怠慢にして業務に不熱心な者
六、承認を得ないで在籍の儘他に雇傭された者
七、職務に関し涜職行為をした者
八、著しく事業場の規律を紊した者
九、刑事上の罪に問はれ会社も解雇を適当と認めた者
第八十四条　譴責は始末書を提出させる外罰俸其の他給与の制限一定期間の出勤停止等を付加することがある。
一、待命　給与の全額又は一部を減ずる
二、停職　三ヶ月以内とし給与の全額又は一部を減ずる

三、出勤停止　二週間以内とし給与を停止する
四、罰俸　一回の額が平均賃金の一日分の半額以内
　　総額が一賃金支払期に於ける賃金総額の十分の一以内
五、月給制を日給制に還えす
六、現物融通停止
第八十五条　懲戒解雇又は譴責に該当する行為があった者に対してはその処分決定前に於いても必要ある場合は自宅謹慎を命ずる事がある。
第八十六条　懲戒は賞罰委員会の審議を経て社長、事業場長之を行ふものとし全て公示する。」

3　戦後の就業規則の概観

(1)　大部分の企業では、服務規律の章の冒頭に、会社の諸規則、通達などの遵守義務、上長の指示命令に従い、職場秩序を保持すべき義務、職務に忠実に従事すべき義務、および「体面を重んじつねに人格の涵養に努め、非礼、背徳の行為をしないこと」等の従業員としての心がまえを謳った一般的規定がおかれている。

(2)　労働者の労務の提供、および職場の規律に関しては詳細に定められているものが多い。これには①入退場に関する規律、入退場の場所（通用門）の指定、その手続（出勤カードへの打刻、身分証明書の提示、所持品検査）、私品持ち込みの規制、②遅刻、早退、欠勤、休暇の手続、③離席、外出、面会の規制、④服装規定（制服、制帽、記章、見苦しい服装の禁止など）、⑤職務専念義務、⑥上司の指示・命令への服従義務、⑦職場秩序の保持（会社の諸規則および上司の指示・命令に従い、互いに協力して職場の秩序の保持に勤めるべきこと）、⑧職務上の金品授受の禁止、⑨安全・

衛生の維持のための規定（喫煙場所の指定、火気の制限、安全衛生規定の順守）、風紀維持のための規定（喧嘩、暴行、酩酊、賭博の禁止）、⑩職場の整理整頓などがある。

(3)　社の施設ないし物品の管理・保全のための規定についてはつぎのようなものがある。①会社財産の保全（会社財産の愛護、消耗品の節約、物品の持ち出し流用の禁止、火気の取締）、②会社施設の利用の制限、終業後の職場滞留の制限、会社施設を利用しての会合・宣伝活動（集会、演説、放送、文書の掲示・配布）の許可制、事業場内の政治活動・宗教活動の禁止。

(4)　従業員としての地位、身分による規律に関しては、①信用の保持（「企業の信用名誉を毀損してはならない。」「社員としての体面を汚してはならない」）、②兼職、兼業の規制（社員は会社の承認を得ないで在職のまま他の職業に従事してはならない）、③公職立候補や公職就任の取扱（届出、承認）、④秘密保持義務、⑤身上異同の届出等がある。

(四)　就業規則の服務・懲戒規定の特色

1　団結権が法認されるようになった結果、戦後の就業規則の条文には、従前のような服務規律による直接的な労働者の団結および団結活動に対する抑圧はなくなった。しかし企業内での各種の組合活動が企業秩序・服務規律・業務命令違反に問われ、あるいはリボン、腕章戦術が服装規定違反、ビラまき、ビラ貼り、掲示板の利用が施設管理権に基づく業務命令違反として懲戒処分に付される等、間接的に団結および団結活動を制約する新たな問題を生じ、労働法の生きた素材を提供することになった。

2　組合幹部なり活動家がデモに出かけて逮捕されたり、勾留されたりしたようなとき、あるいは企業の内部の問題をマスコミに知らせたりしたことが、「会社の信用名誉を毀損したとき」とか、「従業員としての體面を汚したとき」、ないしは「企業の秘密を漏洩したとき」という懲戒解雇事由に当たるとして、懲戒解雇に付す事例がないわけではなく、別な形での抑圧も始まっている。また従業員も含めて公害を隠したり、法令違反を隠蔽するのに使われている例も皆無ではない。わが国の労使関係の特色の一つである集団主義、企業一家主義の悪い面がこのような形で現れているというべきであろう。いずれにしても、労使関係のあり方が就業規則の運用の仕方を決定する。

3　就業規則で定められている服務規律・懲戒規定が、厳格にあるいは過剰にその遵守が強制されているわりには、就業規則の定める反対給付ともいうべき休憩・休日・休暇その他の労働者の権利に関する規定等は必ずしも厳格には守られていないように思われる。なぜならば有給休暇の取得率の低さ、サービス残業、過労死が後をたたないからである。就業規則等で定められている個人としての権利は、「他の労働者に迷惑をかける」とか、「自分だけが早く帰るわけにはいかない」とか、「結果がでないと申し訳ない」といった自己抑制により行使されないのである。わが国の労使関係に特に顕著な集団主義は、半面このような形での現れ方をする。

4　服務規律や懲戒権は、本来、労働者の私生活上の言動には及びえないが、労働者も労働契約上の信義則により、私生活の場にあっても、契約の相手方である企業の信用名誉を毀損し、または利益を害するような言動を慎むべき義務を負う。したがって従業員の私的言動についても、それが右のような忠実義務に違反し、企業の運営に悪影響を及ぼし、または及ぼすおそれがある場合には、その限りにおいて懲戒権がおよびうることになる。

5　多くの就業規則には、懲戒解雇事由の一つとして「会社の名誉を毀損し、または従業員の体面を傷つけたとき」という規定が依然として残っている。しかしその文言が抽象的一般的なものであり、弾力性のある表現形式を採っていることから、現実には、組合活動家を排除し、いわゆる内部告発を封じる手段として使われた例がないわけではない。この問題についての裁判例を掲げておくことにする。

①　「砂川基地測量反対集会」に参加し、刑事特別法二条に違反したとして逮捕起訴された従業員の行為は、それが広く報道されたとしても、協約および就業規則の懲戒理由にいう「不名誉な行為をして会社の体面を著しく汚したとき」に当たらないとされた。（日本鋼管川崎製鉄所事件・東京地判昭三五・七・二九、労民集一一巻四号七八三頁）。

②　争議中に組合教育宣伝部長が会社側の内部紛争等に関し新聞に投書したことが、「会社の信用体面を著しく毀損した」ものとしてなされた懲戒解雇につき、情状の判定をあやまった就業規則違反があるとして無効とした事例（弘南バス事件・青森地弘前支判昭三六・一一・一五判、労民集一二巻一号六九頁）。

③　「ハガチー事件」に参加した際、暴力行為等処罰に関する法律に違反したとして逮捕、起訴された従業員の行為は、それが広く報道されたとしても、就業規則および協約の懲戒解雇理由にいう「不名誉な行為をして会社の体面を著しく汚したとき」には当たらないとされた事例（日本鋼管川崎製鉄所事件・東京地判昭四一・一〇・一三、労民集一八巻五号九九一頁）。

④　欠勤、遅刻および新聞記者に対し会社の待遇に関するニュース・ソースを提供して会社の名誉信用を毀損したことなどが就業規則の懲戒解雇事由に該当するとして、普通解雇規定を適用してなされた解雇が、いずれも懲戒解雇事由に当たらず、権利の濫用として無効であるとされた例（荒川車体事件・名古屋地判昭三七・五・二一、労民集一三巻三号六五一頁）。

⑤　会社の試用者に対する退職勧告に関し、組合支部幹部が右試用者を紹介した職安に赴き、会社は医師と結託して精神病者でない者を精神病と診断させて本工に採用しないなどと申告流布したことが、就業規則所定の懲戒解雇理由たる「会社の体面を汚した者」、「正当な理由または手続なく著しく会社の業務に支障を与えた者」に該当し、懲戒解雇を相当であるとした事例（ソニー事件・仙台高判昭四二・七・一九労民集一八巻四号八〇七頁）。

⑥　組合大会における組合員の「会社から労組上部団体へ不正の金銭の授受がある」旨の発言が会社の名誉を毀損するものであるとしてなされた懲戒解雇が解雇権の濫用でないと認められた例（瑞穂タクシー事件・名古屋地判昭四九・一二・一二判タ三二八号三二七頁）。

⑦　診療報酬不正請求ありとマスコミに発表したこと等を理由とする組合分会長の懲戒解雇が有効とされた事例（大成会福岡記念病院事件・福岡地決昭五八・六・七労判四一三号三七頁）。

五　む　す　び

就業規則は、本来、多数の労働者を同時に使用する企業が、経営上の必要性から、労働条件の統一的な定めと、従業員の行為規範としての服務規律およびその違反に対する制裁を「職場のきまり」、「企業のきまり」として制定したことから生まれてきたものである。その意味では、「近代的な企業あるところ就業規則あり」であったのである。しかし、労働組合運動の台頭と協約の締結、労働保護法の制定等により、多くの国では、就業規則は、労働条件に関する統一的な定めの意味を殆ど失い、今日では、生産秩序の維持とそれに対する制裁を定める機能だけが残っているといっても過言ではない。事実、労働条件が労働法制や協約で詳細に定められている欧米諸国の今日の就業規則は、比較的簡単である。

わが国の場合、労働組合は、基本的には企業別組合であって横断的な業種別・職種別の組織となっていないため、業種別の全国中央組織が締結する統一的な協約が存在せず、あったとしても抽象的な枠組みの取り決めにすぎない場合が多い。労働条件に関する限りでは、就業規則の役割は、欧米諸国に比較すれば、依然として重要である。むしろ、就業規則が企業における労働条件の基本的な定めとなっていて、保護法が最低基準としてこれを制約し、個々の労働条件についての組合との個別協定がそれをチェックするという形になっているところが多い。

本稿では、従業員の行為規範としての服務規律・懲戒規定を中心にその歴史的な変遷をみてきたが、初期の就業規則は、服務心得において、まず上長の指揮命令に従い、忠実に職務に勉励すべき精神的な総則をおき、ついで職場への入門から退場にいたるまでの一挙手一投足にわたる詳細な集団的組織的な規律が定められている。そこに一貫しているのは、職制上の業務命令の絶対性、身分制的上下の関係の固定化である。そしてその半面、各種の手当、報奨金、褒賞、福利厚生施設に力がそそがれ、家父長制的温情主義が厳しい服務規律を別な形で支えているのである。

ここにみてきたような初期の就業規則の服務規律・懲戒規定は、その後の社会経済情勢の大きな変化にも拘わらず、基本的な枠組みにおいては維持され、身分から契約へは、就業規則の規定の中では顕著にはみられない。しかし就業規則が、現実にはどのように機能しているかを知ることによって、労使関係の性格が窺われる。各種の紛争事例や裁判例は、この点での恰好な資料を提供するものである。また、それが法的にどのようなルールとして収斂していくかを明らかにすることも、労働法学の課題であろう。

第二章　わが国の労使関係の諸様相

一　個別的労使関係――雇用慣行

㈠　集団主義・家族主義・温情主義

わが国の労使関係は、単なる契約関係では割り切れないさまざまな「人的な結び付き」によってなりたっているが、しばしば「企業一家」、「会社主義」などといわれている集団主義・家族主義・温情主義は、このような雇用関係の一面を示すものである。

1　わが国の場合、従業員は、よく「ウチの会社」とか、「わが社」と言い、とくに中小企業では、社長や上役を「ウチのオヤジ」などと言ったりする。また相手の会社を「三菱さん」、「住友さん」などと呼び、電話でも自分の名前をいわずに「なになに会社の者です。」という言い方をする。これなどは自己の主体的な個性を企業集団に埋没させ、自らが家になぞらえられた集団の一員であることを無意識的に物語るものであろう。

2　新入社員に対する研修は、社の歴史、社是社訓に代表される経営哲学にはじまり、徹底した企業への献身と仕事への熱意をもたせることに意がそそがれる。職場においてはことあるごとに親睦会（新入社員歓迎会、転勤者・退職者の送別会、昇進祝い、花見、紅葉狩り、忘年会、新年会、社内旅行等）が開かれ、あるいは出身大学、出身県、同期生、趣味のサークル別の会合が開かれる。わが国の労働者に最も期待されるのはグループ内での協調性であり、グループ内での評価をえた者が自然に上位のポストを占めていくことが多いのである。

このような集団主義は、家を中心とする農村の部落の組織原理が日本の社会一般に残っているものとみることができるであろう。わが国の場合、産業資本主義確立のための労働力の給源は農村にあり、特に嫁入り前の子女、農家の二三男が主たる対象となっていたため、このような家族主義、集団主義が受け入れ易かったということができよう。

3　わが国の集団主義は、武士社会における儒教的倫理と秩序の伝統に裏打ちされている。「長幼序あり」、「先輩・後輩」というように、人間的な価値とは無関係的に年齢の上の者を上位に位置付け、あるいは特定の集団に何時入ったかという年次的な順位により、無条件に上下の関係をきめるやり方は日本の社会のいたるところにみられる現象である。だれに教えられるともなく受入れられている学校のサークルや体育会における「先輩・後輩」の終身的な序列をみていると儒教的な倫理や秩序がわが国の社会になおも深く残っていることを思わざるをえない。

企業においても、出身学校別にキャリヤーかノンキャリヤーに分けられ、同じグループ内でも、入社年次別に身分的な上下の関係が形成せられ、これに役職が勤続年数にほぼ比例して対応し、社内の秩序が形成されている。若く有能な社員の特定の役職への抜擢は極めて少なく、抜擢された場合でも役職給の比重は僅かであるため、同期生間の対立は比較的和らげられている。

4　労使関係が家族関係ととらえられているところにおいては、労働者の職務の内容とそれに対する反対給付は、かなり無定量かつ不明確である。すなわち提供すべき労務の内容と反対給付が契約によって明確に決められているというよりは、労働者は自己の全生活を投げうって忠実に奉仕し、使用者は労働者の生活を家族をも含めて保障するのが当然という意識にささえられている。企業の側は、必要とする仕事口（job）に応じて、その都度、技能と経験を有する労働者を外部から採用するのではなく、通常は、将来の見込み数によって新規学卒者を採用し、企業内の教育訓練を通じて有為な人材に育てあげ、適材を適所に再配置していく。賃金は、基本的には年齢給、勤続給を軸とする年功序列型の賃金であり、一定の年数に応じてポストもあがり、大過なく過ごせば定年までは勤めることが暗黙の前提となっている。そして定年のときには、老後の生活のための退職金が支給され、場合によっては子会社ないしは関連会社への再就職の斡旋がなされる。

労働者の側でも、自己の適職を見つけ、あるいはやりたい仕事を選んで就職するのではなく、織烈な受験戦争を通じて一流の学校に入り、名のとおった会社に入社しようとする。「よらば大樹の影」ということをよく知っているからである。そしてまた、企業の繁栄が自己の生活の豊かさと将来の生活の安定につながることから、早出、残業を厭わず、辞令一本で、当然のことのように配転・出向に応じる。労働時間の短縮が叫ばれ、サービス残業や過労死が問題とされているにもかかわらず、改善が遅々として進まないのは、一つには「自分だけが先に帰ったり、休んだりするわけにはいかない」という集団主義・仲間意識による心理的自己規制がはたらき、また、無償のサービス労働をも含めての日頃の勤務ぶりが会社内での評価や定年後の再就職につながるという期待を有しているからである。

5　このような終身雇用や年功序列型賃金を実現するためには、これを支える経済的条件がなければならないから、典型的な日本的雇用慣行は、一部の大企業の正規の社員しか享有しえないのは当然のことである。戦前においては、財閥系の大会社の、しかも、ほんの一握りの大卒のエリート社員しかこれらの恩恵に浴することはできなかったが、大正の中頃、それが一部の工員（本工）にも拡がった。戦後は、企業の民主化のなかで「社員と工員」といった身分制が撤廃され、また終戦直後の企業整備にともなう人員整理反対の熾烈な争議の経験を経て、経営者も「なんとかして首切りだけは避けたい」という経営哲学を身に着けるようになった。このような経営風土の中から終身雇用の慣行や年功序列型賃金のシステムが生まれてきたのである。そういう意味では、日本的経営ないしは日本的労使関係が広範に行われるようになったのは戦後のことであるといってよいのかも知れない。

しかし、終身雇用や年功序列型賃金のシステムが成り立つためには、景気変動の調整弁としての役割を担い、かつ昇進昇格のコースにのらず、各種の手当や福利厚生施設、退職金の恩恵によくしない非「正規従業員」の存在が不可欠である。戦前はエリートのホワイトカラーである社員だけのものであった日本的雇用慣行が、戦後、工員をも含めた正規従業員に拡がるにつれ、臨時労働者が広範に採用されるようになった。朝鮮戦争を契機とする雇用量の拡大は臨時労働者によってまかなわれ、一九六〇年代に始まる経済の高度成長期には、農村の出稼ぎ労働者が季節工、期間工として採用され、あるいは家庭の主婦がパートタイマーとして労働市場に登場するようになった。さらにマイクロ・エレクトロニクスのもたらす驚異的な技術革新は、産業構造を大きく変化させただけではなく、企業内においても生産様式や雇用構造を一変させた。オートメーションの進化により、正規従業員の数は相対的に縮小し、これに代わって派遣労働者や、パートタイマー、アルバイト、登録・契約社員といった周辺的労働者の雇用が拡大したのである。

(二)　安定的労使関係

わが国が第二次世界大戦による壊滅的状況の中から、短期間に驚異的な経済成長を遂げた原因の一つに安定した労使関係があげられている。

1　わが国の経済発展の原動力として、まず挙げなければならないのは、労働力の質の高さであろう。義務教育後の高校・大学への進学率は世界でもトップクラスであるし、労働者の勤勉さ、職務への忠実さ、そして、このような優秀な労働者の層の厚さは世界的にみても例をみないくらいである。徳川時代の寺子屋、私塾、藩校などに源を発するわが国の教育制度は、均質的な競争を通じて能力のある者の立身出世を約束し、学歴社会を形成してきた。また、なんらかの事情で、一時、選別の競争からもれたとしても、競争における敗者復活の可能性は常に残されているのである。このような教育における競争は、一方において「落ちこぼれ」や社会の歪みを生んだが、経済発展の基盤である優秀な労働力と活力、そして大企業における終身雇用を成立させる条件として働いたことは否定することができない。

2　一九五〇年代の後半に始まる技術革新は、オートメーションを主体とするものであり、同一製品の高速度大量生産を目的とするものであった。西欧諸国では、要員の削減や雇用の喪失をおそれる労働者側の抵抗が激しく、新技術の導入は容易には進まなかった。職種別の熟練工を中心とする西欧諸国の労働組合は、新しい技術や新しい生産設備の導入に反対し、一般の労働者にとっても配転などは考慮の外であったのである。

しかしながら、わが国においては、戦後の経済再建を重化学工業中心に行うという国の政策に基づき、技術革新が積極的に取り入れられた。組合もまた、事前協議制を通じ、①解雇は行わないこと、②余剰人員は配置転換等の措置により雇用の安定をはかること、③労働条件の低下をきたさないように配慮することといった協定を結び、結果的には技術革新に伴う新しい生産設備の導入を受け入れたのである。このような労働者側の態度はいわゆるＭＥ技術革新にも受け継がれた。マイクロ・エレクトロニクスの生産・応用技術の飛躍的な発展による技術革新は、産業および企業規模の大小を問わず、あらゆる分野に広範に進展し、ＭＥ化の影響は徐々にではなく、急激に、かつ同時的に現れてきた。ME化は、新しい産業革命として社会経済構造に質的な転換をもたらすものであるから、その導入になにがしかのフリクションが生ずるのは当然のことである。しかしながら、ME機器の導入には一九六〇年代のオートメーションのときの経験が生かされ、事前協議制が活用された。多くの組合は、計画段階からの協議、完全雇用の保障と配置転換・再訓練などの事前の同意制を条件としてME機器の導入を了承している。

3　このような労働組合の協調的な態度が、わが国のその後の経済大国への道を開くものであったことはいうまでもないが、それは組合が企業別組合であり、しかも正規従業員の組織であったからである。

わが国においては、資本主義の特異な発展の仕方から、経済の二重構造といわれるくらい大企業とその系列につながる中小企業とでは労働条件の格差が激しく、労働市場は横断的には形成されなかった。したがって労働組合は必然的に企業別に結成されたのであるが、それは正規従業員の利益をまもるのに都合の良い形態であったということができる。しかも、企業別組合の団体交渉は、本質的には労使協議制ともいうべきものであり、相互のコミュニケーションがうまくいく限りでは、安定した労使関係をつくるのに大きな役割を果たしたのである。

4　経済の高度成長を通じ、臨海工業地帯、新産業都市が生まれ、地方自治体の積極的な工場誘致とあいまって各地に工場団地が形成された。これにより企業の地方進出が行われたのである。企業は、国際的な競争力を身につけるために大型合併を行い、あるいは小回りのきく経営を求めて事業部門を分割し、別会社を設立した。これらの企業活動は、従業員の大量の配転・出向を引き起こしたのである。もちろん配転・出向をめぐる争いは発生した。その過程で、誓約書、協約、就業規則等により、「業務上必要とするときは配転・出向に応ずる」旨の事前の包括的同意がなされているときには、使用者はその都度の個別的同意なしに配転・出向を命じ得るが、配転・出向命令権の濫用は許されないという法的なルールが判例として形成された。すなわち、業務上の必要性と配転・出向によって労働者がうける経済的精神的な不利益とのバランスのうえに配転・出向命令の適否が判断されるわけである。ともあれ、わが国における大多数の企業の大多数の従業員は、個人の生活や家庭を犠牲にしてまでも、当然であるかのように配転・出向に応じてきた。企業は、事業展開に応じて必要とする労働力を配転・出向の形で調達してきたわけであり、それは、ある意味では終身雇用を維持するための雇用量の調整の機能をもち、いわゆる内部労働市場としての役割を果たしたのである。

5　終身雇用を維持するための方策として機能しているものの一つに時間外・休日労働がある。いかに景気の調節弁としてパート、アルバイト等の臨時労働者を雇用するとしても、それには一定の限界がある。そのために、繁忙時には長時間働き、不況時には時間外労働をカットするやり方が広範に採用されている。とくにわが国の場合、時間外手当が恒常的な生活費の一部となっていることや、わが国に固有の勤勉を美徳とする労働観から、それほどの抵抗もなく長時間労働が受け入れられてきたのである。もちろん、長時間労働は、個人の私的生活を破壊し、極端な場合には過労死につながりかねない社会的な歪みや国際的な摩擦を生んだ。いうまでもなく、労働時間の短縮は不可避の課題である。しかし、日本的な雇用慣行に深く根差すものであるだけに、一つをいじれば直ちに他に影響を及ぼすという点で、困難な問題が存在していることは認識しておかなければならないであろう。

6　終身雇用や年功序列型賃金を柱とする日本的経営が成立するためには、すでに指摘したように、景気の調節弁としての臨時労働者や外部の膨大な下請中小企業の存在が不可欠である。しかし、産業構造が変化し、第二次産業から第三次産業へと比重が移り、また、サービス産業が増大するにつれ、雇用構造も大きく変っていった。すなわち雇用量の増大はパートタイマーの人手不足、高賃金となってはねかえり、また、パート労働者の裁判闘争を通じ、不況に際してパートだからというだけの理由で整理解雇の第一順位にすることは法的にも許されなくなった。

終身雇用や年功序列型賃金のシステムは、当初は相対的に低い賃金であるが、将来の昇進・昇格のために長期間継続して勤続する若年労働者の存在があって初めて可能である。しかし高度成長期における若年労働者の人手不足は、個々の企業の給与体系における新入社員の初任給を軒並みおしあげたが、新入社員の定着率は悪くなり、大企業ですら三年から五年の間に二割から三割の者が退職している。しかも、低成長期の不況による新規採用の抑制により、企業における平均勤続年数は、統計上確実に長くなり、年齢給、勤続給を押し上げ、賃金の支払原資を圧迫しているのである。また、いわゆるヘッドハンティングにより中途採用の労働市場がわが国においても定着しつつある。このように比較的高賃金の中高年労働者の比重が高まってきたとき、従来のような日本的雇用を維持することが経済的に困難であることは改めて述べるまでもないであろう。その対策を兼ねたパート、アルバイト、派遣労働者等の周辺的労働者の採用や業務委託等のいわゆるアウトソーシングの利用の拡大は、個別企業における雇用構造、ひいては労働市場を大きく変化させるものであり、新しい日本的経営ないしは日本的雇用を要請しているといってよい。

7　すでにふれたように、終身雇用を初めとする日本的労使関係が妥当するのは、大企業の正規従業員である。しかし、正規従業員であっても、エリートコースにある中核的な社員とその他の社員とでは意識の面においても、行動様式においても、大きな格差がある。すなわち、中核的な社員は、会社に対する忠誠心に溢れ、仕事一途で、あたかも自分が会社を背負って立っているような意識を持つ。早出残業を厭わず、辞令一本で地球の果てまでも飛んでいく。客観的にはこれらの人達が会社の繁栄を支え、日本経済の発展の原動力となったのである。しかし、心のゆとりや健康、幸福な家庭生活、精神的に豊かな老後の過ごし方を考えるとき、いま一番労働時間の短縮と意識革命が必要なのはこれらの人達であろう。

しかしながら、若年労働者を中心に、賃金よりは余暇を、会社よりは家庭をという層が増えつつあることも事実である。現に初任給の上昇により、相対的に中高年層の賃金は引き下げられているし、賃金の上昇率に比べれば、退職金の上昇率は低下している。日本的経営や日本的雇用慣行の見直しは、すでに始まっているのである。

二　集団的労使関係

(一)　労働組合

わが国の労働組合の特色は、なによりもそれが企業別につくられていることである。もとよりわが国においても産業別組合は数多く存在するが、その実態は、「企業別組合の産業別勢揃い」といわれているように、組合員の意識においても、組合の行動様式においても、企業別組合のカラを常に身につけている。

西欧諸国の労働組合が企業をこえた横断的な組織となっているのに、なぜにわが国の組合は企業毎に結成せられているかという点については、いくつかの原因が考えられる。

1　その一つは労働市場の特殊性ともいうべきものである。西欧先進資本主義国においては、家内工業から紡績、鉄鋼を中心とする重工業への産業構造の転換が産業革命を機に徐々に進行したため、大地主のディスクロージャーによって農村を追われた農民層が労働者として工場周辺に住み着き、労働力の再生産を行いつつ、労働者街を形成し、労働市場がいわば社会的に形成されていたため、職種別のクラフト・ユニオンが地域的に結成され、それを母体に全国的な職業別ないし産業別の組合がつくられている。

しかしながら、わが国においては労働人口が都市に定着し、職種毎の労働条件が社会的に形成され、それを中心に労働市場ができあがるという関係にはなかった。明治維新後、富国強兵を旗印に、急激に資本主義化が進められたため、個別企業は新規学卒者を中心とする若い労働者を、主として募集人や縁故関係によって採用し、企業自らの責任で必要とする職業訓練を行っていた。このようにして獲得し、資本を投下して企業自らが陶冶した熟練工に対しては、定年までの長期安定雇用が経済的にも当然の前提とされる。このように労働市場が社会的に組織化されず、個別的に細分化されたところにおいては、労働移動はほとんどみられなかったのである。したがって従来から存した一部の家内工業における「流れ職人」を別とすれば、わが国においては、地域の労働市場を中心に企業をこえた横のつながりとしての職種別組合や産業別組合をつくる経済的基盤がそもそも存在しなかったということができる。

2　さらに資本主義発展の特殊性に由来する経済のいわゆる二重構造は、一部の大企業とそれと重層的な下請関係にある多数の中小企業を生み、それがそのまま企業間のぬきがたい格差となって現われた。したがって同一地域の同一職種の労働者であっても、賃金をはじめとする労働条件にはかなりの格差がみられた。それゆえ企業を超えた地域の職種別賃金というよりは、企業の枠の中での労働条件の向上をはかる従業員組合がつくられる素地がもともと存在していたのである。

3　もとよりわが国においても、サンフランシスコでつくられた日本人労働者の職工義勇会の創立者の一人であり、ＡＦＬのサミュエル・ゴンパースの指導をうけた高野房太郎や、同じくアメリカで働きながら神学を学んだ片山潜を初めとする先覚的な知識人の呼びかけにより、明治三〇年に労働組合期成会が結成され、鉄工組合、日本鉄道矯正会、活版工組合があいついで結成されている。例えば鉄工組合は、東京砲兵工廠の各工場、横浜のドック会社、逓信省旋工場、東京紡績場、日本鉄道大宮工場等の鉄工を組合員とするものであり、横断的な職種別組合である。翌三一年には、東京印刷会社の活版工数名が懇話会結成の趣意書を配ったことが「不穏」であると解雇されたことに端を発し、活版工組合が結成されている。また当時民営であった日本鉄道会社の火夫、機関方が、三一年に「待遇改善」のストライキを行い、三二年に日鉄矯正会という組合を結成している。

しかし政府は、明治三三年に治安警察法を制定し、とくに一七条において、労働組合への加入、同盟罷業、賃上げの目的をもってする暴行、強迫、誘惑、扇動を禁止し、組合結成の芽を摘んでしまった。しかし労働者の生活に対する不満は抑え込むことができないから、その後もストライキや暴動は突発的に発生しているが、労働運動は大衆化せず、むしろ少数の普選と結びついた政治運動ないしは社会主義運動へと傾斜し、やがて大正一四年の治安維持法の制定により厳しい制約を受けることになるのである。それでも労働運動は、分裂統合をくりかえしながらも友愛会、大日本労働総同盟、日本労働組合全国評議会という全国組織をもち、ときとして勃発する大争議を指導している。

4　大正時代には、いくつかの会社において、工場委員会が、労働条件並びに福利厚生施設に関する事項を労使で懇談する制度として、あるいは労使の意思疎通機関として争議の後などに設けられていた。このような風潮をうけて協調会は、労使の意思疎通と労働問題の解決のための協議機関として「労働委員会」を個別企業が設置することを提唱しているが、実を結ぶ前に昭和に入り、戦時体制へと移行してしまった。

昭和一三年に、協調会は、各企業・事業所ごとに産業報国会（産報）を設置することを呼びかけ、各企業・事業所では産業報国会が結成された。これに平行するかのように労働組合は衰退し、やがて自発的な解散に追い込まれていった。「労資一体・事業一家」が当時の労使関係のあり方を示すイデオロギーとなり、企業別組合の枠組みが出来上がったのである。

郵　便　は　が　き

料金受取人払

本郷局承認

2455

差出有効期間
平成17年2月
28日まで

（切手不要）

113-0033

東京都文京区
本郷6－2－9－102

信山社出版株式会社　行

※本書以外の小社出版物の購入申込みをする場合に御使用下さい。(5[K]540)

購入申込書	書名等をご記入の上お買いつけの書店にお渡し下さい		
〔書　名〕		部数	部
〔書　名〕		部数	部

◎書店様へ　取次番線をご記入の上ご投函下さい。

愛読者カード

お手数ですが本書の著者名・書名をご記入ください。

［ 著者名 ： 書 名 ］

ご芳名《フリガナ》	年齢 歳	男 女

ご住所《フリガナ》

郵便番号　　FAX：

TEL：　　Eメール：

ご職業	本書の発行を何でお知りになりましたか。 A書店店頭　B新聞・雑誌の広告　C小社ご案内 D書評や紹介記事　E知人・先生の紹介　Fその他

本書についてのご感想・ご意見をご記入下さい。

後どのような図書の刊行をお望みですか。また、本書のほかに小社の出版をお持ちでしたら、その書名をお書き下さい。

5　戦後のインフレと極度の生活難は、従業員のすべてを苦境に追いこみ、全員を賃上げのための闘争へとたち向かわせた。そして当時の資本家陣営の混乱と生産サボは、しばしば労働者側に生産管理という特異な闘争手段をとらせた。当時の情況においては、企業別組合として団結する必然性があったのである。

6　企業別組合であれば、当然のこととして組合運動は企業内部において展開される。欧米諸国では、労働者は一定の職種にとどまるかぎり、組合とのつき合いが一生続くのに対し、日本では会社とのつき合いが一生涯続くという関係にある。そのために客観情勢が労働者側に有利なときには組合員として積極的に行動するが、不利なときには、従業員として行動することになる。すなわち、「ウチの職場」、「ウチの会社」という意識が、組合員としての意識にとって代わる。争議が長びけば、必ずといってよいくらい第二組合ができたり、あるいは、他の組合が「スト の支援をするのはウチの会社をつぶすためではないか」という宣伝にのり易いのはこういった事情に基づくものである。

わが国の労働組合は、以上のような組織上の問題点をかかえている。もとよりこれを克服するための努力は、さまざまな形で展開されてきた。産業別の統一交渉、統一協約、あるいは各種の共闘といった組合運動の横のひろがりがこれであり、大衆闘争、職場闘争といった縦の線での組合活動の強化も、企業別組合の弱点を補うものであった。このようにしてわが国には、組合の組織形態の独自性からくるいくつかの独自の法律現象が生まれるのである。

㈡　団体交渉

「言語生活」という雑誌に「録音器」というおもしろい欄がある。国立国語研究所の所員が、毎号、ちがった場所を選んで秘密裡に録音し、それを文字化したものであるが、そのなかの一つに、東京の某社の組合の団体交渉風景をスケッチしたものがある。少し長いが前半を紹介してみよう。

この会社の組合は、本社・支社一本の従業員組合で、さらに全国的なZ組合に加盟している。ところで会社は、従業員の勤務評価を行うことを決め、まず、テストとして組合に内密で係長級以上の職員に実施した。しかし、これを察知した組合は、勤務評価は、人員整理に連なるものであるとして反対し、会社側との交渉をもつことになった。出席者は、会社側が社長、総務部長ほか課長など十数名。組合側は委員長ほか十数名である。

「最初に出席メンバーが問題。

総務　いけません。あのー、山根君は全国Zの役員の肩書を、

組一　ああ、　つまらん事を言うな。

社長　いやいや。

組一　組合員なんだから。本社の組合員。ちゃんと山根さんは本社の組合員。（山根氏はこの社の組合員だが同時に全国Z組合の委員長でもある）

総務　じゃ、交渉にはいらないからいい。

組一　いいよ、いいよ。勝手にしろ。勝手にしろよ。（中略）

社長　あの、整理して下さい、メンバー。君の名前で交渉になってんだからな。（組二——この社の組合委員長——に言う）

組一　交渉申し入れ、出してないよ。書類持って来てみろ。出してないよ。

社長　なければやる必要ないじゃないか。やる必要ない。（キッパリと言う）

組一　口頭申し入れじゃねーか。
社長　やる必要ない。
組一　ちゃんと口頭で話がきてるから、
総務　そういう馬鹿な事言って。それじゃ話がつかん。
組一　馬鹿な事を言うな。おめーがそういうつまんねー事ばっかり言うから話がこんがらかんでねー、交渉というのはお互いに会って話をすればだ、それが交渉なんでさ、形式なんかどうでもいいんだよ。実質的な事なんだよ。そうだろう。（中略）
社長　中野君、君が整理してくれ。悪意があろうとなかろうとな、とにかくそれまで交渉にはいらないんだから、それでいいよ。（組二に言う）
組一　はいらないならはいらないでいいよ。
社長　じゃ別に会う事にしよう。全国Ｚが今現われたから。
組一　何言ってやがんでー。だから、これは本社の組合員としてじゃねーか。
総務　いや駄目だ。
組一　全国Ｚとして来てるんじゃないと言ってるじゃないか。本社の組合員として来る。それがわからんのか。
総務　いかん。信用するわけにいかん。
組一　おめーが作ったなー、社員録に載ってるじゃねーか。本社の組合、職員として。
社長　会見のねー、会見の約束が違う。（中略）
総務　整理してくれ、それまではしませんから。

組三　交渉開始！
組四　交渉始めよう。
総務　始めません。（中略）
組一　組合員として来てるんだ。本社の組合員。
社長　いやいや、それは違うよ。それは僕は無理な事言ってませんよ。今日は支部も来ていいだろう。それから執行委員。こうなっていますよ。それは話が違う。
組二　あのね、筋道たって話しましょうよ。……全国Ｚの委員長であってもね、本社の組合員なんだよ。したがってだ、今日はだね、本社の資格で来てるんだから、したがって、ここでね後の方において、だね、今聞いておるんだからね、それでいいじゃねーか。（中略）
社長　いやね、話を始めにしときなさいよ。委員長に言うが、会う人の人数の話は前もって話をつけておく、これは決っとるなあ、前になあ。
組二　決ってないよ。それはね、こうなってる。今までの所はね、習慣上だね、常識でねー、はいりきるぐらいの人数で、一応良識的に交渉しようじゃないかと、交渉についてはお互いに良識的に人数その他はいいではないかというのだがね、総務部長とのだね、黙約になってんだよ。我々の方が良心的にやってると、あんたのやってる事は、
社長　やってないじゃないか。
組一　やってるじゃないか。（以下略）
結局、うやむやの中に交渉が始まるが予定時間はほとんど消費してしまっている。」（録音器、「組合の交渉」現代教

養全集一〇巻三八一―三八三頁より引用）。

右の会話は、「生きた言葉」の研究材料という別の目的のために取材されたものであり、時期的にも前のものであるから、団体交渉の実例として紹介するには、あまり適切なものではない。しかし、たまたま眼にふれた右の事例のなかにも、わが国の団体交渉に特長的ないくつかの点が潜められていることにわれわれは気がつく。

第一は、わが国では団体交渉をどういう方式でやるかという、いわゆる窓口での争いが多いことである。ここでは、上部団体の役員の肩書をもつ従業員の団体交渉への出席の是非が争われているが、一般に社外の上部団体、友誼団体の者の団体交渉への参加をめぐって争われることが多いし、支部・分会の交渉権限や、出席者の人数、傍聴者の有無などもよく争いの種となる。

もちろん、それは使用者側の組合に対する無理解や極度の敵対的態度に由来する場合がかなりあるであろう。こういう場合には、いわゆる窓口闘争は、同時に団結権を具体的に使用者に認めさせるという意味をもつのである。しかし、また、使用者側の敵対的態度とうらはらな関係にあるのかもしれないが、組合側も、ことごとに「団体の圧力」を交渉の席上にもちこもうとして、多数の傍聴者の面前での団交を要求したり、上部団体や地区労のオルグなどのベテランの出席に固執したりして、必要以上に問題をこじらせることがなかったわけではない。団体交渉をどういう方式でやるかということが、団交の帰趨に大きな影響をもつことを否定するものではないが、そのことのためにエネルギーの大半が使われ、ここの事例でもそうであるが、肝心の内容についての話合いが十分に行なわれないのでは、やはり本末顛倒というべきであろう。

第二は、わが国では、「ウチの従業員の組合とならば話合いをするが、ヨソの者とは会わない」という使用者の意識がきわめて濃厚なことである。団体交渉の方式についての争いの多くは、ここから出発している。上部団体や友誼団体の組合運動のベテランが団交に出席したのでは、(イ)いい負かされてしまう、(ロ)組合や会社がひっかきまわされる、(ハ)会社の秘密が外部にもれる、などという理由から反対するのであるが、そこには、「ウチのことは内輪で解決する」というわが国の労使関係に特長的な企業一家的な意識が潜んでいることも見のがしてはならないであろう。

第三は、わが国の団体交渉には、激しい言葉のやりとりを伴って必要以上に感情的な対立が入りこむことが多いということである。このことも、使用者側の態度・出方と無関係ではない。とくに中小企業においては、組合のいうことなど頭から聞こうとしない使用者もおり、従業員を目下のものと考えて、対等の話合いなどもってのほかという態度に出るので、従来の封建的な労務管理に対する反発とあいまって、団体交渉が怒号や罵声のなかに行われることがある。しかし、団体交渉は、いうまでもなく問答無用式の無条件降伏を相手方に強いるものではなく、話し合いによってなんらかの一致点を見いだすために行われるのである。したがって、冷静慎重な協議が団体交渉には不可欠の要素である。無用な感情的対立は、マイナスにはなっても決してプラスにはなりえない。そうだとすれば、たとえ使用者のほうに非があったとしても、激しい言動で相手をいらだたせることは得策とはいいがたいであろう。まして従来のコンプレックスが強がりという形で現われるのでは、みずから労使対等でなかったことを暴露しているようなものである。

第四に指摘しておかねばならないのは、わが国では、団体交渉が、ややもすればカミシモをつけた談判という四角ばった形式で行われることが多いことである。たとえば、労使協議会などで、あるテーマにつき話し合いが行われているとき、問題がこじれてくると、「それではこれから団体交渉に切替えよう」というようなことで、引き続いて同じ場所で「団体交渉」としての協議が続けられる例をわれわれはよく耳にする。このことは、団体交渉が最後の談判という形で当事者に意識されていることを示すものである。しかし、団体交渉も、そのプロセスとしては、あくまでも労使間の協議を骨子とするものであり、対立した利害のなかから、なんとかして意見の一致する点を見いだそうとする努力が双方に期待されているのである。それゆえ警戒心をもった四角ばった団交は、労使双方にとって好ましいものとはいいがたい。

最後に、一般的な問題として、わが国においては、団体交渉の当事者がなんらの決定権をもたない場合が多いことにふれておきたい。労使双方の代表者が、団体交渉の席上まとまった事項をそれぞれ組合なり会社側にもち帰って承認を求め、正式に決定されるのは当然であり、きわめて民主的なことである。しかし、組合代表が細かい事項についてまでいちいち組合大会に諮ったり、あるいは会社側の代表者がことごとに問題を重役会にかけたり、社長の承認をもらわなければ話がいっさい進まないというのでは団体交渉は成立しない。とくにワンマン社長の率いる会社では、会社側の重役が全く権限を持たず、なに一つ決められないという場合があるが、これでは、社長が出てこない以上団体交渉は無意味である。極端な場合には、組合と会社を底辺とする三角形の頂点に立つのが社長だと本気に思っている社長がいて、年末手当の団交のとき、交渉がさんざんもつれたころ出てきて「もう少し出してやれ」と労務担当重役を叱りつけたという話を聞いたことがある。「やはりオヤジは話がわかる」と、そこの組合役員は話していたが、団体交渉の意味をはき違えているといわざるをえない。

㈢　労働争議

わが国の労使関係は、諸外国の場合と比較すれば、一般的には安定しているといってよいであろう。このことは労働争議の発生件数やその規模の比較から容易に窺われることである。これは一つには、日本の組合が企業別組合の形態をとっているために、よかれあしかれ、企業の実情をかなり的確に把握できるということと、企業における労使の信頼関係が諸外国の場合に比較してかなり強いことに由来するものである。しかし、日本の労働争議には、それなりにわが国の労使関係の特質や独自の組合の組織形態に媒介されたいくつかの特色がみられる。

1　日本の労使関係は、昔から企業一家という言葉で表現されているように、終身雇用を前提とし、いわば家族関係としてとらえられている。したがって相対的には安定性を保っているのであるが、いったん問題がこじれると、肉身の憎しみのような深刻な対立に陥り易い。使用者もかわいさ余って憎さが百倍というわけで、ややもすれば理性を失い、首謀者を是が非でも解雇しようとするし、企業を閉鎖し、臨時警備員という名の暴力団を雇い、あるいは第二組合を結成させて、徹底的に組合をつぶそうとする。そのために、しばしば深刻な労働争議が発生するのである。

2　つぎにわが国においては、使用者の組合に対する無理解が不必要な争議を誘発していることを指摘しておかなければならない。組合を結成したり、あるいは結成しようとしただけですぐに紛争をおこし、いろいろな口実をみつけては首謀者を懲戒解雇に付し、あらゆる手段（組合批判の演説、反組合的な文書の配布、自宅訪問、いわゆる肩たたきなど）を用いて組合の切り崩し、ないし弱体化を図る。争議中には、これらの不当労働行為は、ますます激しさを加えるのである。終戦直後にはこのような使用者の反組合的行為がきわめて露骨に行われ、その後それが巧妙に、いわば智能犯的に行われるようになったという差違があるだけで、使用者の組合ないし組合運動に対する無理解な態度は、今日でも完全にぬぐいさられたとは思えない。

3　また労働者側も労働組合運動の歴史の浅さから、労働者が団結すればすべての問題が一挙に解決すると思いがちである。そのために組合結成と同時に、多岐にわたる要求を提出し、ストに入って早急な解決を迫る。組合側の要求は、しばしば賃上げ、労働時間の短縮から始まり、結婚手当の支給、更衣室・手洗場・水呑場を設けよといった事項にまでおよぶ。もちろん、これらの要求は、当然すぎるくらい当然のものばかりである。しかし、「封建的な労務管理をやめよ」とか「社内結婚の自由を認めよ」といったたぐいの金のかからない要求事項とは異なり、時間をかけなければならない問題がいくつかある。組合側は、多くの場合、これらの要求の即時全面実施を主張してなかなか妥協しようとしない。すべての問題をこの際一挙にという気持が働くからである。このような事情が余計争議を複雑にする。

4　日本の労働争議の特色の第四は、問題がいったんこじれると、紛争が長期化し、複雑化するということである。例えば賃上げ要求の団体交渉がこじれ、ストライキに入ると、労使はしばしば感情的に対立し、使用者は分裂工作にのり出し、組合側はスト破りや組合の分裂を防ぐために職場占拠やピケによる操業の阻止を図る。使用者は違法争議を理由に組合幹部を解雇し、立入禁止の仮処分を申請する。要求は一転して不当解雇反対となり、上部団体、友誼団体もかけつけ、官憲の弾圧に抗議する闘いとなる。紛争は紛争を呼び、争議は長期化するのである。

5　争議が長期化し、複雑になれば、必ずといってよいくらい第二組合が生まれる。企業別組合の悲劇的な宿命ともいうべきものであろうか。そして組合が分裂の危機に頻すれば、争議は、ますます深刻の度合いを増すのである。

6　最後に、わが国においては、争議の過程においていくつかのいわゆる法廷闘争がくりひろげられ、労働委員会や裁判所の判断が示されてから争議が終結する場合が多いことをあげておきたい。労使双方は、むしろ自己に有利な命令や判決を労働委員会や裁判所から得て、これを解決の手がかりにしようとしているのである。そのために自主的な解決の努力が先にのばされ、争議は長期化し、かりに事態が結着したとしても、感情的なしこりが残り、重大な結果をまねく場合がしばしばある。

(四) 労働協約

西欧諸国の労働協約の発展とそれが労使関係において果たしている役割と日本の労働協約のそれとを比較すると、わが国の協約がいくつかの特色をもっていることに気がつく。

第一は、日本の労働協約には、賃金、労働時間等の労働条件に関する部分が少なく、使用者と組合との間の債権債務に関係する部分（債権的部分）が大部分を占めているということである。終戦直後はインフレの影響もあって、随時賃上げを行う必要があったため、協約と賃金協定は二本立で出発した。そして賃金闘争と協約闘争は別個に行われ、組合員の関心は賃上げには向けられるが、一般協約には向けられないという傾向を生んだ。そのために一般協約には、組合員の日常の要求があまり盛りこまれず、たとえばユニオン・ショップ、非組合員の範囲、組合活動条項、争議条項などの会社と組合との権利義務に関する規定が中心となったのである。もちろん賃金協定も団体交渉の成果としてできあがるものである以上、労働協約そのものであり、また一般協約の中にもその後労働条件に関する規定が次第に入りこむようになった。しかし、それでもなお全体としてみた場合に、債権的部分に多くの比重がかけられており、今日でもその傾向が強いことは否定し難い事実である。

第二の特色は、協約には、一般的・抽象的な規定が多く、個別的・具体的な規定が少ないことである。例えば協約締結の団交の席上、経営権とは何ぞや、労働権とは何ぞやという形で抽象的な原則論が展開され、結局「会社は組合の労働権を尊重し、組合は会社の経営権を尊重する」といった抽象的な規定が協約化されている。問題は、経営権なり労働権の実質的な内容にあるのであり、企業内においてどこまで組合活動の自由を認めるかという具体的な取り決めが重要な筈であるが、その内容を具体的に規定した協約はきわめて少ない。また賃金協定にしても抽象的な規定の仕方をとり、多くの場合は総組合員の平均賃金についての取り決めがなされているにすぎない。いわゆる賃金ベースだけでは他企業の労働者との比較はできないし、なによりも労働者自身が職種、技能、経験年数に応じた具体的な自己の賃金を客観的に知ることができないのである。

もとよりわが国のように労働組合運動の歴史が浅く、団結権の具体的な内容についての客観的なルールが十分に確立されていないところでは、多くの面にわたって団結権、団体行動権の具体的な行使についての取り決めをしておく必要があった。「会社は○○会社従業員組合を承認し、この組合とのみ団体交渉を行う」といった団結権、団交権を使用者側に確認させる規定が終戦後まず登場したのもこのような必要性があったからにほかならない。団交の席上、一見抽象的ともみえる法律論争がすべての規定について闘わされるのも、実は当該企業における団結権の具体的な行使についての攻防戦であり、当事者間においては実質的な意味をもっている点を否定するものではない。しかし、やはり西欧諸国の協約の歴史が示しているように、協約は労働条件を中核として発達してきたものであり、労働者の日常の具体的な要求を盛りこむことに力点がおかれなければ、組合員大衆にとって魅力のあるものとはなりえないであろう。

第三に、わが国の協約は、産業別の統一協約が少なく、企業別協約が圧倒的に多いという特色をもっている。西欧諸国の場合には、組合が企業をこえて横断的に結成されているから、当然、協約には、同一産業の同種の労働者の共通の要求が盛りこまれるという形をとる。そして通常は、産業別の統一的な最低基準を協約で決め、その具体的な細目の決定や各企業の独自の問題は、経営協定（事業場協定）で扱うという形態をとる。しかしわが国の場合は、組合が企業別に組織されているため、協約は常に企業間の格差を前提とした企業別協約の形をとり、産業別の統一的な基準が協約には現われてこないという性格をもつのである。

最後にわれわれは、日本の場合、「協約」が生きた規範となりえていない点も指摘しておかねばならない。いわゆる「協約」が労使間に締結されている場合でも、覚書、了解事項などによる解釈によって意味がひっくり返っていたり、あるいは協約の運用に大幅な弾力性をもたせている場合がある。つまりわが国では文書化された協約よりも話し合いによる了解や慣行が大きな意味をもっている場合が多いのである。日本人一般の権利意識とあいまって、こういう形で生きた規範を設定した方が労使関係が円滑にいくわけであろう。了解や慣行のつみ重ねにより既成事実をつくり出していくことも実践的には確かに意味はあるが、組合幹部のハラ芸になり易いという危険性もある。生ける規範を真に組合員大衆のものにするためには、それを協約によってさらに明確にし、客観化していくことが重要である。

第三章　わが国の労使関係と法

一　労働争議

一　労働争議の概観

㈠　年次別労働争議発生件数、参加人員および労働損失日数

戦後の労働争議の年次別発生件数は、労働争議統計調査によれば、第1表のとおり、昭和二三年の一、五一七件を一つのピークとして、一時減少に向かったが、三〇年代に入ってから再び上昇に転じ、三五年からは二、〇〇〇件に、四〇年からは三、〇〇〇件に達し、四三年には戦後最高の三、八八二件に達している。

労働争議の発生件数を企業の規模別にみれば、例えば昭和三七年度には、四、一九四件の労働争議が発生しているが、そのうちの八一二件（一九・四％）は従業員一、〇〇〇人以上の大企業において発生し、五〇〇人〜九九九人の企業では四七三件（一一・三％）、一〇〇人〜四九九人の企業では一、三〇三件（三一・一％）、九九人以下の企業では一、六〇六件（三八・三％）の割合となっている（第2表）。すなわち、争議そのものについていえば、わが国では従業員五〇〇人未満の中小企業の争議が約七割を占めているということができる。

しかしそれぞれの企業規模別にどれぐらいの割合で争議が発生しているかを、労働省の労働協約等実態調査によって調べてみると、昭和三五年七月〜三七年六月の二年間に労働争議が発生したことのある労働組合は、調査対

第１表　年次別労働争議件数、参加（対象）人員および労働損失日数

年次	合計		争議行為を伴わないもの		争議行為を伴うもの												作業停止争議による労働損失日数
					小計		作業停止争議				4時間未満のストライキ		怠行		生産管理		
							ストライキ		ロックアウト								
	件数	総参加人員及び対象人員	件数	総参加人員	件数	行為参加人員及び対象人員	件数	行為参加人員	件数	対象人員	件数	対象人員	件数	行為参加人員	件数	行為参加人員	
昭21	920	2,722,582	110	2,087,599	810	634,983	622	510,391	80	7,024			130	75,069	170	140,569	6,266,255
22	1,035	4,415,390	352	4,120,069	683	295,321	381	212,081	88	7,693			141	62,922	93	24,039	5,035,783
23	1,517	6,714,843	604	4,109,360	913	2,605,483	667	2,298,530	83	6,638			136	301,576	54	6,548	6,995,332
24	1,414	3,307,407	770	2,067,861	651	1,239,546	511	1,117,154	53	7,447			100	128,980	25	8,322	4,320,688
25	1,487	2,348,397	783	1,321,556	763	1,026,841	566	761,050	45	26,588			267	409,356	28	6,446	5,486,059
26	1,186	2,818,688	584	1,432,254	670	1,386,434	564	1,159,740	35	4,819			184	362,114			6,014,512
27	1,233	3,683,367	572	1,840,752	725	1,842,615	576	1,622,549	29	8,608			240	607,782	2	476	15,075,269
28	1,277	3,398,667	584	1,655,438	762	1,743,229	602	1,333,519	27	23,389			261	732,118	4	271	4,279,220
29	1,247	2,635,426	582	1,088,807	780	1,546,619	623	915,111	32	21,846			271	967,821	6	869	3,836,276
30	1,345	3,748,019	615	1,980,652	809	1,767,367	638	1,028,629	40	8,922			310	1,000,397	1	29	3,467,008
31	1,330	3,371,918	591	1,767,243	815	1,604,675	631	954,177	44	168,487			337	737,113	5	209	4,561,890
32	1,680	8,464,384	681	1,754,266	999	2,345,313	810	1,554,968	53	8,354			385	1,240,225	4	325	5,652,124
33	1,864	6,362,407	617	1,275,635	1,247	2,536,574	887	1,179,566	58	116,134			551	1,679,789	3	388	6,052,331
34	1,709	4,682,002	516	1,225,748	1,193	1,917,545	872	1,213,593	52	6,547			522	1,104,051	2	107	6,020,476
35	2,222	6,952,911	515	2,009,723	1,707	2,334,646	1,053	917,454	34	14,770			972	1,776,995	2	154	4,912,187
36	2,483	9,043,628	695	3,772,578	1,788	2,128,278	1,386	1,677,971	52	8,999			750	700,669	6	1,049	6,149,884
37	2,287	7,129,007	591	1,243,814	1,696	1,884,979	1,283	1,516,481	64	15,984			805	838,792	3	298	5,400,363
38	2,016	9,034,682	595	2,729,090	1,421	1,781,126	1,068	1,181,929	37	9,071	597	914,515	132	101,759	3	243	2,770,421
39	2,422	7,974,224	668	4,096,814	1,754	1,633,999	1,220	1,048,980	51	12,578	667	670,328	308	304,628	5	253	3,165,264
40	3,051	8,975,083	692	2,748,381	2,359	2,479,093	1,527	1,670,285	50	13,173	871	854,437	638	508,454			5,669,362
41	3,687	10,946,700	842	3,678,900	2,845	2,297,500	1,239	1,130,400	42	4,300	1,542	1,102,900	727	529,500			2,741,711
42	3,024	10,913,800	740	6,100,900	2,284	1,271,500	1,204	731,600	33	4,400	1,403	671,700	246	141,500			1,829,965
43	3,882	11,758,000	715	4,663,000	3,167	2,340,000	1,546	1,163,000			2,021	1,440,000	333	127,000			2,821,000

〔資料出所〕労働省労働統計調査部・労働争議統計調査

（注）(1)　昭和37年以前は「怠業」に「４時間未満のストライキ」を含めていたが昭和38年以降は、これを分離した。

(2)　昭和32年以降の数字は、前年からの繰越しを含む。

(3)　１件の労働争議において２以上の形態の争議行為が行われた場合は、それぞれの欄に記載したため、各形態の争議行為欄の数字の合計は「小計」欄に一致しない。

(4)　昭和24年～31年については、争議行為を伴う労働争議において争議行為に参加しない者がある場合は、これを「争議行為を伴わないもの」にも１件として計上したため、「争議行為を伴うもの」「争議行為を伴わないもの」の合計は「合計」欄に一致しない。

第2表　企業規模別労働争議発生企業数

年	合　計	1,000人以	500～999	100～499	99人以下
昭　36	4,058 (100)	876 (21.6)	446 (11.0)	1,291 (31.8)	1,443 (35.6)
37	4,194 (100)	812 (19.4)	473 (11.3)	1,303 (31.1)	1,606 (38.3)
38	3,939 (100)	879 (22.3)	425 (10.8)	1,236 (31.4)	1,332 (33.8)
39	4,039 (100)	776 (19.2)	377 (9.3)	1,329 (32.9)	1,547 (38.3)
40	5,116 (100)	1,084 (21.2)	547 (10.7)	1,811 (35.4)	1,674 (32.7)
41	5,591 (100)	997 (17.8)	565 (10.1)	1,833 (32.8)	2,196 (39.3)

〔資料出所〕労働争議統計調査
（注）(1)　官公労の争議は含まない。
(2)　規模不明があるため各規模の統計は合計と一致しないことがある。
(3)　(　) 内は合計に対する構成比を示す。

象労働組合総数の三八%であり、これを企業規模別にみると第3表のとおり、大企業の労働組合ほど争議の発生率が高く、企業規模が小さくなるにしたがってその割合が減少することが窺われる。

このような労働争議のうち、争議行為を伴うものの件数は、昭和三一年頃までは、毎年七〇〇件から八〇〇件余りであったが、次第に増加し、三三年頃からは一、〇〇〇件、四〇年からは二、〇〇〇件の大台にのせている。そして労働争議のうち、争議行為を伴うものと伴わないで解決したものとの比率をみると、三二年頃までは争議行為を伴うものが伴わないものに比して若干多い程度であったのに対し、三三年以降は争議行為を伴うものの比率が二倍に増え、さらに四〇年以降には三倍に増えている（第1表）。つまり初期の労働争議は、争議行為を伴わないで解決したものが比較的多かったのに対し、次第に労働争議は争議行為を伴うようになってきたということができる。

争議行為の発生状況を企業規模別にみると、労働争議の発生状況と同じように、大企業の労働組合ほど争議行為が

第３表　企業規模別、労働争議の有無別労働組合数

労働争議の有無＼企業規模	合計	1,000人以上	500～999人	200～499人	100～199人	30～99人	29人以下
合　計	1,411（100）	413（100）	134（100）	200（100）	180（100）	346（100）	138（100）
有	534（38）	223（54）	55（41）	74（37）	70（39）	85（25）	27（20）
無	877（62）	190（46）	79（59）	126（63）	110（61）	261（75）	111（80）

〔資料出所〕労働協約等実態調査

第４表　企業規模別、争議行為の有無別労働組合数（過去２年間について）

争議行為の有無＼企業規模	合計	1,000人以上	500～999人	200～499人	100～199人	30～99人	29人以下
合　計	1,411（100）	413（100）	134（100）	200（100）	180（100）	346（100）	138（100）
有	413（29）	195（47）	49（37）	52（26）	46（26）	52（15）	19（14）
無	998（71）	218（53）	85（63）	148（74）	134（74）	294（85）	119（86）

〔資料出所〕労働協約等実態調査

行われた割合が高く、企業の規模が小さくなるにつれてその割合が低くなるという傾向をみせている（第４表）。

ストライキおよびロックアウト（いずれも四時間以上のものにかぎる）による労働損失日数は、第１表のとおり、炭労の長期ストが行われた昭和二七年を除けば、毎年三〇〇万～六〇〇万人日程度であり、四〇年以降は争議件数が増加しているのに対し、労働損失日数は逆に減少の傾向を示している。

労働損失日数を主要な工業国について比較すれば、アメリカが一番多く、毎年一、六〇〇万～三、〇〇〇万人日であり、ついで日本、イギリス、フランス、西ドイツの順になっている（第５表）。しかし雇用労働者一人当たりの争議行為による年間労働損失日数を比較

第５表　年次別労働争議件数、参加人員および労働損失日数[1]国際比較

	カナダ[2]			米国[4]		
	件数[3]	参加人員	損失日数	件数[5]	参加人員	損失日数
昭24（1949）	137	51,437	1,063,667	3,606	3,030,000	50,500,000
25（1950）	161	192,153	1,389,039	4,843	2,410,000	38,800,000
26（1951）	259	102,870	901,739	4,737	2,220,000	22,900,000
27（1952）	222	120,818	2,879,955	5,117	3,540,000	59,100,000
28（1953）	174	55,988	1,324,715	5,091	2,400,000	28,300,000
29（1954）	174	62,250	1,475,200	3,468	1,530,000	22,600,000
30（1955）	159	60,090	1,875,400	4,320	2,650,000	28,200,000
31（1956）	229	88,680	1,246,000	3,825	1,900,000	33,100,000
32（1957）	245	80,695	1,477,100	3,673	1,390,000	16,500,000
33（1958）	259	111,475	2,816,850	3,694	2,060,000	23,900,000
34（1959）	216	95,120	2,226,890	3,708	1,880,000	69,000,000
35（1960）	274	49,408	738,700	3,333	1,320,000	19,100,000
36（1961）	287	97,959	1,335,080	3,367	1,450,000	16,300,000
37（1962）	311	74,332	1,417,900	3,614	1,230,000	18,600,000
38（1963）	332	83,428	917,140	3,362	941,000	16,100,000
39（1964）	343	100,535	1,580,550	3,655	1,640,000	22,900,000
	フランス			西ドイツ[7]		
	件数[6]	参加人員	損失日数	件数[8]	参加人員	損失日数
昭24（1949）	1,426	4,329,959	7,129,150	-	58,133	270,716
25（1950）	2,586	1,527,293	11,728,791	-	79,270	380,121
26（1951）	2,514	1,754,000	3,495,476	1,528	174,325	1,592,892
27（1952）	1,749	1,155,202	1,732,577	2,529	84,347	446,877
28（1953）	1,761	1,783,693	9,722,111	1,395	50,652	1,488,380
29（1954）	1,479	1,318,947	1,440,145	538	115,899	1,586,523
30（1955）	2,762	1,060,613	3,078,706	866	600,410	856,752
31（1956）	2,440	981,676	1,422,539	268	52,467	1,580,247
32（1957）	2,623	2,963,837	4,121,317	86	45,321	1,071,846
33（1958）	954	1,112,459	1,137,741	1,484	202,614	782,254
34（1959）	1,512	939,793	1,938,427	55	21,648	61,825
35（1960）	1,494	1,071,513	1,069,958	28	17,065	37,723
36（1961）	1,963	2,551,821	2,600,570	119	21,052	64,350
37（1962）	1,884	1,472,448	1,901,456	195	79,177	450,948
38（1963）	2,382	2,646,095	5,991,495	187	100,853	878,026
39（1964）	2,281	1,047,300	2,496,800	34	5,629	16,711
	英国[9]			日本[11]		
	件数[10]	参加人員	損失日数	件数	参加人員	損失日数
昭24（1949）	1,426	433,000	1,807,000	554	1,122,123	4,320,688
25（1950）	1,339	302,000	1,389,000	584	763,453	5,486,059
26（1951）	1,719	379,000	1,694,000	576	1,162,585	6,014,512
27（1952）	1,714	415,000	1,792,000	590	1,623,610	15,075,269
28（1953）	1,746	1,374,000	2,184,000	611	1,341,229	4,279,220
29（1954）	1,989	450,000	2,457,000	647	927,821	3,836,276
30（1955）	2,419	671,000	3,781,000	659	1,033,346	3,467,008
31（1956）	2,648	508,000	2,083,000	646	1,098,326	4,561,890
32（1957）	2,859	1,359,000	8,412,000	830	1,556,835	5,652,124
33（1958）	2,629	524,000	3,462,000	903	1,279,434	6,052,331
34（1959）	2,093	646,000	5,270,000	887	1,215,940	6,020,476
35（1960）	2,832	819,000	3,024,000	1,063	918,094	4,912,187
36（1961）	2,686	779,000	3,046,000	1,401	1,680,011	6,149,884
37（1962）	2,449	4,423,000	5,798,000	1,299	1,517,844	5,400,363
38（1963）	2,068	593,000	1,755,000	1,079	1,183,243	2,770,421
39（1964）	2,515	879,000	2,275,000	1,234	1,050,115	3,165,264

〔資料出所〕ILO 国際労働統計年鑑1965年及び各国官庁資料

（注）⑴　ストライキ及びロックアウト。

⑵　参加人員５人以下の争議行為及び継続期間１日未満の争議行為を除く。ただし、労働損失日数10日以上に及ぶ場合は含む。間接参加者を除く。

⑶　前期からの繰越しを含む

⑷　参加人員５人以下の争議行為及び継続期間１日又は１交替未満の争議行為を除く。

⑸　当該期間中に発生したもの。

⑹　解決件数。

⑺　継続期間１日未満の争議行為を除く。ただし、労働損失日数が100日をこえる場合は含む。1950～56年はザールを除く。

⑻　事業所数。1957年以前は当該期間に解決したもの。1958年以降は当該期間に発生したもの。

⑼　雇用条件又は労働条件に関係のない争議行為を除く。労働損失日数が100日をこえない限り参加人員９人以下の争議行為及び継続期間１日未満の争議行為は除く。

⑽　当該期間中に発生したもの。

⑾　４時間未満の争議行為を除く。

すれば、第6表のとおり、一九五三年～一九六二年の一〇年の平均では、アメリカ、イタリア、インド、カナダ、ベルギー、デンマーク、日本、オーストラリア、フランス、アイルランド、イギリス、ノールウェイ、フィンランド、ニュージーランド、西ドイツ、オランダ、スウェーデン、スイスの順となっており、わが国は国際的にはほぼ中位にあるといってよい。

(二)　争議行為の期間

労働争議統計調査のストライキおよびロックアウト（いずれも四時間以上のものにかぎる）による作業停止日数をみると第7表のとおり、五日以内のものが約七五％におよび、そのうち一日だけに終わっているものが三五％を占めている。ついで六日～一〇日にわたるものが約一二％、一一日～二〇日におよぶものが六％～七％、二一日～三〇日が三％～四％、三〇日をこえるものが四％以下となっている。とくに一〇〇日をこえるものは一％以下にすぎない。この傾向は、企業の規模別にみた場合にも同じように言えることがらであるが、とくに三〇日以上の長期の争議行為については、企業規模の大きいところほど多く発生していることが窺われる。つまり相対的には、企業規模の大きいところほど争議行為の期間が長くなるということができる。

また第1表で明らかなように、わが国においては、四時間未満のストライキを伴う争議行為が非常に多く、例えば昭和四二年度では二、二八四件の争議行為中一、四〇三件が四時間未満のストライキとなっている。したがって、争議行為が行われる場合、一日以下のストライキである場合が全体の過半数以上を占め、五日以内である場合が八〇％～九〇％を占めていることが分かる。

ストライキ参加者一人当たりの労働損失日数を国際的に比較してみると、第9表のとおり、たとえば一九五六年

第６表　年次別雇用労働者１人当たりの争議行為による年間労働損失日数国際比較（鉱業、製造業、建設業及び運輸業に限る）

国別＼年次	1953	1954	1955	1956	1957	1598	1959	1960	1961	1962	1953～1957 5年間平均	1958～1962 5年間平均	1953～1962 10年間平均
米国	1.07	0.89	1.10	1.30	0.63	1.03	2.77	0.75	0.65	0.74	0.998	1.188	1.093
イタリア	1.08	0.70	0.35	0.33	0.48	0.47	1.02	0.54	0.83	2.20	0.588	1.012	0.800
インド	0.54	0.55	0.87	1.10	0.85	0.99	0.77	0.77	0.60	0.53	0.782	0.732	0.757
カナダ	0.62	0.68	0.93	0.56	0.63	1.22	0.31	0.31	0.50	0.44	0.684	0.556	0.620
ベルギー	0.27	0.29	0.64	0.60	2.32	0.15	0.44	0.21	0.06	0.16	0.824	0.204	0.514
デンマーク	0.01	0.03	0.02	1.47	0.01	0.02	0.03	0.10	3.34	0.03	0.306	0.704	0.505
日本	0.47	0.40	0.38	0.46	0.52	0.52	0.52	0.35	0.43	0.35	0.446	0.434	0.440
オーストラリア	0.66	0.54	0.58	0.63	0.37	0.25	0.20	0.38	0.34	0.28	0.556	0.290	0.423
フランス	1.38	0.21	0.46	0.19	0.51	0.16	0.28	0.16	0.35	0.24	0.550	0.238	0.394
アイルランド	0.32	0.25	0.42	0.16	0.35	0.36	0.27	0.14	0.54	0.29	0.300	0.320	0.310
英国	0.17	0.19	0.28	0.15	0.62	0.26	0.42	0.24	0.22	0.45	0.282	0.318	0.300
ノールウェイ	0.07	0.11	0.18	1.40	0.01	0.04	0.08	0.00	0.57	0.13	0.353	0.164	0.259
フィンランド	0.12	0.20	0.16	0.11	0.39	0.06	0.61	0.13	0.05	0.03	0.196	0.176	0.186
ニュージーランド	0.07	0.07	0.17	0.08	0.08	0.06	0.09	0.10	0.10	0.25	0.091	0.120	0.106
西ドイツ	0.15	0.15	0.08	0.15	0.08	0.05	0.00	0.00	0.00	0.03	0.122	0.016	0.069
オランダ	0.02	0.04	0.07	0.11	0.01	0.02	0.01	0.26	0.01	0.00	0.048	0.060	0.054
スウェーデン	0.25	0.01	0.07	0.00	0.02	0.01	0.01	0.01	0.00	0.00	0.069	0.006	0.037
スイス	0.06	0.03	0.00	0.00	0.00	0.00	0.00	0.00	0.00	0.00	0.017	0.000	0.009

〔資料出所〕Ministry of Labour Gazette（Vol. LXXI, No. 10, Oct. 1963）

（注）(1)　フィンランドの1956年の数字は、同年３月のゼネスト（労働損失日数700万人日）の分を含まない。

(2)　西ドイツは、西ベルリン分を含まない。また1958年以前はザール地区分を含まない。

(3)　米国は、1960年よりアラスカ及びハワイを含む。

第７表　年次別、作業停止日数別作業停止争議解決件数

年次＼作業停止日数	合計	1日	2～5日	6～10日	11～20日	21～30日	31～100日	101日以上
昭　36	1,384 (100)	987 (71)		168 (12)	101 (7)	50 (4)	59 (4)	19 (1)
37	1,281 (100)	949 (74)		160 (12)	78 (6)	33 (3)	48 (4)	13 (1)
38	1,053 (100)	810 (77)		118 (11)	64 (6)	27 (3)	30 (3)	4 (0)
39	1,193 (100)	416 (35)	476 (40)	126 (11)	102 (9)	31 (3)	42 (4)	
40	1,504 (100)	526 (35)	603 (40)	181 (12)	111 (7)	41 (3)	42 (3)	

〔資料出所〕労働争議統計調査

第８表　企業常用労働者規模別、作業停止日数別作業停止争議解決企業数（昭40）

企業常用労働者規模＼作業停止日数	合計	1日	2～5日	6～10日	11～20日	21～30日	31日以上
規模計	3,625 (100)	620 (17)	1,278 (35)	526 (15)	395 (11)	291 (8)	515 (14)
5000人以上	219 (100)	46 (21)	57 (26)	20 (9)	29 (13)	16 (7)	51 (24)
1000～4999人	592 (100)	107 (18)	148 (25)	60 (10)	54 (9)	72 (12)	151 (26)
500～999人	405 (100)	67 (16)	120 (30)	56 (14)	46 (11)	40 (10)	76 (19)
300～499人	367 (100)	69 (19)	124 (34)	46 (12)	39 (11)	30 (8)	59 (16)
100～299人	909 (100)	167 (18)	310 (34)	144 (16)	118 (13)	63 (7)	107 (12)
30～99人	695 (100)	121 (17)	270 (39)	107 (15)	82 (12)	53 (8)	62 (9)
29人以下	438 (100)	43 (10)	249 (57)	93 (21)	27 (6)	17 (4)	9 (2)

〔資料出所〕昭和40年労働争議統計調査

第9表　ストライキ継続期間（15ヵ国のストライキ参加者1人当たりの労働損失日数）

年次	デンマーク	オランダ	連合王国	ドイツ	ノールウェイ	スウェーデン	フランス	イタリア	日本	インド	合衆国	カナダ	オーストラリア	フィンランド	南アフリカ
1925	40.4	23.5	18.0	22.6	48.3	17.6	8.2		—	46.5	—	67.6	6.4	39.0	—
1926	23.0	28.4	127.6	15.5	4.4	32.3	11.7		—	—	—	12.3	11.6	37.9	1.1
1927	41.0	16.3	10.8	12.0	61.1	42.1	9.3		25.2	15.3	79.5	6.8	8.5	114.0	1.7
1928	22.0	38.3	11.2	26.0	45.5	67.6	30.3		12.6	62.4	40.2	12.7	8.1	18.5	1.8
1929	41.0	46.5	15.6	19.0	41.0	52.5	11.5		7.4	22.9	18.5	11.8	42.7	31.2	—
1930	27.2	24.8	14.3	17.5	51.2	49.1	12.3		13.3	11.5	18.1	6.7	27.9	7.1	0.5
1931	66.5	30.4	14.2	11.2	127.5	64.2	17.5		15.2	11.9	20.2	19.1	6.5	1.0	8.7
1932	15.0	55.4	17.1	8.7	61.6	61.8	31.3		11.3	15.0	32.4	10.9	6.5	7.7	6.5
1933	36.0	36.1	7.9	—	57.8	107.3	13.8		7.8	13.2	14.4	11.9	3.7	7.3	10.1
1934	12.7	18.4	7.2	—	36.7	55.9	23.8		9.0	21.6	13.4	12.5	7.3	15.2	21.7
1935	17.5	20.3	7.2	—	48.1	45.8	10.9		8.0	8.5	13.8	8.5	10.5	26.4	8.2
1936	30.4	9.1	5.8	—	25.9	125.1	—		5.3	14.0	17.6	8.0	8.2	11.8	2.3
1937	15.0	8.4	5.7	—	35.2	27.9	—		6.3	13.9	15.3	12.3	5.8	29.6	4.0
1938	24.3	21.3	4.9	—	23.6	44.3	—		3.1	22.9	13.3	7.3	9.3	27.0	1.1
1939	32.0	18.2	4.0	—	53.7	72.3	—		1.7	12.2	15.2	5.5	3.0	42.1	0.9
1940	16.7	14.6	3.1	—	—	20.0	—	—	2.2	16.7	11.6	4.4	7.8	10.8	—
1941	30.0	—	3.0	—	—	49.5	—	—	—	11.4	9.8	5.0	4.0	12.3	—
1942	3.4	—	3.3	—	—	40.8	—	—	—	7.5	5.0	4.0	2.2	—	3.5
1943	3.8	—	3.2	—	—	13.6	—	—	—	4.5	6.8	4.8	3.3	—	6.9
1944	11.4	—	4.5	—	—	32.6	—	—	—	6.3	4.1	6.5	3.3	—	2.2
1945	7.8	2.8	5.3	—	15.9	85.0	—	—	—	5.4	11.0	15.2	6.7	9.6	3.7
1946	25.6	9.5	4.1	—	16.8	20.8	2.1	—	12.1	6.5	25.2	32.4	5.6	6.1	2.2
1947	62.3	3.4	3.9	—	5.0	2.2	7.6	—	23.0	9.0	15.9	23.0	4.1	4.2	68.6
1948	3.0	7.4	4.6	—	15.6	24.8	2.0	—	3.0	7.4	17.4	20.7	5.2	15.0	6.3
1949	3.9	20.2	4.2	4.7	11.6	21.0	1.6	4.6	3.9	9.6	16.7	20.7	5.0	20.3	5.1
1950	1.3	9.2	4.6	4.8	9.6	16.7	7.8	2.2	8.0	17.8	16.1	7.2	4.8	39.4	1.8
1951	2.2	4.7	4.4	9.1	8.3	35.1	2.0	2.1	5.2	5.5	10.3	8.8	2.1	28.4	1.6
1952	1.5	8.2	4.3	5.3	19.4	37.4	1.5	2.4	9.3	4.1	16.7	23.8	2.3	5.8	3.4
1953	5.7	2.6	1.6	29.4	8.3	22.2	5.5	1.2	3.2	7.2	11.8	23.7	2.1	4.1	1.9
1954	2.9	3.2	5.5	13.7	36.0	3.2	1.1	2.6	4.1	7.1	14.8	23.7	2.4	6.0	2.3
1955	1.6	6.3	5.6	1.4	10.8	40.7	2.9	4.1	3.4	10.8	10.6	31.2	2.3	8.1	1.7
1956	16.2	5.8	4.1	10.4	17.2	2.5	1.4	2.0	4.2	9.7	17.4	14.0	2.6	15.4	1.3

〔資料出所〕ロス・労使関係とストライキ（小林英夫訳）291頁

度では、アメリカが一七・四日、ノールウェイが一七・二日、デンマークが一六・二日、フィンランドが一五・四日、カナダが一四・〇日、ドイツが一〇・四日であるのに対し、日本は四・二日、イギリスが四・一日、フランスが一・四日となっており、国際的にみてもストライキの期間がわが国では短いことが窺われる。

(三)　争議行為の態様

わが国では、比較的短期間の争議行為が行われていることと関連して、どのような形態の争議戦術が採用されているかをみると、第1表に明らかなように、例えば昭和四一年度では二、八四五件中四時間以上のストライキが一、二三九件、四時間未満のストライキが一、四五二件、怠業七二七件、ロックアウト四二件となっている。年次別には四時間未満のストライキおよび怠業が増加の傾向を示し、ロックアウトが相対的には減少の傾向を示している。また終戦直後盛んに行われた生産管理は、二六年を境に減少し、最近ではほとんど行われていない。

労働協約等実態調査により、三五年―三七年の二年間に争議行為を行った組合につき、企業規模別にどのような争議行為が行われたかをみると、第10表のとおり、全面ストが全体の七〇%を占め、ついで「時間外、休日労働拒否」が四六%、「部分スト」が四二%、「その他」が七%となっている。企業規模別には、全面ストの割合はほぼ同一であるが、「部分スト」、「時間外・休日労働拒否」は、企業規模の大きいところで多く発生している。そして「その他」の争議行為には、出張拒否（八組合）、時間内職場大会（八組合）、宿日直拒否（七組合）、連絡遮断、受付拒否、文書発受信拒否（各二組合）、一斉ランチ、指名スト、順法闘争、休暇闘争、会議出席拒否（各一組合）等の争議戦術が含まれているのである。

このようにわが国における争議行為の態様は、基本的にはストライキであるが、全面ストの場合でも比較的短期

第10表　企業規模別、争議行為の態様別労働組合数（過去2年間について）

争議行為の態様＼企業規模	合　計	1,000人以上	500～999人	200～499人	100～199人	30～99人	29人以下
争議行為有の労働組合数	413 (100)	195 (100)	49 (100)	52 (100)	46 (100)	52 (100)	19 (100)
全面スト	291 (70)	134 (69)	40 (82)	37 (71)	28 (61)	37 (71)	15 (79)
部分スト	174 (42)	96 (49)	21 (43)	24 (46)	19 (41)	11 (21)	3 (16)
時間外・休日労働拒否	192 (46)	100 (51)	25 (51)	32 (62)	17 (37)	15 (29)	3 (16)
ロックアウト	9 (2)	7 (4)		1 (2)			1 (5)
その他	27 (7)	16 (8)		4 (8)	3 (7)	4 (8)	

〔資料出所〕労働協約等実態調査
（注）争議行為の態様は重複を許している。

間であること、部分スト、時間内職場大会等時限ストの戦術がかなり多く採用されていること、実質的にはストライキないし怠業の性格を有する各種の争議手段が用いられていることなどが特徴的である。とくにストライキの代わりに、あるいはストライキを補完するために行われる各種の争議戦術は多種多様にわたるが、労使関係研究会が行ったアンケート[1]によれば次のような争議手段が用いられていることが分かる。

1　ストライキの実質を有する争議手段　一斉休暇戦術、生理休暇戦術、定時出勤、遅刻早退戦術、勤務時間内職場大会、宿日直拒否、残業拒否、休日労働拒否等。

2　怠業の実質を有する争議手段　順法闘争（安全闘争、安全運転、衛生闘争、労働基準点検闘争、荷物愛護運動等）、乗車料金不受領、メーター不倒、切符売り拒否、納金スト、担務変更拒否、滞留業務処理拒否、出張拒否、会議出席拒否、上部遮断スト、受付拒否、文書発信拒否、無言戦術、業務研修闘争、一斉ランチ等。

3　その他の争議手段ないし補強手段　ピケッティング、職場占拠、出荷阻止、大衆交渉、職場交渉、騒音戦術（軽音楽スト）、職場デモ、ビラ貼り、懸垂幕（旗、のぼり、アドバルーン、プラカード）戦術、リボン（腕章、はち巻き、ゼッケン、たすき、ワッペン）戦術、要求柱、ハガキ（電報、電話）戦術、断食戦術、煙突男等。

（1）　労使関係法研究会『労使関係法運用の実情及び問題点』三巻二九頁。

(四)　労働争議の要求事項

労働争議は、その時々の客観的な労働経済情勢を背景に、個々の企業の具体的な問題を契機として生じている。したがって要求項目は千差万別であるが、統計的にみれば、わが国においても賃金および諸手当に関するものが圧倒的に多い（第11表）その中でも賃上げと一時金の支給に関するものがずば抜けて多いが、年度別にみれば、この両者を合わせたものが、昭和三〇年頃までは要求事項総数の約半数を占め、その後は約三分の二に、三六年以降は約四分の三に増加している。これに対し、労働協約の締結（または全面改訂）要求の件数は、三〇年頃までが約五％、それ以降はさらに減じて二％～三％にすぎない。さらに解雇反対または被解雇者の復職を要求するものは、昭和二四年を一つのピークとして次第に減少しているが、件数としては毎年一〇〇～二〇〇件前後存在することが注目される。

労働協約等実態調査により、昭和三五年から三七年にかけての二年間に争議行為を行った組合について争議行為の要求事項をみると、「賃金増額」八三％、「期末手当」四九％、「その他の諸手当」二四％、「労働時間」一七％、「退職金」一一％、「労働協約の締結・改訂」九％、「その他」八％、「具体的な解雇」五％という順になっている。「その他」の内訳は、経営に関する事項（吸収合併反対、赤字克服経営刷新要求等）、人事に関する事項（臨時工の本採用要求、人員補充要求、差別待遇反対、組合役員の配置転換反対、定年延長要求等）、休日休暇に関する事項（メーデー祝

第11表　主要要求事項別労働争議件数（昭22-39）

要求事項	昭22	23	24	25	26	27	28	29	30
要求事項総数	1,787	1,976	1,826	1,737	1,437	1,593	1,595	1,700	1,538
組合の承認または組合活動に関する要求	19	5	—	14	14	12	25	30	19
労働協約の締結（または全面的改訂）要求	192	199	143	115	79	77	99	104	74
賃金および手当	—	—	1,047	1,218	1,167	1,200	1,146	1,178	1,094
賃金増額	553	641	250	246	566	498	461	398	267
賃金減額反対	—	9	49	69	6	15	13	49	28
賃金定期支給	39	91	252	369	114	127	83	141	113
その他賃金に関する要求	75	60	63	34	20	28	31	51	64
臨時給与金の支払	158	152	127	225	347	354	428	408	503
解雇休業手当	8	17	306	295	—	188	67	70	49
退職金制度の確立または増額	140	166	—	—	114	—	63	61	70
労働協約の効力に関する要求	—	—	—	13	2	1	7	11	12
給与以外の条件	—	—	18	25	26	28	42	56	51
労働時間の変更	41	16	4	5	11	10	9	11	16
休暇休日に関する要求	42	19	6	3	8	9	9	20	14
その他作業条件に関する要求	20	31	8	17	7	9	24	25	21
経営および人事	—	—	437	319	141	198	178	287	265
経営参加	37	24	5	12	3	3	3	13	1
事業休廃止又は操業短縮反対	44	46	67	31	19	20	19	35	26
解雇反対または被解雇者の復職	107	183	347	259	102	141	119	203	191
その他人事に関する要求	39	27	18	17	17	34	37	36	47
福利厚生施設	25	23	4	3	3	9	6	15	12
その他	248	267	177	30	5	68	72	19	11
要求事項	31	32	33	34	35	36	37	38	39
要求事項総数	1,419	1,768	1,960	1,711	2,222	2,566	2,313	2,068	2,573
組合の承認または組合活動に関する要求	18	24	36	34	31	33	38	28	37
労働協約の締結（または全面的改訂）要求	61	77	75	58	56	69	44	35	62
賃金および手当	1,026	1,280	1,157	1,153	1,555	2,077	1,929	1,739	2,082
賃金増額	355	522	439	467	805	1,104	1,126	841	1,050
賃金減額反対	13	2	12	11	7	11	5	10	11
賃金定期支払	42	43	45	24	13	11	18	8	12
その他賃金に関する要求	47	71	31	28	34	86	31	58	98
臨時給与金の支給	476	553	548	552	638	812	703	775	845
解雇休業手当	25	33	48	26	10	9	2	10	15
退職金制度の確立または増額	68	56	34	45	48	44	44	37	51
労働協約の効力に関する要求	19	9	14	12	8	4	4	10	9
給与以外の条件	35	85	90	44	40	81	36	54	113
労働時間の変更	6	45	45	13	16	38	17	31	49
休暇休日に関する要求	6	3	3	4	11	14	5	5	19
その他作業条件に関する要求	23	37	42	27	13	29	14	18	45
経営および人事	238	263	344	216	154	188	210	173	197
経営参加	—	1	—	—	—	3	5	5	3
事業休廃止又は操業短縮反対	25	26	27	22	15	22	19	19	25
解雇反対または被解雇者の復職	162	162	229	144	93	117	137	93	111
その他人事に関する要求	51	74	101	50	46	46	49	56	58
福利厚生施設	12	18	20	9	9	8	2	1	5
その他	10	12	211	185	369	106	50	28	68

〔資料出所〕労働省労働統計調査部・労働争議統計調査

祭日の有給休日要求、有給休暇制要求等)、福利厚生に関する事項（福利厚生施設改善要求、住宅費補助要求等)、政治的要求や他の労働組合に対する支援（政策転換要求、最低賃金要求、他の労働組合のスト支援等)、その他「組合の承認」要求、事故費の会社負担要求、じん肺協定要求等となっている。

第11表から、右の労働協約等実態調査において「その他」に分類された要求事項を拾い上げて合算すると、「その他」の要求事項が年度別にみても決して少なくはないことが分かるが、このことは、わが国の争議行為の要求事項がきわめて多岐に亘っていることを示すものといってよいであろう。

二　わが国における労働争議の特色

これまでの労働争議の概観の中から、わが国においては、労働争議の発生が国際的には必ずしも多いとはいえないこと、発生した争議そのものについていえば中小企業の争議が約七割を占めていること、争議行為の期間がきわめて短く、一日以下の場合が全体の過半数以上を占め、五日以内である場合が八〇%~九〇%を占めていること、争議形態が多様であり、争議の要求事項が多岐にわたることなどをみてきた。このことから、わが国における労働争議の特色として、つぎのようなことを指摘することができる。

(一)　まず争議の発生を労使関係の安定度の一つのメルクマールとしてとらえるならば、争議発生件数や参加人員、労働損失日数、雇用労働者一人当たりの争議行為による年間労働損失日数などからみて、世界の工業国の中でも、わが国の労使関係は比較的安定している方だといってよいであろう。このことは、一つにはわが国の組合が企業別組合の形態をとっていることと無関係ではない。わが国の企業別組合は、例えばアメリカの組合が企業別にローカル・ユニオンの形態をとったり、フランスの組合が企業内にサンジカを形成したりするのと本質的に異なり、各企業の従業員が独自の組織として労働組合を結成するという形をとっているのが一般的である。もちろんわが国の組合も、さらに超企業的な組織として産業別ないしは職業別の上部団体に加盟している場合が多いが、本来、産業別ないしは職業別の組合がその分身として各企業に支部ないし分会を結成させたというのではなく、企業別の組合が産業別に勢揃いをしたにすぎない。だからこそ賃上げ一つを例にとってみても、その産業界全体の経済的条件から統一的な賃金水準が統一的な団体交渉によってきまるという関係にあるわけではなく、窮極的には企業の支払能力に制約された形で企業別に賃金ベースが決定されざるをえない。したがって、その企業の業績のよいときには賃上げ要求も比較的通りやすいが、業績不振のときには通りにくいし、また大企業では比較的通りやすいが中小企業では通りにくいという関係にある。

労働組合が、企業別の従業員の組織という性格をもっているわが国においては、そのことの当否は別として、西欧諸国の労働組合に比較すれば組合が企業の実情をかなり的確に把握できるしくみになっており、組合の活動自体も好むと好まざるとにかかわらず企業の支払能力に制約されざるをえないのである。このことが労働者としての階級的視点に立って生存権の要求を真正面からぶつけてくる西欧諸国の組合の場合と比べて、争議の発生を少なくしている要因の一つであるといっても誤りではないであろう。

(二)　組合が企業別の枠の中で組織されているわが国では、えてして「会社あっての組合」というイデオロギーが支配しがちであり、意識の面からもストライキの発生にはなにがしかのブレーキがかかり易い。そのために例えば大量の人員整理といった「喰うか喰われるか」の瀬戸際に立たされなければ、思い切った長期のストライキは行わず、一般的なストの形態としては示威的な形をとる場合が多いのである。このことが、「わが国では短期の争議行為が多い」ということとなって現われているのであるが、ストの期間が短いということは、また組合の財政力とも無関係ではない。組合が企業別にできていることは、仮に一〇〇%の組織化を達成したとしてもその企業の従業員全員が組合に加入したにすぎず、組織人員並びに組合財政について、当初から上限が画されているのである。これに加えて、わが国の労働者の低賃金＝低組合費は争議基金の積立を困難ないしは貧弱なものとしているのである。上条愛一氏は、かつて、大正末期から昭和にかけての労働組合の争議戦術につき「争議基金を有しないわが国の労働争議は持久力に乏しい。従って労働者側は、ストライキは手っ取り早く片づけねばならぬ。欧米の如く、ストライキを平穏に持続して、資本家と根競べで対抗して勝つなどという悠長なことは出来ない。[1]」と述べておられるが、このことは基本的には戦後の組合についても妥当することがらである。

（1）　上条愛一『労働運動夜話』三二一―三二二頁。

㈢　争議基金の乏しさは、組合員をして必然的に短期決戦へと向かわせ、争議行為の期間の短さとなって現われるが、このことは同時に争議戦術の多様性となっても現われる。闘争資金の貧困さから、長期のいわば横綱相撲のとれないわが国の組合は、最も効果的な時期を狙い、最小の犠牲で最大の効果を納めうる争議戦術を採用する。夜襲・奇襲をかけての速戦即決主義は、戦前からのわが国の組合のお家芸でもあった。労働争議において、経済力を有しない労働者側が徒らに正々堂々の戦いをいどむことは、拱手して敗れるのを待つに等しかったからである。

これに加えてわが国の労使関係には、年功序列型の賃金と生涯雇用とを軸とする企業一家のイデオロギーが支配している。日本の労働者の意識においては、ストライキは雇用契約関係を断絶して企業を立ち去るものではなく、雇用関係を当然に維持したままその存続の条件について争うものとしてとらえられている。だからこそ戦前から戦後のかなりの時期にいたるまで争議には、必ずといってよいくらい金一封（スト中の賃金）が解決の条件となっていたのである。このように、争議に際して契約関係をたち切る意識のないわが国の労働者の場合には、争議戦術としても積極的に経営干渉的な形態（生産管理）をとるか、あるいは消極的に怠業的な形態（各種の順法闘争、上部遮断スト、出張拒否、会議出席拒否、無言スト等々）をとって一種のいやがらせ（神経作戦）を行うのである。争議に際してしばしば行われるリボン、ワッペン、ゼッケン、ハチマキ戦術、机上表示作戦等も、このような神経作戦の一種として理解することができるであろう。

さらに官公労働者の争議権の剥奪や民間企業労働者に対する労働協約による争議権の制約は、巧妙なゲリラ戦へと労働者をかりたてる一因をつくったのである。

㈣　われわれはさきに、わが国に発生している争議の約七割が中小企業の争議であることをみてきた。このことは、中小企業の労使関係にきわ立ってみられるいくつかの特色がそのまま日本の労働争議にみられることを意味するものである。

1　日本の労使関係は、企業一家という言葉で表現されているように、終身雇用を前提とし、いわば家族関係としてとらえられている。したがって、相対的にはそれなりの安定性を保っているのであるが、いったん問題がこじれると、肉親の憎しみのような深刻な対立に陥り易い。使用者も、ややもすれば理性を失い、首謀者を是が非でも解雇しようとするし、事業場を閉鎖し、あるいは第二組合を結成させる等のあらゆる手段を駆使して組合をつぶそうとはかる。そのためにしばしば深刻な争議が発生するのである。

2　また中小企業においては、使用者の組合に対する無理解が不必要な争議を誘発していることを指摘しておかなければならない。

わが国では、一般的に「組合のないこと」、あるいは「組合はあっても大人しいこと」が、「いい企業」であることの一つのメルクマールとされてきた。労使の緊張関係の中から従業員の苦情や不満を不断に吸い上げる努力を重ねることなしに、ただ「組合をつくらせないこと」、「組合を立ち上がらせないこと」をもって経営者の手腕と評価しがちである。そのために組合を結成したり、あるいは結成しようとしただけでその破壊に狂奔し、例えば、いろいろな口実をみつけては首謀者を懲戒解雇に付し、組合幹部の買収、配転、組合批判の演説、反組合的文書の配布、自宅訪問、肩たたき等のあらゆる手段を用いて組合の切り崩し、ないしは弱体化をはかる。争議中には、これらの反組合的行為は一層の激しさを加えるのである。このような使用者の労働組合に対する無理解な態度が、とくに中小企業においては、「組合の承認」をも含む争議を誘発しているのである。

3　また労働者側も労働組合運動の歴史の浅さから、労働者が団結すればすべての問題が一挙に解決すると思いがちである。そのために組合結成と同時に多岐にわたる要求を提出し、ストに入って早急な解決を迫る。

もっとも、組合が、複雑多岐な要求を性急にぶつけて、その全面実施を要求するのは、組合側の組織的な体制が整っていないことの現われであるということもできる。すなわち、使用者側の力が強大である中小企業においては、組合がないか、あるいは組合はあっても名目的であるところが多い。かりに組合が強いと称されているところでも、たまたま二、三の有能な威勢のよい組合幹部がいるにすぎない場合がほとんどである。したがって、なにかの運動を起こしていこうとする場合には、中核となる少数の組合幹部が、運動の過程で多数の労働者を巻きこみつつ運動体としての組織的な力量を貯えていかなければならない。何割かの力で全従業員を巻きこむためには、どうしても意識の低い層をもひきつける要求を提出しなければならないし、それが具体的な形で全部実現することが必要である。このことが要求の多様性とそれの即時全面実施という主張となって現われるのである。しかし、このような事情が、余計争議を複雑にしていることも否定し難い事実であろう。

4　さらに日本の争議の特色として、問題がいったんこじれると、紛争が長期化し、複雑化することを指摘しておかなければならない。

例えば、賃上げの要求から出発したなんでもない問題も、団体交渉がこじれ、ストライキに入ると、労使はしばしば感情的に対立し、使用者は組合の破壊、分裂工作にのり出すし、組合側もまたスト破りによる操業の継続や組合の分裂を防ぐために、職場占拠やピケによる操業の全面的な阻止を図る。使用者は違法争議行為を理由に組合幹部を解雇し、あるいは立入禁止の仮処分を申請する。この段階になると要求は一転して不当解雇反対となり、上部団体、友誼団体もかけつけて官憲の「不当弾圧」に抗議する闘いとなる。このようにして組合側の要求は二転、三転し、紛争は紛争を呼んで、争議はますます複雑化・長期化するのである。

5　争議が複雑になり、長期化すると、必ずといってよいくらい第二組合が生まれている。わが国の組合は、先にも述べたように、あくまでも企業別の従業員の組織であり、使用者との関係は、企業における従業員としての対立関係にほかならない。組合員の心情においては、労働者としての階級意識よりは、企業忠誠心の方が優越しがちであり、「会社あっての組合」というイデオロギーが支配しがちである。組合役員や上部団体の役員による活動が熱心に行われれば行われるほど、組合は分裂の危機に直面する。そして組合が分裂の危機に瀕すれば、それだけ組合は組織の維持・強化に奔走しなければならず、戦闘的な組合活動家を中心にピケは一層の激しさを加え、切り崩しを防止するための職場占拠や操業の阻止が、いわゆる「行き過ぎた」組合活動、争議行為となって現われる。このような事態になれば、争議はますます深刻さの度合いを増すのである。

6　以上のように、争議に際しての感情的なもつれから、使用者は、えてして組合幹部に「暴言暴行」があったとか、はげしい形の操業阻止、出荷阻止、ピケ・ライン上でのもみ合い、坐り込みが違法争議行為であるとして組合幹部を懲戒解雇にしがちである。また臨時警備員とか、「出入りの営繕関係の職人」という名の暴力団を介入させたり、古参の係長クラスを使って懸命にストの切り崩しをはかる。あるいは職場占拠やピケッティングが違法不当であるとして、工場明渡しや妨害排除の仮処分を申請する。これに対しては、組合側も、当然、労働委員会に不当労働行為の申立を行い、裁判所に解雇の無効を主張して訴えを起こし、あるいは立入禁止とか妨害排除の仮処分命令に対しては異議の申立とか執行停止を求めて争う。なんでもない賃上げの要求から出発した争議が、さまざまな法廷闘争を生むのである。そして労働委員会や裁判所の判断が示されてから争議が終結する場合が多い。労使双方は、むしろ自己に有利な命令や判決をえて、これを手がかりとして争議を解決しようとしているのである。そのために自主的な解決のための努力が先にのばされ、争議はさらに長期化し、かりに事態は決着したとしても、感情的なしこりが残り、「国破れて山河あり」といった重大な結果をまねく場合が少なくはないのである。

三　労働争議と法

われわれは、先に、戦後の労働争議の年次別発生件数が、昭和二三年の一、五一七件を一つのピークとして、漸次減少に向かったが、三〇年代に入って再び上昇に転じ、四三年には戦後最高の三、八八二件に達していることをみてきた。このような労働争議の発生件数の推移は、労働組合運動の盛衰と無関係ではない。そこで、ここでは、わが国の労働争議が労働運動の展開過程の中でどのような形態をとって現われ、それがいかなる国家的・法的規制を呼び、またこのような国家的・法的規制が、現実の争議行為にいかなる影響を与えたかを概観することにする。

(一)　昭和二〇年八月一五日、ポツダム宣言の全面的受諾により、わが国は連合国の管理下におかれることになった。占領軍当局は、ポツダム宣言一〇項後段の「日本国政府は、日本国民の間における民主主義的傾向の復活強化に対する一切の障害を除去しなければならない」という基本方針に基づいて、軍国主義的な政治経済体制を解体し、民主化を達成させるための施策をつぎつぎと実施していった。対日労働政策も、当然にこの基本線にそって進められた。

まず、昭和二〇年一〇月四日、マッカーサー元帥は、「政治的民主的宗教的自由に対する制限の撤廃に関する覚書」を発し、労働組合の結成および組合活動に対する法的な障害をなしていた治安維持法、思想犯保護観察法、予防拘禁手続令等の廃止を指示し、ついで一〇月一一日には、「労働者が搾取と酷使とを防ぎ、生活水準を向上させるために有効な発言ができるように、労働組合を促進助長すべきこと」を日本政府に要求した。

政府は、ポツダム宣言の受諾とともに、連合国司令部の具体的指令に先立って、早くも二〇年八月二八日には「言論結社は自由にする」（東久邇宮首相の所信表明、八月三〇日付朝日新聞）旨を表明していたが、前記の指令に基づき、一〇月二七日には労働組合法制定のために労務法制審議会を設置した。同審議会は、約一カ月後の一一月二四日に答申を行い、これに基づいて政府は労働組合法案を議会に提出、同法は一二月二二日成立、二一年三月一日から施行されることになった。

労務法制審議会の審議に際し、学識経験者代表の末弘委員は、「労働組合法に関する意見書」を提出しているが、その中で「罷業権のことを本法中に同時に規定すべきや否やは立法技術上の問題なるも、団結権従て団体交渉権を認むる以上之に伴いて実質的に罷業権を認むるの要あるは理の当然なるべし」と述べ、さらに「罷業権に関する規定を本法中に設くとせば、其の要領略左の如くなるべし。

(イ)　正面より罷業権を認むる趣旨の規定を設くべきにあらざるは勿論なるも、現行法中不当に罷業手段を抑制しつつある法令を撤廃すると同時に、従来一般刑法その他警察法規が罷業抑圧の目的を以て不当に濫用せられたる例少なからざるに鑑み、此種の弊を防止すべき趣旨の規定を設くること。

(ロ)　罷業権の濫用若しくは罷業に際しての暴行等は多くは企業主側の団体交渉拒否その他団体交渉が円滑に行なわれざることに起因するが故に、此種の場合労働者側の申立てにより仲裁調停機関の介入により団体交渉の円滑化を図ること。

(ハ)　罷業目的は原則として之を制限せざるも、社会秩序の紊乱を目的とし、其の他不当なる政治目的を以てする罷業を防止するため一九二七年のイギリス労働争議及労働組合法に倣って適当なる規定を設けおくこと。

(ニ)　罷業の結果成立する協定を労働協約一般の取扱い、その効力確保に万全の注意を払い争議の再発を防止すること」としている。

このような見解に基づき、同審議会答申の労働組合法案においては、争議権に関する条項は、

「第二条　左ノ法令ノ関係条項ハ労働組合ノ為ニスル組合員ノ前条規定ノ精神ニ基ク行為ニツイテハ之ヲ適用セズ

一、刑法

二、暴力行為等処罰ニ関スル法律

三、警察犯処罰令

四、行政執行法

五、出版法」

「第十一条　使用者ハ同盟罷業ソノ他争議行為ニヨリ損害ヲ受ケタルノ故ヲ以テ労働組合又ハソノ組合員若シクハ役員ニ対シソノ賠償ヲ請求スルコトヲ得ズ」

となっていた。

もともと右の二条は、小委員会が作成した原案では、「前条規定ノ精神に基キ左ノ法令ハ労働組合ノ為ニスル組合員ノ正当ナル行為ニ付テハ之ヲ適用セザルコト……」となっていたが、「正当な行為なら適用しないのが当り前なんですから……御直しを願いたい」（桂委員発言）、「此のたった一句の『正当ナル』と云う言葉から非常に面倒な事態が起りうると思います。」（鮎沢委員発言）、「不正な行為と云うならば前条に基づかない行為ということになるのでありますから、『正当』というのを除いたら如何ですか」（西尾委員発言）[(1)] という意見に基づいて答申案のように修正されたものである。

しかし同審議会においても、使用者側の委員が、「同盟罷業或は争議行為中脱線することを防ぐ、或は危害を加えるような問題に付て、普通ありうる脱線行為を防ぐことを規定して戴くことはいけないでしょうか」（篠原委員発言）[(2)] という意見を述べておられるが、このような使用者側の危惧に対応するかのように、議会においては、それぞれ、一条二項「刑法第三十五条ノ規定ハ労働組合ノ団体交渉其ノ他ノ行為ニシテ前項に掲グル目的ヲ達成スル為シタル正当ナルモノニ付適用アルモノトス」、一二条「使用者ハ同盟罷業其ノ他ノ争議行為ニシテ正当ナルモノニ因リ損害ヲ受ケタルノ故ヲ以テ労働組合又ハ其ノ組合員ニ対シ賠償ヲ請求スルコトヲ得ズ」と再び修正されたのである。

（1）　労働省・資料労働運動史昭和二〇―二一年七六二頁。

（2）　同七四一頁。

(二)　終戦とともに、これまで「徴用」などによって強制的に雇用されていた労働者は、大量に解雇された。例えば、中島飛行機では、二七万八、〇〇〇人の直傭労働者が「第一軍需工廠解散にともない、従業員は自然解職となる」という二行半の官報により解雇され、一〇月一日現在では七〇〇名が残るにすぎなかったし、東京陸軍造兵廠では、約二万人の労働者が解雇された。軍需工場だけではなく、民間においても、例えば共同印刷では、二、五〇〇人の労働者のうち一三〇人を除いた者が四カ月分の退職金とともに解雇されている。

内閣統計局の調査によれば全工業労働者の約三分の一が解雇され、厚生省の推定によれば約四一三万人（このほか女子約七五万人）が二〇年九月までに失業している。[1]

しかし二〇年九月には僅か三件（参加人員九一三人）、一〇月には三二件（参加人員約一万七、〇〇〇人）の争議しか発生していない。労働者は敗戦による大量解雇になんらの低抗も示さなかったのである。その原因としては、戦災によって家を焼かれ、家族を疎開させて、都市の深刻な食糧難と闘っていた当時の労働者にとっては、「一カ月働いても一〇日も暮せない低賃金」しかもらえないような工場から追い出されても「大した痛痒を感じなかった」という事情や、「その大半が徴用工としてかりだされていたため、解雇をかえって奴隷的労働からの『解放』と感じた」[2]という事情をあげることができる。しかし基本的には、戦前の労働運動との間に完全な断絶があり、当時の虚脱状態にあった労働者には、労働組合を結成して抵抗を試みるという組織的な基盤を欠いていたことが大量解雇をそのまま許す大きな原因であったというべきであろう。

このような状態の中で労働争議の火蓋をきったのが、戦時中、各炭鉱で中国人捕虜とともに奴隷的に酷使されていた朝鮮人労働者であったこと（一〇月八日、夕張・常磐炭砿スト）はきわめて象徴的である。そこにおいては、戦時中の労務管理に対する不満が一挙に爆発したのである。一〇月二三日には、読売新聞従組が社内首脳部の戦争責任追及と社内の民主化を要求してわが国初の生産管理を実施しているが、そのなかには同じように過去の封建的労務管理に対する不満の爆発があることを否定できないであろう。二一年にかけて起こった労働争議が、しばしば「吊し上げ」的な、あるいは「人民裁判」的な大衆交渉を伴ったことは、直接の争議の原因が何であれ、その底流には従来の封建的労務管理に対する「百姓一揆」的な反発が渦巻いていたからにほかならない。終戦直後の労働争議は、必然的にある程度過激な様相を帯びる不気味な要因をはらんでいたということができる。

ところで労働組合法が実際に施行される昭和二一年三月一日までは、労働者の争議行為は、法律的には、法文上明らかに認められたものでもなく、また禁止されたものでもなくて、いわゆる放任行為のカテゴリーに入るべきものであった。しかし、前記二〇年一〇月四日付連合国軍最高司令官の覚書により、戦時労働法令とともに長年労働運動弾圧の根拠となっていた治安維持法および治安警察法が廃止され、また政府も二〇年一一月二日には「労働争議ノ調停ニ関スル件」(労発一号厚生省労政局長、内務省警保局長発、警視総監、地方長官宛)と題する通牒を発し、労使の対立は当事者間の自治的協商によって解決すべきものとし、警察の介入排除と調停の民主化を指示した。とくに同通牒には、「争議行為に付ては特に刑事犯に該当するものの外は警察的取締を為さざるものとすること」という一項が挿入されていたのである。したがって、争議行為が法形式的には放任行為とされていたとはいえ、違法性認定の基準については大きな変動がみられたのである。

昭和二一年三月一日からは労組法が施行された。また前記労務法制審議会の答申には「憲法中ニ労働ノ権利及義務ニ関スル規定ヲ設クルコト」という附帯決議が付されていたが、二一年一一月三日に公布された日本国憲法は、二〇世紀憲法の例にもれず、団結権・団体交渉権・争議権を憲法上の基本的人権の一つとして法認した。ここに争議権は、憲法にその基礎をおくことになったのである。

労組法の制定に際し、GHQ当局は、記者会見において「労働組合は民主主義の一つの標識となるものであり、労働組合の存するところには必ず民主主義があり、これの存立しない国には決して民主主義が行われていないといっても過言ではない。戦時・戦前を通じて日本に労働組合が存立していなかったことはこのいい例である」（一二月三〇日付日本産業経済新聞）と述べ歓迎の意を表している。また連合軍総司令部労働問題諮問委員会は、昭和二一年八月二二日に最終報告を発表、日本における労働立法および労働政策に関する勧告を行っているが、その中で、「日本の労働問題に於て、警察活動は恐らく最も重要なる弾圧の要素であったであろう。法令または治安維持を名として、警察は組合に対し厳重なる監視を行いつつあったので、特別に反労働的法令の制定を必要としなかったのである。十月四日の指令に基づいて発せられた警察に関する通牒は、労働問題に関する警察の活動を排除した。しかしながら若干の労働争議形態に対する秘密調査を指示せる最近の内務省の通牒は、警察活動再開の可能性が完全に除去せられていないことを物語っている」という現状分析を行い、これに対して「労働問題に対し、警察の干渉を漸次、再開始することを防止するために、絶えざる監視が必要である。労働争議の過程に於て、人体に対する障害或は財産権の侵害も含め、犯罪行為者をその行為を行った時、或は告訴された後に逮補することは、明らかに正当である。……しかし、組合に対する絶えざる警察の監視、或は正常な組合活動にしばしば伴う温和な、暴行に至らない法律違反に対して警察を使用することは、労働組合法の目的に容易に違反する。それ故、委員会は、労働に対する警察の監視は、公の会合につき通常警察に対し要求されるもの以外には中止すべきであることを勧奨する。労働に関する情報の蒐集は、警察よりむしろ今立案中の労働省の任務であるべきである。(3)」旨の勧告を行っている。

このような当時の労働政策を反映して、とくに昭和二一年の前半までは、ときとしてかなり激しい形の労働争議が現実には行われたにもかかわらず労働刑事事件は一件も発生していない。あらゆる面にわたって労働組合側に有利な客観情勢が支配していたからである。

（1）大河内一男＝大友福夫「戦後労働運動史」日本資本主義講座七巻一七頁。

（2）同右。

（3）労働省・資料労働運動史昭和二〇―二一年八二二頁。

㈢ 占領軍当局の以上のような労働政策は、当時、インフレと生活難にあえぎ、多くの不満をかかえていた労働者階級を急速に組織化した。組合の結成は各地にあいつぎ、労働争議がいたるところで発生した。昭和二〇年一二月には組合数五〇九、組織率三・二％にすぎなかったのが、二一年六月には組合数一二、〇〇六、組織率三二・〇％、一二月には組合数一七、二六六、組織率四一・五％へと上昇し、争議行為の発生件数も二〇年の九四件から二一年には八一〇件に上昇しているのは、この間の事情を端的に示すものである。

当時の争議の中心的な要求は賃上げにあったが、その要求額が、三倍ないし五倍の引き上げという大幅なものであったことは、インフレの急激な進行による実質賃金の低下の激しさをそのまま反映するものであった。また賃上げ要求と並んで大きく掲げられた要求項目は、組合の承認と職場の民主化であった。組合の承認は、具体的には団体交渉権の確立、労働協約の締結、高度の経営参加を含む経営協議会の設立等を意味するものであり、職場の民主化は、封建的な労務管理を行った「非民主主義分子の退陣」、幹部の不正の摘発、身分的差別待遇の撤廃等を意味するものであった。

そして、このような要求を貫徹する手段としてとられたのが生産管理の戦術であった。生産管理は、昭和二〇年一〇月の読売新聞第一次争議において初めて採用されたが、その勝利が全国的に報道され、また三井美唄炭鉱、京成電鉄等で成功したことから急速に広まり、二一年にかけての支配的な争議戦術となった。すなわち生産管理は、二〇年一〇月の一件にはじまり、一二月四件、翌二一年一月一三件、二月二〇件、三月二三件、四月二九件、五月二五件、と拡大していったのである。(1)

いうまでもなく生産管理は、基本的には、激しいインフレの中にあって、資材を隠匿し、その値上がりをまった方が得策であるという使用者側の意識的な生産サボに対抗する戦術としてとられたものである。しかしそこには、読売新聞の生産管理が、社内の民主化を要求項目に掲げて行われたように、過去の封建的労務管理、身分的差別待遇を廃止し、労働者自らが主体的に企業経営に関与していこうという要求が潜められていたのである。その意味では、生産管理は、経営協議会設置の要求につながる経営参加の運動であり、産業民主主義の実践であったともいえる。

たとえば、京成電鉄の生管では、スローガンの一つに「強固ナ団結ノモト親切ニ旅客ニ接シ、我等ノ手デ益々営業成績ヲ挙ゲヨウ」(2)という項目が掲げられたが、実際、生管中の従業員の出勤率は六〇％から九〇％に上昇し、車輛修理を行ったうえ、運転車台も三〇本から四〇本に増加した。また三井美唄炭鉱では、生管に突入して以来、労働時間が一二時間から八時間（実働六時間）に減少したにもかかわらず、出炭率は約二倍、稼動率は五割増に高まっている。(3)

このような生産管理戦術を可能にしたのは、わが国の組合が、職員・工員を打って一丸とする企業別組織であり、平常の管理機構をそのまま組合の生産管理委員会に切りかえることが可能であったからにほかならないが、組合が企業別組織をとるかぎり、生産管理も、当初から一定の限界をもつものであった。すなわち、原材料の手当、金融、販売面では企業別の組合はなんらの力も示すことができなかったからである。もちろん組合側では、労働者の手による産業復興会議ないしは経済復興会議を提唱した。しかし、労働者側の主体的条件はそこまで熟してはいなかったし、経済的社会的な客観的条件もこれを許容するものではなかった。所詮、生産管理は、戦後の一時期に咲いた徒花ともいうべきものであったのである。

しかし生産管理闘争は、単に経営の民主化、生産の復興という要求を貫徹するための手段だけにはとどまらなかった。生産管理闘争は、食糧管理闘争と結合して「天皇制機構をその末端から破壊し」、民主主義革命を達成すべき（昭和二一年共産党中委総会の徳田報告）政治的統一戦線の一環と規定されたのである。そこにおいては、生産管理は、要求獲得の手段ではなく、それ自体が目的に転化する。

このような既成秩序を根底から脅かし、内閣の存立を危くする展望をもった生産管理闘争が提唱されたとき、政府および資本家側はいたく驚愕し、その防止と抑圧に狂奔するようになった。まず昭和二一年二月一日には、労働争議に関して発生する「暴行、脅迫または所有権侵害等」の「違法不当なる行動に対しては、政府においても、これを看過することなく断固処断せざるを得ない」旨の四相声明が発せられ、二月八日には一般的に労働争議に伴う不法行為の防止ならびに取締方針についての通牒が、内務省警保局長名で地方長官宛に発せられた。さらに同年六月一三日には、「政府としては、最近起こった生産管理なるものは正当な争議行為と認め難い。今日までの実例によれば、国民経済全般の立場から見れば結局各種の好ましくない結果を生じ、これを放任しておくと、遂に企業組織を破壊し国民経済を混乱に陥し入れるようになるおそれがあるものといわなければならない……」という生産管理を否認する「社会秩序保持に関する政府声明」が発せられたのである。

この政府の声明を、木村法相は「生産管理には労働者によって資本を代表すべき工場又は設備一切を労働者達の手中に収めて争議を継続しようとする……これは決して公平ではないと自分は考える。敵の本拠を奪取して了っては労働争議はなくなってしまうではないか。……従って生産管理は争議手段を逸脱したものと解釈される」（六月一八日朝日新聞）という形で補足し、河合厚相は「社会秩序に関する声明は企業の経営権と労働者の団結権との間に明確なる一線をひくものである。暴力行為等を全く伴わないときでも生産管理は総て認めない」（六月一五日朝日新聞）、それは「社会公益に対立するものとして好ましからぬもの」（六月一八日読売新聞）と敷衍した。

もとより生産管理が違法か否かは裁判所によって判断されるべきことであり、それを非合法とする政府の声明は、法的にはなんらの効力をも有するものではない。しかし労働者大衆を含めた「巷の人」には、政府の生管否認声明は、生産管理なるがゆえに違法であって取締りをうけるというショッキングな響きをもっていたのである。だからこそ生管否認声明の出された六月には、生産管理戦術は、前月の二五件（五、八一七名）から一挙に一〇件（六三九名）に激減したのである。

しかし一方において「巷の人」のこのような素朴な受けとめ方は、必ずしも思いすごしとはいうことができない。争議に伴う違法行為の取締りが前記四相声明以後次第に行われるようになったからである。昭和二一年二月の三菱美唄争議では、生管中に行われたいわゆる人民裁判が逮捕監禁罪に問われ、(4)三月の高萩炭鉱争議では、生管中の、会社側との乱闘が傷害罪に当たるとして起訴されている。(5)しかし生管否認声明の出された六月以降は、派生的な行為だけではなく、生産管理そのものが問題とされるようになった。

東洋時計上尾工場事件は、生産管理そのものを捉えて起訴した最初の事件である。同事件は、一つの争議で、スト反対派に対する人民裁判事件、同反対派との死傷者まで出す乱闘事件等の刑事事件をも惹き起こしているが、同時に、昭和二一年一一月二八日から同年一二月一二日までの生産管理中に、組合が製品の売上代金の中から、組合員に対して新規要求額により賃金を支払い、生管終了後も一二月分および一月分の賃金を支払ったことが業務上横領罪に当たるとして起訴されたものである。[6]

東洋時計上尾工場事件の起訴が昭和二二年三月二二日になされたとき、検事総長は、「いわゆる生産管理は、本来他人の所有権に対する侵害を内容とするもの多く、かかるものが法律上違法であることは異論のないところであり、ただ極めて限られた条件のもとに違法性のなくなる場合があるというに過ぎない。……」という声明を発表し、鈴木法務総裁は、二三年三月二七日、参院労働委員会において、①「生産管理は争議権を財産権より不当に優位に置かんとするものであり、したがって法益権衡の原則に反する」、②「生産管理は『労資の対等の地位』の実現という労働法の精神を破るものである。」、③「生産管理は治安の面より見るも、これに対し著しい害悪を与えるべき内在的性質を有するものである。」という理由をあげ、生産管理が違法である旨の答弁を行っている。[7]

検察当局は、もはやなんのためらいもなく、「社会公益に反する」生産管理戦術そのものを取締りの対象とするようになったのである。すなわち、生産資材ないし製品の流用をとらえて業務上横領罪に、[8]会社所有の食糧の窃取をとらえて窃盗罪に、[9]なにもない場合には建造物侵入罪、[10]ないしは業務妨害罪に[11]該当するとして起訴した。

生管中、会社が電気設備の一部を取り外し、生産に支障をきたしたので、組合が、その復旧費と運転資金、組合員の賃金支払に充てるために会社所有の鉄板を売却したことが業務上横領罪に問われた山田鋼業吹田工場事件について、大阪地裁昭二二・一一・二二判決は、[12]「近時、企業一般においては、所有と経営が分離し、経営は専ら経営技術者、並に一般従業員である労働者によって運営せられているのであるから労働者は企業内部の一担当者として、経営技術者及び出資者とともに、企業全体を成立せしめていると同時に、企業設備の所有権も、かかる企業組織の制約下で経営技術者により行使せられているということができるので、現在における企業の社会的性質及び所有権の社会的意義を考慮に入れるときは、労働者が争議解決のため企業の物的設備を一時自己の手におさめ、使用者側の支配を排除するも、それは、すでに一般私法規律を超えた労働法の立場より判断すべき現象で、かかる観点よりすれば、争議については労資双方は企業に対し平等の立場にあるというべきであるから、団体としての労働者が使用者側の意思に反し企業を占有することをもって、直に、その占有権ないし所有権及びこれに基づく経営権を侵害するものとは見做し難く、生産管理遂行に伴ない個別的に派生する諸行為の、適法であるか否かの問題とは区別して、生産管理自体は適法な争議行為といわねばならぬ。」ということを前提とし、「本件鉄板の売却行為は適法な生産管理の下に、適法になされた争議行為の手段と判断すべきである」と判示し、被告人全員に無罪を言い渡した。

しかし生産管理を原則として適法とした裁判例はこれが最初にして最後のものであった。山田鋼業事件の控訴審判決[13]は、生産管理は、使用者が生産サボに出ているような例外的な場合を除いては、使用者の意思決定の自由を極度に抑圧するから原則として違法であるという立場に立って、本件生産管理を違法とし、鉄板搬出の点で窃盗罪を構成するものとした。

また右の上告審[14]において、最高裁昭二五・一一・一五判決は、「わが国現行の法律秩序は私有財産制度を基幹として成り立っており、企業の利益と損失とは資本家に帰する。したがって企業の経営、生産行程の指揮命令は、資本家またはその代理人たる経営担当者の権限に属する。労働者が所論のように企業者と並んで企業の担当者であるとしても、その故に当然に労働者が企業の使用収益権を有するのでもなく、経営権に対する権限を有するものでもない。したがって労働者側が企業者側の私有財産の基幹を揺がすような争議手段は許されない。なるほど同盟罷業も財産権の侵害を生ずるけれども、それは労働力の給付が債務不履行となるに過ぎない。然るに本件のようないわゆる生産管理においては、企業経営の権能を権利者の意思を排除して非権利者が行なうのである。それ故に同盟罷業も生産管理も財産権の侵害である点において同様であるからとて、その相違点を無視するわけにはゆかない。前者において違法性が阻却されるからとて後者においてもそうだという理由はない。」として二審判決を支持した。

最高裁判決は、ついで理研小千谷工場事件[15]において、「本件の如く、被告人等が会社側の意向を全然無視し、強いて会社の建造物に立入ってこれを占拠し、他の従業員の就業を阻止し、あるいは会社所有の物品をほしいままに管理処分する如き一連の行為は……到底適法な争議行為としてこれを容認するを得ない。」と判示し、さらに愛光堂事件[16]では、同盟罷業が有効でないからといって、生産管理に出ることは事情の如何にかかわらず常に違法な争議行為であるとし、生産管理の目的で工場内に立ち入ることは建造物侵入罪を構成し、生産管理として、多数の威力をもって会社の事業の管理すなわち支配を排除したときは業務妨害罪が成立するとした。すなわち使用者側に生産サボ等の事情があったとしても生産管理は違法であるとしたのである。ここにいたって、生産管理戦術は、完全なデッド・ロックにのり上げたのである。

(1) 労働省・資料労働運動史昭和二〇―二一年一三六頁。
(2) 同、一五頁。
(3) 大河内一男＝大友福夫「戦後労働運動史」日本資本主義講座七巻三〇頁。なお、昭和二一年二月四日付朝日新聞は、生産管理に共通してみられる点の一つとして「期間中の出勤率は昇り生産は活気づく」ということをあげている。
(4) 有罪、札幌地判昭二二・一二・二労刑資一〇・二三二。
(5) 有罪、水戸区判昭二一・一二・九労刑資一〇・七四。
(6) 単純横領罪と認定、有罪、浦和地判昭二四・三・一一労刑資四八・一七。
(7) 沢田喜道・労働刑法運用の実態二一一―二一五頁参照。
(8) 山田鋼業事件、昭和二二年六月起訴。
(9) 阪神内燃機事件、昭和二二年一二月起訴。川崎製鈑事件、同二三年七月起訴。
(10) 泉機械製作所事件、昭和二三年二月起訴。大和製鋼事件、同二三年五月起訴。

(11) 愛光堂事件、昭和二三年四月起訴、薩摩木工事件、同二三年六月起訴、ヤマサ農機具製造事件、同二三年五月起訴。
(12) 労刑資一〇・一〇八。
(13) 大阪高判昭二三・五・二九労刑資一〇・一一五。
(14) 最判昭二五・一一・一五刑集四・一一・二二六。
(15) 最判昭二六・七・一八刑集五・八・一四九〇。
(16) 最判昭二七・二・二二労刑集一〇二・一。

(四) 労組法により団結権、団交権、争議権が法認された結果、争議行為は、単なる放任行為から権利の体系の中に組みこまれることになったわけであるが、争議権の性格を、形式的には構成要件に該当するが違法性が阻却されるととらえるにしろ、そもそも権利の行使として構成要件には該当しないととらえるにしろ、争議行為は、「違法性」の判断ないしは、「権利の濫用」の判断を通じて一定の限界をもつものである。生産管理戦術の合法違法の争いは、その一つの例であった。しかしこのような法の解釈を通じての争議権の制限は、やがて立法による制約へと移って行った。

争議権に対する立法による制約は、昭和二一年九月の労調法の制定に始まる。労調法は、元来、前記労務法制審議会答申の附帯決議が「労働争議調停法ヲ廃止シ、新タニ労使関係ノ調整ヲ目的トシ争議ヲ予防スルト共ニ迅速簡易ニ争議ヲ解決スルニ適スル法律ヲ制定スルコト」と述べているように、労働争議の平和的解決を目的とし、争議調整の手続と労働委員会の権限とを明らかにするために制定されたものである。しかし労調法は、同時に、非現業公務員の争議権を剥奪し、公益事業の労働者の争議権に重大な制約（強制調停、三〇日の冷却期間の採用）を加えたのである。

このような内容をもった労調法案に対しては、「一日ゼネスト」をも含む広汎な反対運動が行われた。(1) しかし労働者側の反対運動にもかかわらず、政府は、「官公吏、公益事業についての制限は、公益擁護のための必要最少限度の制限である。凡そ如何なる権利と雖も公共の福祉のために又これを害しない範囲に於て行使すべきであり、このことは既に憲法改正案第十一条第十二条に規定するところである」、また「国民の全体から見れば、極く少数である官吏の同盟罷業は、国家枢要の業務を阻害して、国家公共の福祉安寧をみだすものであるとともに、多数国民の支持を受くる政府を危殆に陥らしめるおそれがあり、そのことは結局民主主義にも反することともなるからこれを禁止した」(2) としてその成立をはかり、結局、議会においては、「一、政府ハ速カニ労働者ノ生活ヲ深ク考慮セル労働基準法案ヲ次期議会ニ提出スベシ」、「一、政府ハ本法施行ノ時日ニツキ官公吏並ビニ一般公益事業従業員ノ人格ヲ尊重シ深甚ナル政治的考慮ヲ為スベシ。」等の附帯決議がつけられて、九月二七日、政府原案は多数をもって可決された。

右の委員長報告にも「本年初頭一部官吏の労働運動については、現にその行き過ぎが問題となったような事例もあるのでありまして……」という文言がみられるように、官公吏の争議禁止については、たとえば東京都従組の業務管理のような「行き過ぎ」た争議行為が契機となって、立法による争議行為の規制がなされたのである。また、公益事業の争議行為の制限が、当時最強の力を誇っていた電産あるいは現業公務員である国鉄、全逓の組合員に向けられていたことは改めて述べるまでもないであろう。労調法の施行期日に関しては、「深甚ナル政治的考慮ヲ為スベシ」という附帯決議がつけられ、具体的には「勅令でこれを定める」ことになっていた。これは、労働者の「悪い待遇を放っておいて、その争議のみを制限することには絶対に反対である」という公聴会での意見等を具体化したものであった。労働者側では、労調法の施行は、少なくとも労基法が制定されるまで延期されると理解していた。

しかし政府は、電産労組の一〇月一四日からの怠業指令に対処するため、「深甚ナル政治的考慮」を払って急遽、一〇月一一日、勅令を公布し、一〇月一三日から労調法を施行することとしたのである。

これに対し、電産労組は、指令を変更し、一二日より怠業に入るとともに、一八日には五分間の警告停電を、二三日からは主要工場の午前中停電実施を指令した。政府は、直ちに労調法による強制調停を請求、組合に対しては、右の停電は労調法、電気事業法三三条に違反し、占領目的をも阻害するおそれがあるとしてその中止方を要望した。また東京検事局木内検事正と鈴木警視総監は、連名で組合に対しつぎのような警告を発した。

「今回の電産関係争議に伴い、いわゆる五分間送電停止及び重要工場事業場に対する送電停止の行為は、労働関係調整法の施行を見た今日同法第三十七条に違反する違法なる争議行為であって、それは同時に電気事業法第三十三条違反の罪をも構成するものと認められるのみならず、この種争議行為はわが国の経済の再建及び民生の安定上必要なる重要物資の生産を阻害しその影響するところ極めて広汎に亘るばかりでなく、占領下における治安保持の面からみてもまた健全なる組合運動の発展の上からいっても決して好ましい争議行為ということは出来ないのであって、今後においてもかかる違法行為が継続されるならば検察当局としては、到底これを黙過することは出来ない。仍て、争議当事者としてはこの際大乗的見地に立って直ちにこの種違法なる争議行為を止めて正当なる争議状態に復帰し労働委員会の調停による合法的争議解決の方向に進まれんことを希望する。(3)」

右の勧告は、電産の送電停止の行為は労調法三七条に違反しているがゆえに労組法一条二項にいう「正当な」行為とは考えられず、電気事業法三三条の構成要件に該当するから同条違反の罪を問われるというものである。さらに同勧告は、停電ストが「わが国の経済の再建及び民生の安定上必要な重要物資の生産を阻害」すること、「占領下における治安保持の面から」好ましくないことという事実も違法性認定の事由となると明言している。

このような、労調法三七条違反の争議行為には刑事免責の適用はなく、電気事業法三三条（電気工作物を損壊し之に物品を接触しまたはその他の方法を以て電気の供給または使用を妨害したる者）違反の罪を問われるという検察当局の考え方は、労調法三七条違反の罪は「労働委員会の請求を待ってこれを論ずる」（同四二条）という規定を無視してその直接的な取締りとなって現われてくる。たとえば、電産福岡支部事件(4)、電産大牟田分会事件(5)、電産北見分会事件(6)は、いずれも労働委員会の処罰請求がなく、検察官が労調法三七条の冷却期間を経ていない争議行為であるから実質的に違法であるという立場から、電気事業法違反で起訴したものである。しかし一審判決は、いずれも当該停電ストはいったん獲得した具体的争議権の存続中の行為であって、しかもその目的・方法とも不当とはいえないから正当な争議行為であると判断し、無罪を言い渡している。

すなわち福岡地裁昭二四・一二・二一判決は、電産組合員も労働者の基本的権利としての争議権を有し、ただ労調法三七条所定の制限をうけるにすぎないから、「電産が右制限に服せずいわゆる抜打ち争議行為をなしたか否かが問題の中心とこそなれその争議行為に伴なう効果としての電気の供給妨害をとり上げて電気事業法第三十三条を以て論ぜんとすることは前記憲法及び労働法規の精神に反し殊に労働関係調整法第四十二条の規定を無視するものと断ぜねばならない」としている。他の二つの判決も、表現に多少の差はあるが実質的には同一の理由に基づいている。

ともあれ、労調法が制定された結果、官公吏は大きく二分され、非現業公務員は争議権を剥奪され(7)、公益事業の労働者は争議権の行使に大きな制約をうけることになった。その結果、電産、病院関係の争議行為が刑事事件に発展したばかりでなく、現業公務員である国鉄の組合員の集団欠勤(8)、国鉄松山機関区ストライキの際、同機関区の助勤に赴く乗務員の宇品乗船を阻害した行為(9)がそれぞれ業務妨害罪で起訴されることになった(10)。

(1) 労働省・資料労働運動史昭和二〇―二一年六七頁以下。
(2) 九月五日第九〇議会衆院本会議における委員長報告、中央労働時報一巻五号。
(3) 沢田喜道・労働刑法運用の実態一〇一頁。
(4) 福岡地判昭二四・一二・二一労刑資四八・二四八。
(5) 福岡地柳河支判昭二五・二・一七労刑資四八・二四二。
(6) 釧路地網走支判昭二四・九・五労刑資四八・四二二。
(7) 有罪、京都第二赤十字病院事件、京都地判昭二四・五・二五労刑資四八・一三二。
(8) 有罪、国鉄青森機関区事件、青森地判昭二三・一二・二八労刑資二六・二一三。
(9) 有罪、広島地判昭二四・三・二三労刑資二六・一九二。
(10) 国鉄宇品港事件の広島地裁判決は、労調法三七条は「抜打的争議行為を禁止し、公衆に用意の期間を与えると共に争議当事者の主張並に争議に対する一般社会世論の熟するを待つ趣旨に出でたものであって、之に反する争議は単に形式的違法として同法第三十九条の罰則の適用あるに止まるものでなく更に一般公衆に対する背信的行為として実質的違法性を伴うものであり労働組合法第一条第二項に所謂正当な行為ということを得ない。」と述べ、前記電産関係の事件における福岡地裁判決、福岡地裁柳河支部判決、釧路地裁網走支部判決と真向から対立する立場に立った。この種の問題は、後に公労法一七条違反の争議行為と刑事免責という形で、むし返される。

(五)　一方、労働組合結成の急速な動きは、同一資本下の企業別連合体の結成、産業別組織の確立へと発展した。そして昭和二一年八月には、全国中央組織である総同盟および産別会議があいついで結成されたのである。

このような横の拡がりをもった組合運動は、争議形態としては産業別、地域別の共同闘争、当時のいわゆる「ゼネスト」を計画するにいたる。産別会議には最高闘争委員会が設けられ、各地方、各地域別にはそれぞれ共同闘争委員会が設置された。ゼネストの波は、九月における国鉄、海員の大量首切り反対闘争の勝利を前哨戦として、一〇月闘争へと高まって行った。各単産は、それぞれ賃上げ、首切り反対、統一協約締結等の要求を掲げ、そのほとんど一〇〇%を獲得した。一〇月闘争の主役はむしろ民間企業の労働者であったが、やがて官公労働者に闘争の主体が移行するにつれ、その要求は必然的に政治的色彩を帯びざるをえなくなった。なぜならば、官公労働者の交渉相手は政府であり、かつその賃金要求は、直接、予算と関係しているからである。

官公労働者は、一一月末、一七五万人が参加する全官公庁共同闘争委員会を設置し、越年資金の支給、最低賃金制の確立、勤労所得税の撤廃、労調法の撤廃、労働協約の即時締結等の要求を吉田内閣に提出した。これに対し政府は、要求を拒否しただけでなく、内閣打倒国民大会への官公職員の参加を禁止し、争議行為により執務せざる者に対する減給の措置（勅令五九一号の制定）をとることとした。政府のこのような態度に不満を抱いた組合側は、さらに吉田首相が年頭の辞において争議を行う労働者を「不逞の輩」として批判するにおよんで態度を硬化させ、一月一一日に「スト態勢確立大会」を開催し、「頑迷な政府の挑戦に対して、反撃をあえて辞さ」ず、「なん時たりとも指令一下整然として歴史的なゼネストに突入し、共同の全要求を貫徹する日まで断乎として闘いぬくことを宣言する」とともに、第二回の要求書を提出した。

しかし一月一五日の政府の回答も、前回同様、組合側の要求を満足させるものではなかった。全官公共闘は、一月一八日に大会を開き、「ここに血涙をのんでついに建設的大手術を断行せざるを得ざるの止むなきに至った。われら二百六十万の全官公労働者は二月一日午前零時を期して決然として起ち全国一斉にゼネストに突入し全要求の貫徹するまでは政変の如何にかかわらず断乎として戦うことを宣言する。」旨のゼネスト突入宣言を発表した。

戦時中より引き続いて行われていた統制経済のもとでは、官公労働者の賃金水準は民間労働者の賃金にも決定的な影響を与えた。それゆえ官公労働者の共同闘争は、全産業の労働者によって支援され、全労働者をうって一丸とする闘いへと発展する条件をもっていたのである。官公労働者が掲げた「最低賃金制の確立」、「五〇〇円の枠をはずせ」、「勤労所得税の撤廃」、「労調法の撤廃」等の要求は、一〇月闘争を通じて民間労働者もまた主張してきたところでもあった。したがって、これらの共通の要求を実現すべきものとして、一月一五日には全国労働組合共同闘争委員会が結成され、全国六百万余の労働者が「近く決行される全官公庁、教員を中心とするストライキに対して」「その勝利のため一斉に立ち上る」ことが決議されたのである。

政府は、さきに一〇月闘争を「政治的ゼネスト」としてこれに批判的な見解を表明していた。たとえば、吉田首相は一〇月一一日の参院本会議における緊急質問に対し、「現下日本経済の再建の途上において産業事情を無視せるが如き一方的の要求を提出してストライキを行い、しかも政治ゼネストを宣言するが如きは、明らかに組合運動の範囲をこえるものである。」、かかる「不当なる組合運動が継続される場合においては、政府としては世論に顧み万全の措置を講ずる覚悟である。」（昭和二一年一〇月一二日付読売新聞）と述べていたが、二・一ストの計画に対しては、「日本が経済的に崩壊する危険に曝されることとなる」（二二年一月二二日政府声明）とし、非現業の公務員が労調法に違反して「争議行為をなしたときは服務違反として懲戒処分を為さねばならぬ」（一月三〇日内閣書記官長通牒）こと、「労調法上合法性を有する現業官公職員の争議行為でも今回の計画のような全面的ストは争議権の濫用として刑法上の業務妨害罪、その他の特別法令違反として取締る。」（一月三〇日木村内相談）ことを表明した。また福井検事総長も、一月三〇日、「今次の罷業計画が実施せられるにおいては現下の状勢に鑑み国家再建に致命的な打撃を与えかつ国民生活を著しく破壊するのみならず、かかる行為は刑法上業務妨害罪を構成することは勿論、その他各種の刑罰法令にふれることともなるので、本職としては到底黙過し難くこれが推移については重大な関心を有するものである。」という声明を発した。

しかしながら、いかに政府が二・一ストは「国民生活を著しく破壊する」がゆえに違法であると断じても、国内法の体系の中で判断するかぎり、これを差し止める法的な根拠を見出すことができない。中労委の懸命な調整の努力も効を奏さず、二・一ストは不可避の情勢にたちいたった。そこに現われたのが占領軍当局であった。

すでにみてきたように占領軍当局は、日本民主化の措置の一環として団結権を法認し、労働組合運動を積極的に保護助長した。しかし、それは「占領目的を阻害しないかぎり」という限定つきのものであった。このことは、たとえば労組法制定の際、GHQのスポークスマンが生産管理に言及して、「先頃の京成電軌や読売新聞の争議は、罷業の形式をとらず新手の争議戦術に出たが、司令部としては争議が如何なる形式であれ、連合軍の占領目的に脅威を与えぬ限り干渉せぬ方針である。」（昭和二〇年一二月三〇日付日本産業経済新聞）と述べていること、昭和二一年一二月二四日の極東委員会の日本労働組合に関する一六原則が、「ストライキその他の作業停止は、占領軍当局が占領の目的乃至必要に直接不利益をもたらすと考えた場合にのみ禁止されること。」と述べていることからも明らかである。

二・一ストが不可避の事態にたちいたった一月二二日、占領軍当局は、共闘側の代表に対し、「総司令官は充分に労働者の権利を認めているが、ゼネストによって国家的災害を促進するが如き労働団体による共同的行動は許さないであろうから考慮しては……」というスト中止の勧告を行った。しかし共闘側は、「要求が容れられないかぎり中止はできない」旨の回答を行った。そこでマーカット代将は、一月三〇日、口頭でスト禁止を命令し、「もしこの命令に反してストが行動になって現われた場合、また指令に反したことを煽動した場合には最大の厳罰に処する」と言い渡した。そしてスト中止の指令は直ちにラジオを通じて全労働者に知らせることが命令され、二・一ストはその直前において挫折のやむなきにいたったのである。

しかし組合側は、二・一ストの中止命令はそのとき限りのものであると理解した。そこで翌二三年三月には、再び全逓を中心とする共同闘争の態勢をとったのである。GHQ当局は、三月二九日、「一、今週に計画されつつある計画的通信事業員の罷業は一九四七年一月三一日附連合軍総司令官の通告条項に該当する」、「二、経済復興並びに公共の利益に重大なる不利益を及ぼすこの罷業を防止するに必要なる措置を講ずべきことを日本政府に期待する」とするマーカット覚書を発した。しかし組合側は、全逓にあってはかねて計画中の地域闘争はこの覚書に抵触するものではないと解し、また非現業労組も、覚書は計画中の一斉賜暇戦術を禁止したものではないと解し、スト態勢を解こうとしなかった。そこでマーカット代将は、三月三一日、覚書における coordinated work stoppage とは「単一産業又は一集団的産業の関係労組員が系統的又は組織的に相関連した一連の業務停止をすることを意味する。又異った地域と日時における短期間の組織的欠勤は全地域に於ける一斉ストと同様な、又はそれに相応する累積的影響をもつ点から言って単なる口実としか考えられない。従って此の種の活動は、coordinated work stoppage に該当する。」旨を重ねて表明した。ここにいたって、「経済復興並びに公共の利益に重大な影響を及ぼす」ような大規模な一斉業務停止（coordinated work stoppage）は、占領体制下においては禁止される旨の管理法令が定立されていることが明らかにされたのである。

さらに七月二二日、マッカーサー元帥は芦田首相宛に書簡を送り、フランクリン・ルーズベルトの言葉を引用して公務員は国民全体に奉仕する義務を負っていることを説きつつ、①政府関係において労働運動は極めて制限された範囲で適用すべきであり、正当に設定されて主権を行使する行政・立法・司法の各機関に挑戦することは許されないこと、②組合の判断を立法並びに行政面に進出させ、労働組合が国民全般の正しく選ばれた代表者の機能を侵害することは民主主義理念に違反するものであること、③公務員は何人といえども争議行為または政府運営の能率を阻害する遅延戦術その他紛争戦術に訴えてはならず、また公衆に対してかかる行動に出て公共の信託を裏切ってはならないこと、④鉄道、煙草等の政府事業を除外して公共企業体を組織すべきこと等を指示した。

右の書簡に基づき、政府は、国家公務員法改正までの暫定措置としてポツダム勅令に基づく政令を公布することとし、七月三一日、政令二〇一号を制定した。同政令により、国または地方公共団体の職員の地位にある者（公務員）は、「拘束的性質を帯びた、いわゆる団体交渉権を有しない」（一条一項）こと、「公務員は、何人といえども、同盟罷業又は怠業的行為をなし、その他国又は地方公共団体の業務の運営能率を阻害する争議手段をとってはならない」（二条一項）こととされ、違反に対しては一年以下の懲役または五、〇〇〇円以下の罰金が課せられる（三条）ことになったのである。

政令二〇一号の公布に前後して、全官公傘下の各組合は非常事態宣言を発し、反対闘争に立ち上がることを表明し、国鉄、全逓では、職場離脱、怠業が行われた。これに対し政府は、公務員の政令違反行為は断乎として取り締まる旨を明らかにした（八月六日、官房長官並びに検事総長談話）。各地に政令二〇一号事件が発生し、同年末までに八七一名の労働者が起訴された。労働者側は、同政令は憲法二八条に違反する違憲無効のものであるとして争った。しかし下級審判決は、いずれも政令二〇一号は、ポツダム勅令（昭二〇勅令五四二号ポツダム宣言ノ受諾ニ伴ヒ発スル命令ニ関スル件）に基づいて制定されたものであるから有効であると判断し、最高裁（大法廷）も二八年四月八日判決（刑集七・四・七七五）においてこれを支持した。しかも同判決は、「国民の権利はすべて公共の福祉に反しない限りにおいて立法その他の国政の上で最大の尊重をすることを必要とするものであるから、憲法二八条が保障する勤労者の団結する権利及び団体交渉その他の団体行動をする権利も公共の福祉のために制限を受けるのは已むを得ないところである。殊に国家公務員は、国民全体の奉仕者として（憲法一五条）公共の利益のために勤務し、且つ職務の遂行に当たっては全力を挙げてこれに専念しなければならない（国家公務員法九六条一項）性質のものであるから、団結権、団体交渉権等についても、一般の勤労者と違って特別の取扱を受けることがあるのは当然である。従来の労働組合法又は労働関係調整法において非現業官吏が争議行為を禁止され、又警察官等が労働組合結成権を認められなかったのはこの故である。同じ理由により、本件政令二〇一号が公務員の争議を禁止したからとて、これを以て憲法二八条に違反するものということはできない。」と判示し、公務員の争議行為の禁止は、憲法を頂点とする国内法の体系の下においても容認されることを明らかにした。

政令二〇一号は、やがて国家公務員法（昭二三法二二二号）、公労法（昭二三法二五七号）、地方公務員法（昭二五法二六一号）、地方公営企業労働関係法（昭二七法二八九号）に引きつがれた。争議権を剥奪された官公労働者は、やむなく遵法闘争（安全運転、休暇戦術、職場大会戦術、定時出勤戦術、残業拒否）という名の新たな争議形態を案出せざるをえなくなったのである。

㈥　昭和二四年六月には、労組法の第一次改正が行われている。それは、二・一ストの禁止にはじまる占領軍当局の労働政策の転換を端的に反映するものであったし、いわゆる資本攻勢の高まりの中で行われたものであるだけに、労働運動にはなにがしかの抑圧的機能を果たすものであった。

労働争議の分野に関しては、労組法の目的（一条）に変更が加えられた点が注目される。旧労組法制定の際の労務法制審議会の労組法案では、労組法の目的は、「団結権ノ保障ニヨリ労働者ノ経済的社会的並政治的地位ノ向上ヲ助ケ経済ノ興隆ト文化ノ進展トニ寄与ヲ与フルコトヲ目的トス」（一条）となっていたのであるが、「労働組合ト雖モ其ノ経済上ノ地位ノ増進ヲ図ル為ニ或ル程度ノ政治活動ヲスルコトハ、各国共通ノ事態デアリ、又コレヲ労働組合法ニ依ッテ禁止スル必要モナイ、併シナガラ経済的政治的社会的地位ノ向上ト三ツコレヲ並ベテ書イテ置ケバ、労働組合ノ本来ノ目的ガ甚ダ曖昧ニナッテ来ル、ダカラ条文トシテハ寧ロ労働者ノ地位ノ向上ト書イテ、其ノ中ニハ経済的地位ノ向上以外ニモ従属ノ目的ヲ持ッテ居ルコトヲ明ラカニスル方が適当デアル」（八九帝国議会衆院委員会における芦田厚生大臣の趣旨説明）ということから、議会に上程される段階では、「経済的社会的政治的」という文言が除かれ、単に「本法ハ団結権ノ保障及団体交渉権ノ保護助成ニ依リ労働者ノ地位ノ向上ヲ図リ経済ノ興隆ニ寄与スルコトヲ目的トス」と規定されたのである。

しかし昭和二四年の改正労組法においては、旧労組法は旧憲法下に制定されたものであった関係上、団結権・団交権を保護助長する旨の規定が必要であったが、その後新憲法が制定されてその二八条に団結権の保障の規定が設けられたため、重複を避け、労組法の目的である「労働者の団結権、団体交渉権の保障をより具体的に規定し、明確化」するため（第五回国会衆院労働委員会における鈴木労働大臣の説明）に、「この法律は、労働者が使用者との交渉において対等の立場に立つことを促進することにより労働者の地位を向上させること、労働者がその労働条件について交渉するために自ら代表者を選出すること、その他の団体行動を行うために自主的に労働組合を組織し、団結することを擁護すること、並びに使用者と労働者との労働関係を規制する労働協約を締結するための団体交渉をすること及びその手続を助成することを目的とする。」と改められたのである。

もちろん改正労組法においても、二条但書四号において、「主として政治運動又は社会運動を目的とするもの」は労働組合とは認められないという規定を存続させているから、組合が附随的に政治活動を行うことが制約されるようになったわけではない。しかし同改正法が「労働者が使用者との交渉において対等の立場に立つことを促進することにより労働者の地位を向上させること」として、あたかも団体交渉が団結権の中核に位置するかのような書き方をしているため、団体交渉によって解決不可能な事項を目的とする争議行為は違法であるという解釈を導き出す可能性を開いたという点では、提案理由のいうように、団結権保障の趣旨を必ずしも「具体化・明確化」するものではなかった。同改正法案の公聴会において、経営者側が「ゼネスト、政治スト、同情スト、生産管理等を違法とせよ」と強く主張していただけに政治ストを狭く限定するのに恰好の材料を提供することになったのである。

さらに改正法においては、一条二項に新たに但書が加えられ、「いかなる場合においても、暴力の行使は、労働組合の正当な行為と解釈されてはならない」と規定された。これは、労働大臣の趣旨弁明によれば、「労働組合の正当な行為は罰せられない」という刑事免責の規定が、「稍ともすれば、ほしいままに解釈されていた従来の経験に鑑み……少くとも労働組合の暴力の行使等は、正当な行為でないことを明らかに」するために設けられたものであるというある意味では当然の事理を規定したものであるとはいえ、「暴力」の解釈いかんによっては争議権を制約する可能性を含むものであったということができるであろう。

労組法の改正と並んで提案された労調法の改正においては、公益事業以外の事業においても争議行為の開始日の一五日以前に相手方および労働委員会または都道府県知事に予告すべきこと、公益事業における冷却期間を三〇日から四〇日に延長すべきこと等が意図されたが、成立するにはいたらなかった。

占領政策の転換は、戦後の日本経済の再建をいわば資本家的方式によって行うことを明らかにするものであった。矢つぎ早やに発表された経済九原則、ドッジ・ラインや、傾斜生産方式、金融引き締めは、労働関係の面では、企業整備＝人員整理となってはね返ってきた。これに対する闘い、とくに協約の解雇協議約款を武器としての労働者側の首切り反対闘争に対しては、労組法の改正による自動延長約款の無力化＝協約の破棄という形で使用者側に立法上の援助が行われた。組合の自主性・民主性を確保するということから行われた労組法の改正により、大量の「利益代表者」を組合の戦列から失い、就業時間中の組合活動の自由を失った労働者側は、いわゆる地域人民闘争方式を採用し、具体的には職場闘争を通じて職制を麻痺させることを狙った。このような労働者側の抵抗に追打ちをかけたのが昭和二五年のレッド・パージの指令である。レッド・パージの指令は元来、報道機関から共産主義者を閉め出すことを狙いとするものであったが、占領軍当局の示唆により、一般の民間産業にも拡がり、僅か半年の間に約一万二、〇〇〇人もの戦闘的な分子が解雇された。労働運動は大きな凋落期を迎えたのである。

(七)　昭和二六年、講和条約の締結を控えて、占領軍当局は占領体制下の管理法令の再検討を示唆した。これを契機として労働関係の分野においては、二・一ストの禁止命令に端を発する争議権規制の問題をどうするかという点を中心とする法改正の論議が展開されることになった。

講和後も占領体制下の諸法令をほぼそのまま国内法に組み替えようとした政府の改正案は、これに反対する労働者側の政治的ゼネスト（労闘スト）を惹起させた。しかしメーデー事件などによる不利な社会情勢も作用して、結局は政府側に押し切られてしまった。政府は、まず破防法を成立させた。同法は、暴力主義的な破壊活動を規制する目的で制定されたものであるが、解釈のいかんによっては労働運動を抑圧する機能を果たしうるものであり、実質的にはレッド・パージの指令をうけつぐものであった。一方、二・一スト中止命令（大規模スト禁止）をうけつぐものとして、ゼネスト禁止法案が検討されたが、その役割を果たすものとして緊急調整制度が労調法の改正によって導入された。そして昭和二三年のマ書簡に由来する政令二〇一号は、国公法、地公法、公労法、地公労法にうけつがれ、そのまま講和後も存続することになったのである。

さらに昭和二七年の電産、炭労の争議に手をやいた政府は、翌二八年に一種の報復立法としてスト規制法を成立させた。これによって電気事業における停電スト・電源ストや炭坑における保安要員の引揚スト等を封じようと図ったのである。

政府はまた、昭和二七年には政治スト違法の内閣官房長官談話を、二九年には「労働関係における不法な実力行使について」というピケに関する通牒を、三二年には「団結権、団体交渉その他の団体行動権に関する労働教育行政の指針について」と題する通牒を発し、労組法の解釈に一定の枠をはめることを意図した。

㈧　昭和二七年の労闘ストを契機として再び労働運動の昂揚期を迎えた労働組合側では、企業別組合の弱さを克服するために、産業別統一闘争の一つの形態として、いわゆる春闘を組むようになった。とりわけ官公労働者は、毎年の春闘の中で遵法闘争を駆使しつつスト権奪還闘争を展開した。それはＩＬＯ八七号条約批准闘争を軸とし、やがて中郵判決[1]、東京都教組判決[2]を引き出し、講和後の労働争議法に大きなさびを打ちこんだのである。

一方、昭和三〇年代にかけて、遅れた労働関係の支配していた部門ないしは中小企業においては、恰も終戦直後の時期を思わせるような組合承認の争議ないしは人権争議がつぎつぎと発生した。それは近江絹糸の人権争議（昭二八）を初めとして、病院スト、証券スト、銀行スト、タクシーストとなって現われた。そこにおいては、いずれも激しいピケ、職場占拠やそれに対抗するロックアウトおよび占有解除・立入禁止等の仮処分の申請が行われ、豊富な裁判例をつぎつぎと提供したのである。

（1）　最判昭四一・一〇・二六刑集二〇・八・九〇一。
（2）　最判昭四四・四・二刑集二三・五・三〇五。

二　整理解雇

＊　本稿は、日本労働法学会誌五五号『整理解雇の法理』に掲載されたものであり、昭和五四年頃の経済情勢を反映している。

一　はしがき

資本主義経済の建前をとる以上、私企業は景気変動の影響を免れることができず、不況による雇用量の調整は個別企業の経営戦略として不可避のことがらとなるのである。しかしながら、いかに経済的必要性が存するとはいえ、景気の変動による雇用量の調整は、個別企業の完全な自由に任されているわけではない。確かに不況による経営難は必ずしも企業の側の責任とすることはできないし、利潤の追求を目的とする私企業にあくまでも労働者の雇用を義務づけることは困難であろう。私企業にとって、利潤の追求は経済活動の動機であり、活力の源泉ともいうべきものであって、ある意味では資本主義社会のよって立つ基盤をなすとすらいいうるものである。したがって、利潤、すなわち企業の採算を無視してまで雇用の維持を義務づけることは、資本主義社会の建前をとる以上、難しいといわざるをえない。しかしながら、企業に「営業の自由」が保障されているとはいえ、企業は、その活動が孤立的自己完結的なものではなく、労働者、消費者、他企業をまき込まざるをえないという点で国民経済、国民生活と密接に結びつき、社会的な制度になっているのである。したがって、例えば、企業の採算上はマイナスの要因にしかならないとしても、個別企業には、安全衛生施設や公害防除措置が義務づけられ、賃金や労働時間等の労働条件についても一定の法的規制がなされている。これと同じ原理は、不況による雇用量の調整についても働く。今日では、各国ともほぼ共通して、「解雇の自由」になんらかの法的規制を行っているし、また経済的理由による大量解雇（整理解雇）についても一定の制約を設けているのである。

もとより、原理的には共通のものを有しているとはいえ、経済的理由による雇用量の調整の仕方には各国とも多様性をもっているし、法的な対処の仕方もさまざまである。しかし本稿は、整理解雇についての比較法的な検討並びにわが国の整理解雇の法理についての検討を行うものではなく、わが国の労使関係と雇用調整の特色、およびそれが有している社会経済的意味についての私見を簡単に述べるにとどめる。

二　生涯雇用・年功序列型賃金制

わが国の労使関係は、終身雇用、年功序列型の賃金をもって特色づけられている。そしてこのような労使関係が一般的に確立されるにいたったのは第二次大戦後のことであるといわれている。終身雇用、年功序列型賃金制という日本的経営方法の源泉がどこにあり、それがいつ頃確立されたかを論証することはさしあたっての本稿での問題関心外のことであるが、私自身は、労使関係も社会の風土ないし思潮に規定されざるをえないということから、終身雇用、年功序列型賃金を軸とする日本的経営方法の源泉は、日本における産業資本主義の確立期にまで遡りうるし、現在はもとより、将来も、基本的には維持されていくのではなかろうかと考えている。

すなわち、日本の社会は、伝統的にイエとかムラといった生活共同体を基盤として醸成されたタテ社会であり、長幼序ありという年功序列型の秩序によって結びついていた。このような一般的な思潮が産業資本主義確立期以後に設立された新しい企業の労使関係にもなんらかの形で反映していったことはあえて異とするに足りないであろう。とくにわが国においては、資本主義確立の急激性とあいまって、官業および重工業を中心とする大企業が、主として農村の二三男を労働力として調達し、企業内において職業訓練を行いつつ熟練工に育てあげたのである。つまり、労働市場は、西欧先進資本主義諸国にみられるように都市の労働者街を中心として社会的に組織されていたわけではなく、都市に新設された工場と農村を直接結ぶ線で個別的に細分化されており、個別企業の計算と責任において労働力の陶冶が行われたのである。いわば使い捨てともいうべき専ら嫁入り前の子女のチープレーバーに依存した製糸・綿紡績業は別として、鉄鋼、機械、電機といった重工業（軍需産業）にあっては、高度の技術と経営組織を必要とし、そのためにも企業が自ら育成した労働者の長期安定雇用を図ることは、経済的に合理性をもつものであった。このように、主として官業、重工業を中心に根づいた長期安定雇用と年功序列型賃金は、日本的経営風土の中で成長し、経済の発展とともに一般化していったとみることができる。

今日でも、日本の労働者にとって就職とは特定の会社に入社することであり、一定の仕事（trade）につくことではない。

この点についての日本の企業と欧米の企業との差異につき、バロン教授はつぎのような例をあげる。「よくあげられる例だが、子供に『お父さんは何をしているの？』と尋ねてみよう。いまの時代、この質問は重要な意味をもっている。尋ねている内容は現代の産業社会での身分の証明だからである。ヨーロッパやアメリカなら、子供は即座に、『お父さんはトラックの運転手だよ』とか、『お父さんは銀行家です』というふうに答える。つまり、人は自分の職業や商売で自分の身分を明らかにする。父親が銀行家であればニューヨークにいても、パリにいても、シティバンクで働いていてもパリ国立銀行で働いていても銀行家である。ところが日本の子供の返事は違っている。たいていの場合、『お父さんは三菱に勤めている』とか『お父さんは東京銀行に勤めています』と答える。(1)」

わが国の場合、労働者がいったん会社に入社したときには、よほどの事情がないかぎり定年まで勤めることが暗黙の前提となっている。もちろん、定年までの雇用を保障する就業規則が制定されているわけではないし、労働者がその旨の特約を結んでいるわけでもない。しかし、終身雇用、正確には長期安定雇用は、わが国における社会的な慣行ともいうべきものであり、労使の規範意識にすらなっているとみてよいであろう。労働者が企業内職業訓練によって一定の技術、能力を身につけたからといって、よりよいポストを求めて他企業に移ることは一般的には考えられない。転職の経験が多ければ多いほど、「経歴が汚れている」として社会的には警戒されるのである。日本の労使関係においては「二君にまみえず」式の定着性、忠誠心に強い価値がおかれている結果、自己の都合によって企業を勝手に飛び出す者に対しては、一部の例外を除いて上昇移動はできないという社会的な制裁が加えられるのである。同じように、恩情主義に価値感をもたせる日本の労使関係にあっては、景気変動の影響をもろに労働者にかぶせてすぐに解雇する企業に対しては、「ひどい会社だ」という社会的な非難が集中し、良質な労働力は定着しないという制裁をその企業はうけるのである。たとえ若干の余剰労働力をかかえていたとしても、余程のことがなければ人員整理はしないというのがわが国における一つの経営哲学であり、定着性が高く、勤勉で企業忠誠心の高い良質の労働力と安定した労使関係がそこから生まれてきているのである。わが国においては、解雇権濫用の法理を媒介として、比較的早くから解雇の自由にかなりの法的規制が行なわれているのも、このような労使関係の法の世界への反映とみることができる。

（1）ロベール・J・バロン『日本型ビジネスの研究』三三―四頁。

三　終身雇用・年功序列型賃金制の条件

終身雇用、年功序列型賃金のシステムが成立しうるためには、いくつかの前提条件が必要である。

1　第一は、低廉で豊富な若年労働力が存在し、これを継続的に採用しうるということである。長期安定雇用を図るためには、勤続年数が長くなるにつれて「地位も上れば月給も上る」という点で、労働者を企業に引きとめる魅力がなければならない。その意味では、終身雇用は年功序列型賃金と密接に結びついているのである。しかしながら、企業の支払源資は一定であるから、年功序列型賃金制を維持するためには、賃金の安い若年労働者が常にピラミッド型の従業員構成の底辺に補充されることが必要である。近年における出生率の低下と進学率の増大は、高度経済成長による雇用量の増大とあいまって若年労働者の減少をまねき、初任給を押し上げる要因として働いている。わが国の終身雇用、年功序列型賃金制は、この面からも問題が提起されているのである。

2　第二に、終身雇用制を維持するためには、企業の規模が絶えず増大していくことが必要である。賃金が職種および職階に応じて定められ、かつ労働市場が職種ないし仕事について成立している西欧諸国にあっては、労働者がよりよい賃金をうるためには、なによりも、よりよいポストを自らの手で開拓しなければならない。同一企業で良好な勤務状態を維持していれば、エスカレーター式に昇給昇格していくという関係にはないからである。その代わり、他企業に行ったからといって出発点からのやり直しという中途採用者の悲哀を味わうこともなく、常に水平ないし上昇移動を続けていくことができる。ポストはいつも企業外に開かれているのである。

しかしながら、わが国においては、企業内ではまかなえない高度の技術者の例外を除けば、上級ポストは昇進の対象として企業内の従業員に対してのみ開かれており、原則として過去の年次に新規学卒者として入社した者だけが一定の勤務年数を経た後、候補者となりうるのである。これらの新規学卒者に年功によって昇給昇格することを保障し、なおかつ平均年齢を一定水準以下に維持するためには、ピラミッドの底辺が押し上げられるにつれて拡大したピラミッドをさらに構成していくこと、すなわち、企業規模を絶えず拡大していくことが必要である。この点からも、終身雇用、年功序列型賃金制は、本質的に生成してやまない大企業のものであることが明らかである。しかし、経済の発展が停滞期を迎えた今日においては、大企業とて、ピラミッド型の従業員構成を拡大再生産していくことは不可能である。人べらし型の配転出向や選択定年制、あるいは肩たたきによる希望退職の募集が中高年層に集中しているのは、中高年層の間引きによる別の形でのピラミッド型の年齢別従業員構成図の再構成であり、終身雇用、年功序列型賃金制維持のための努力であるということができる。

3　第三に、わが国においては、終身雇用、年功序列型賃金制を支えるために従業員構成に二重の構造がとられていることを指摘しておかなければならない。終身雇用、年功序列型賃金制を享有しうるものは、新規学卒者に始まる正規の従業員団である。これらのものを基幹的労働者ないしは中核的雇用労働者と名づけるとすれば、その周りには、臨時作業員、臨時職員、準社員、常傭作業員、傭員、パートタイマー、アシスタント、コーポレーター、アルバイト、嘱託等々無数の名称をもった周辺的雇用労働者が存在する。これらの労働者は、「臨時」ということから、多くの場合、「期間の定めのある雇用契約」によって雇われ、賃金も低く、退職金等の恩恵にも浴しない。しかし、実際には、期間の定めのある雇用契約が反覆更新され、臨時労働者も、正規の従業員と同じ職場で同じ仕事に従事しつつ、不況になれば真先きに切り捨てられているのである。

臨時労働者が、文字通り不時の繁忙事態に対処するために臨時に雇用されるのであれば、それなりの合理性をもったものであり、なんらの社会問題、法律問題を提起しなかったであろう。しかしながら、わが国における臨時労働者の「臨時」とは業務に対応する概念ではなく、「正規の従業員」（レギュラー・スタッフ）という身分に対立する概念なのである。臨時労働者は、「ウチの者」としての正規の従業員団との対比では、あくまでも「ヨソの者」であって、その雇用関係には冷い権利義務関係が支配し、正規の従業員に対するような恩恵や恩情主義の入りこむ余地はない。臨時労働者に限って、必ずといってよいほど採用時に雇用期間や賃金を明示した契約書が手交されているのはこのことを示す一つの例であるといってよいであろう。

西欧諸国においても、臨時労働者が存在しないわけではない。短期雇用契約を反覆更新させることによって常用工としてのメリットを吸収しながら、解雇に課せられた法的制約のわずらわしさを免れようとする資本家的計算は洋の東西を問わず存在するからである。しかしながら、少くとも建前としては「同じ仕事をする場合には、同じ賃金を支払わなければアンフェアである」という社会意識ないし社会規範によって、臨時労働者の労働条件についての格差はわが国ほど大きくはない。わが国における正規従業員と臨時労働者の処遇面での格差は、量的なものというよりは質的なものですらある。「ウチの者」である正規従業員は、会社と一体となって恩情、協調、情緒の世界をつくり上げているが、「ヨソ者」である臨時労働者に対する関係では、排他性、冷酷さ、打算をかくそうとはしない。わが国の労働組合が、ほとんどの場合、臨時労働者や社外工等を加入させないのは、企業別組合が正規従業員の組織であり、臨時労働者とは異質のものであることを示すものである。

ともあれ、終身雇用、年功序列型賃金制が成立しうるためには、すでに指摘したように新規学卒者の採用を継続的に増大していくこと、および企業の規模を引き続いて拡大していくことが必要であった。しかし、原理的には単純な理屈であるとしても、この要件を満足させていくことは、いかに大企業とて不可能に近い。したがって、終身雇用、年功序列型賃金制を維持しようとするためには、右の要件と同じ機能を果たす代わりの制度をもってこなければならないのである。すなわち、若年労働者の雇用は、一つには低賃金労働者の継続的な補給に意味があるわけであるから、賃金が低く固定されている臨時労働者が代替的機能を果たしうる。とくに、勤続数年にして自発的に退職する女子労働者やパートタイマーとしての家庭の主婦が格好の対象となっているのは、このような経済的機能を果しうるからである。また、終身雇用を維持するための企業規模の継続的拡大は、ピラミッドの底辺を押し上げる労働者に対して昇進のポストを創設する必要性に基づくものであったから、臨時労働者のように年功序列制にのらない者の数を増やしていけば相対的に企業規模を拡大したのと同一の効果を生じる。わが国においては、臨時労働者が、日本的経営方法としての終身雇用、年功序列型賃金制を成立させる条件として機能している点は強調しておかなければならないであろう。

4　さらに終身雇用、年功序列型賃金制が成立しうるためには、景気変動のショックを柔げるメカニズムが備わっていなければならないという点を指摘しておく必要がある。これまでにみてきた臨時工制度は、その最たるものである。臨時労働者を採用する最大の狙いは景気変動の際の安全弁として利用する点にあった。

これらの臨時工制度と並んで見忘れてはならないものに、事業場内下請労働者が存在する。臨時労働者は、劣悪な労働条件で景気変動の安全弁として利用されているとはいえ、企業に直接雇用されている以上、企業の側では労務管理の負担を免れることはできない。そのために、企業が、特定の業務を外注化し、下請企業の労働者を事業場内において使用する例がかなり前から増大してきているのである。下請労働者は、親会社の事業場内において、直接、親会社の指示に基づき親会社の従業員とともに働いているが、あくまでも身分は下請企業の労働者であるということから、賃金は下請企業のベースにより、下請企業によって支払われるのである。すなわち、企業の側では、下請労働者を臨時労働者並みの低賃金で、直接指揮監督しつつ使用しうるという利点をもちながら、あくまでも他企業の労働者であるということから、労務管理の手間を省き、不況の際の解雇のわずらわしさを発注の削減という形で下請企業に押しつけるというメリットを併有しうるのである。これに類した制度は、組夫、貸工、社外工としてわが国においては古くから伝統的にみられるものである。ただ、かつての社外工が、おおむね雑役的・補助的な肉体労働に限定されていたのに対し、今日では、それが技能的・知的労働一般に広がりをみせている点が特長的である。

臨時工、社外工制度と並んで、わが国の企業、とくに大企業が、数多くの中小下請企業をかかえ、これを自己の系列下において支配している点も、また、景気変動の一つのクッションとして挙げておかなければならないであろう。下請企業はさらに孫請をかかえ、末端は零細な家内工業ないし家内労働者につながっている。不況のしわよせは、直ちに下請単価の削減となり、波状的にいくつかの段階の下請、再下請によって犠牲は吸収されつつ、最終的には「遊んでいるよりはましだ」という経済的計算のなりたちようもない家内工業ないし家内労働の賃金ないし手間賃の切り下げとなって現われてくるのである。日本経済の柔構造の秘密の一端はここにみられるのであるが、このような経済の二重構造が、景気変動の際のクッションの役割を果たしているがゆえに、大企業を中心とする終身雇用、年功序列型賃金制が成り立つのである。

四　雇用調整の方法

われわれは、これまでのところにおいて、長期安定雇用を維持するためのいくつかの条件をみてきた。これらの条件は、とりもなおさず、不況の際の雇用調整の方法を示唆するものである。

1　不況の際の経営難の克服には、まず経費の削減が行われる。企業が外に対しては下請企業をかかえ、内においては臨時工をかかえて危険の分散を図っているのと同じように、正規従業員の勤務形態や労働条件にも、景気変動の際の調節弁をしのばせてある。終身雇用、年功序列型賃金制にくみこまれた正規の従業員にあっては、恒常的な残業は当然のことであるし、全員が一丸となって会社の業積をあげればあげるほど多額のボーナスが支給される仕組みになっている。したがって、不況時の経費削減には、賃金カットや労働時間の短縮といったドラスティックな方法をとらなくとも、残業を規制し、期末手当の支給率をおとせばよいことになる。あるいは一般的にはあり余っている年次有給休暇を利用して、一斉休業（夏休み）という形で経費の削減を図ることも現に行われた方策であったし、休日の振替えないし休日の増加という形での一時帰休も四六―七年のドル・ショックによる不況時には行われたことがある。

好況時にもすぐには増員せず、少数精鋭主義で休暇もとらず、長時間働き、時間外手当やボーナスによって実質賃金を増やすシステムが平素からとられているからこそ、不況時にはショックが柔軟に吸収されていくわけである。このように臨時工制度を設けるのと同じような巧妙なシステムは、正規従業員についてすら設けられているのである。

2　正規従業員を対象とする雇用調整の方法には、さらに配転、出向がある。配転、出向は、企業経営上の必要性に基づいて行われ、さまざまな機能を果たすものであるが、一面において人員整理型配転出向という言葉が存在することからも窺われるように、人べらし的な効果も狙いうるのである。例えば、人のいやがるセールスや補助雑役への配転、中高年者を対象とする閑職への配転、子会社への出向、海外現地法人への出向等は、かりに主観的にはそのような意図がなかったとしても、客観的には確実に人員削減の効果をあげることができる。定年までの出向や「移籍出向」は、当然実質的な解雇にほかならない。このようにして、子会社に送りこまれたとしてもその身が安泰であるわけではなく、労働者は、しばしば親会社からさらに送りこまれる後輩に席を明けるために、孫請へ移らねばならない。労働者仲間のいう「玉突き」の現象が生ずるのである。

3　景気変動の波をもろにかぶるのは、いうまでもなく、臨時、下請の労働者である。これらの周辺的労働者は景気変動の調節弁として雇用されているわけであるから、不況の際には真先きに切り捨てられている。臨時労働者は、多くの場合、有期契約によって結ばれているものであるから、期間の満了を理由とする雇止め、ないしは更新の拒絶という形で「合法的」に放逐され、構内下請労働者は、発注の削減という形でこれまた「合法的」に企業外にほうり出されているのである。

しかしながら、これらの周辺的労働者は、その数からいっても膨大なものであり、減量経営や合理化の一環としてますます増加の一途を辿っている。換言すれば、中核的雇用労働者に代って周辺的雇用労働者が雇用されるという傾向がみられる。「臨時労働者の存在は企業にとっての必要悪」であり、これらの周辺的雇用労働者が存在するからこそ、中核的雇用労働者の長期安定雇用が確保されるものであるとしても、経済的な必要性が法の次元における不合理な差別を正当化するものではないであろう。臨時労働者の反覆更新された有期契約において、期間の満了を理由とする雇止めに解雇に準じた制約を認めようとする裁判例や、事業場内下請労働者について親会社の使用者性を認めていこうとする裁判例は、法的正義の実現のための努力と評することができる。

4　以上のような雇用調整の方策を講じてもなお経営難をのりきれないときには、正規の従業員をもまき込んでの希望退職の募集や指名解雇が行われる。この段階になれば組合側の抵抗がブレーキとして働くため、一般には団体交渉によって、希望退職の人員や募集基準、募集の方法等が定められ、それでもまかなえないときに初めて指名解雇へと移行するのが普通である。しかし、いったん指名解雇によって被解雇者の氏名が公表されると組合の結束が乱され、結局は会社側に押しきられてしまうケースが多い。しかも日本の労使関係の特色の一つである経済システム内における情報伝達の速さと的確さを欠き、あるいは整理解雇の必要性や不当労働行為性等を疑わせるような不合理な要素を混入させるときには、激しい、かつ泥沼のような争議状態におち入り、企業は壊滅的な打撃をうけることがある。

五　整理解雇の問題点

総理府統計局の「労働力調査」によれば、昭和五三年の完全失業者は一二四万人、就業者総数五、四〇八万人との対比では失業率は二・二%となっている。この数字それ自体からすれば、アメリカ、イギリスの六%前後、西ドイツの四%に比し、それほどの深刻な問題を提起していないようにもみえるのである。しかし、労働省の昭和五三年「労働経済の分析」によって、男女とも第二次産業から第三次産業への流出超過がみられること、同じく雇用者から自営業者、家族従業者への流出超過がみられること、非労働力人口の中で就業を希望している者や、やむを得ず短時間就業についていながら転職、追加就業を希望する者など現在の就業状態に不満を抱いている層が少くないこと等の事実が存することを考えあわせれば、わが国では、かなりの者が失業者として顕在化していないことが分る。例えば五三年三月に短時間就業者で長時間労働を希望する者は七一万人、非労働力人口のうち、仕事があるか、条件があえばすぐ仕事につきたいと考えている就業希望者は一七五万であって、両者を合わせれば二四六万人にのぼる。これを広い意味での失業者に加えれば、失業率はたちまちはね上るのである。しかも、パートタイマーや臨時労働者には家庭の主婦が多く、かなりの部分が雇用保険にも入っていないため、首を切られても失業率の中には入ってこない。形式的な失業率の低さとはうらはらにわが国の失業問題は、かなりの深刻さを有しているのである。

1　わが国の失業問題の特色は、それが中高年者、臨時労働者、下請労働者等の経済的弱者に集中していることである。

総理府統計局の「労働力調査」では、昭和五二年の完全失業者一一〇万人のうち、四〇歳以上は四四万人であり、労働省の雇用動向調査（昭和五一年〜五三年上期）によれば、企業都合による男子離職者九三万七千六百人中、四五歳以上の者は実に五八万二千八百人に上っている。なぜ、企業は経験の深い、働き盛りの中高年をやめさせようとするのかという問に対し、例えば日華油脂の社長は「一五億円にのぼる債務超過をなんとか解消しようと、二億六千万円の省力化投資をした。その結果、定年を三年繰り上げた場合の人数にちょうど見合う人員が余ることになった。高齢者は体力的に落ちてくる半面給料は年功序列だから高くなるので、高齢者からやめてもらうことにした」と説明し、また本州化学工業和歌山工場総務部長は「会社再建のために、同じやめてもらうなら、年配の方からというのが、いまや世間的なルールになっている」と明快に述べたといわれている（朝日新聞経済部『雇用危機』三九頁）。

個別企業の論理からすれば、確かにそのとおりであろう。しかし、終身雇用、年功序列型賃金制が建前となっているわが国の企業においては、原則として中途採用はありえない。また、中高年層を間引きしたいという企業の側の事情はいずこも同じであるから、日本的恩情主義によって子会社に送りこまれた一部の幸運な労働者を除けば、身を落とさないかぎり再就職は絶望的である。中高年者の多くは、やむをえず中小零細企業や第三次産業へ流れ、賃金をはじめとする労働条件は極端に悪化する。

中高年の中でも、とくに求人求職のアンバランスがひどいのは総務、財務、経理等のホワイトカラーの職種である。古巣の企業ではエリートでも、いったん離職して肩書が外されるとつぶしがきかず、いたずらに右往左往せざるをえない。また、専門的技能をもった者であっても、それがすぐに通用するとは限らないのである。かつては技術者、熟練工なるがゆえに雇用の安定が図られたが、技術革新の進んだ今日においては、技能は高度に分化し、専門職の使い捨てさえ行われている。つぶしがきかない点ではホワイトカラーと五十歩百歩といってよいであろう。

首を切られたときの深刻さは、臨時労働者や下請労働者とて変りはない。普段からぎりぎりの生活を余儀なくされているだけに深刻さの度合いには深いものがある。臨時労働者の多くがパートタイマーとして家庭の主婦に頼っている今日では、労働市場が地域的に偏在しているだけに就職が困難である場合が多いし、生活の本拠から動きにくいという事情は、下請けのいわゆる底辺労働者も同じである。彼らが失業したからといってすぐに秋田から東京に、長崎から大阪に職探しにとんでくることはまず考えられない。これらの労働者は、各地方の狭い労働市場の中で乏しい職を求めてひしめき合い、徐々に階層転落を起こしていく。産業が大都市に集中しているわが国においては、虎の子のような誘致企業が傾いた場合、地元の雇用情勢は極めて深刻なものにならざるをえないのである。

2　昭和四八年のオイルショック後、産業界には人減らし旋風が吹き荒れ、大企業においては減量経営化が進められた。しかし、その後景気が上向き、売上げ高が伸びたにもかかわらず、製造業においては雇用は伸びていない。

例えば、昭和五一年の労働省の雇用動向調査によれば、常用労働者の新就職者は、前年より一・九%しか増えていないのに対し、臨時、日雇は二〇・一%も増えている。労働省が五二年二月に行った「今後一年間に生産（販売）数量が一〇%増加したら雇用をどうするか」という質問に対し、従業員千人以上の大企業の八一%までが「労働者はふやさない」と答え、「ふやす」と答えた一九%のうち、常用労働者を雇用するというのは僅か五%で、残りはパートや季節工を利用するとしているのである。

これらのことからだけでも、大企業においては、不況のムードに便乗した減量が行われ、臨時や下請労働者におきかえるという雇用の再編成がすでに行われたことが窺えるのである。このような周辺的雇用労働者の大幅な採用も、一面では中核的雇用労働者の長期安定雇用を維持強化するという日本的経営の現われであるとみることができる。しかし、臨時労働者や下請労働者にのみ犠牲をしわよせするという社会的不公正さがどこまで許されるかという問題は、別の形で鋭く提起されるのである。また、主として二次産業における企業エゴともいうべき人減らしの結果、労働者は三次産業へと超過流出を行い、流通、サービス業における効率の悪さ、物価高、生活難としてはね返っている。二次産業における雇用の創設と再編成は、もとより国全体の雇用政策の問題であるが、企業の社会的責任を考えると法の次元においても、雇用の安定が企業に対して要請されているように思える。

三　近江絹糸の労働基準法違反について

＊　本稿は、昭和二九年一〇月の日本労働法学会第九回大会における報告の要旨である。学会誌六号所収。終戦直後、労基法が現実には、どのように妥当していたかを示す資料の一端となりうるものであろう。

一　はしがき

昭和二九年の六月から約三ヶ月余にわたって行われた近江絹糸の争議は、国際的な反響が著しかったこと、政府・財界までが一私企業の争議収拾に動いたこと、世論の圧倒的な支特が労働者側によせられたこと等から、まさしく歴史的な争議ということができる。いわゆる人権ストは一〇〇余日に亘って闘われた後に漸くにして終結したが、極めて当然な要求を受諾させるのに何故このように長期間を要し、しかも自殺者や発狂者まで出すほどの深刻な闘いを続けなければならなかったのか。ここにこの争議の問題点が潜められている。いうまでもなく近江絹糸の争議は前世紀の遺物のような社長によって惹起された例外的な事件ではなくて、日本の労働関係に残存している封建的な意識乃至は諸関係に密接につながっている問題である。争議が複雑な様相を示し、政治的に微妙な問題をはらみつつも解決が長びいたことは、この種の労働関係が社会機構の中に根強くはびこっていることを別な形で表現したものに外ならない。

ともあれ、要求項目に特長的に表現されているように、争議の原因は前近代な労務管理の是正、すなわち法に保障された労働者の権利の確保が第一にあげられている。近江絹糸の争議は、法的にも不当労働行為を初め、ロック・アウト、ピケッティング等、豊富な素材を提供するが、ここでは争議の予震であるかのように前から問題とされていた争議発生前の基準法違反事件を中心にみていくことにする。

二　基準法違反事項について

(一)　採　用

労働者は、工場周辺の地域からは殆ど採用されず、九州南部、東北、四国、甲信越等の遠隔地の農村から募集されている。労働者の殆どが義務教育を漸くにして終えた中卒者であり、例えば、津工場では平均年令が一七・六才、勤続年数は一年六ケ月となっている。この数字からも窺われるように、労働者は、農村を母体として出稼的な性格をもち、激しい新陳代謝を行っている。したがって賃労働者として工場周辺に定着し、労働力の再生産を行いつつ社会的に組織化された労働市場を形成していくという関係にあるのではなくて、「口べらし」や「嫁入り前の出稼ぎ」的な農村の子女や二三男が受動的かつ消極的に個別的な労働市場を通じて企業にくみ入れられているにすぎない。このような労働市場の構造からは近代的な意識をもった賃金労働者が生まれてこないことはいうまでもないであろう。このような労働者の性格が低賃金を生み出す一つの要因ともなっており、封建的な労務管理を今まで放置していた原因の一つとなっていたのである。もちろん、このことは近江絹糸だけに特有の現象ではなく、紡績業一般に共通してみられることがらである。しかし近江絹糸はこれを極端な形でわれわれに誇示してくれた。

さて、採用された労働者は、各県毎に集団をなし、募集人や人事課員につれられて工場に到着し、新卒者の場合は一〜二週間程度の養成期間の後に台につかせるが、基準法五〇条の定める安全衛生教育がなおざりにされていることはいうまでもない。労務管理がいわゆる中小企業的性格を有していることの一つの現われは、一〇六条以下の形式的違反が多いことである。すなわち雇入れの際の就業規則、労働協約、寄宿舎規則の周知がなされず、甚しいのは就業規則の作成、届出を怠って法八九条違反として指摘された工場すらみられるほどである。また、採用時の健康診断（法五二条）は、身長、体重、胸囲の測定、簡単な胸部打診程度しか行われず、その後の定期健診は殆ど行われていない。形式的違反と共に年令証明書の備付を怠り（法五七条違反）そのために義務教育を終えていない年少者を採用して（法五六条最低年令違反）問題を起した工場すらあるほどである。

(二)　解　　雇

労働者の年令が低く、勤続年数が著しく短いことは、労働者の新陳代謝の激しいことを物語る。退職者を勤続年数別に調べると、一年以内に劣悪な労働条件に耐えかねて辞めていく者と、三年以上経って、いわゆる月例首切りと称せられる人員整理によって企業外に追い出される者の二つのグループに分けられる。その際、法二〇条（解雇予告）、法二三条（金品の返還）違反が数限りなく繰返されている。法二〇条、二三条違反は、被解雇者の申告によって摘発されたケースが多い。

(三)　作業環境

十大紡に負けない機械の優秀さにも拘わらず、労働者保護のための安全衛生に関する設備は劣悪であり、違反件数も極めて多い。中小企業的性格は、このような点にも現われている。労働保護法の中核をなす取締法規は、次の諸点で継続的に破られていた。

1　法四二条およびその必要な措置の基準を定めた安全衛生規則関係の違反事項として指摘されたものは三五件にものぼっているが、主要なものを列挙すると次のとおりである。①電動機に有効な囲を設けず危険な部位に覆がない、②混打綿のシャフト覆なし、③ベルトの安全装置なし、④研ま盤のと石車の安全カバーなし、⑤割刃のない丸のこ盤、⑥ガス焼室の通路が八〇ｃｍ以下である。

2　衛生上の危害を防止するに必要な措置を使用者に命じている法四三条関係の違反事項は、例えば次のようなものである。

①火元責任者の選任なし、②便所、便器が不潔、汚物処理不良、③食器の消毒、ノミ・ネズミの害を防ぐ設備が不完全、④汚物残飯等の廃物が炊事場外に露出されている、⑤鉄工部照度不充分、⑥ローラー場換気不充分、⑦安全衛生管理者の選任が不充分、⑧衛生管理委員会が開催されていない。

3　危険有害業務の就業制限（法四九条、法六三条）の規定に反し、例えば必要な技能を有しない労働者にアセチレンの熔接をやらせ、ボイラーを扱わせていた。また女子年少者に対して原綿やローラー等の重量物を取扱わせていた点が摘発されている。

(四)　賃金・労働時間

以上のような作業環境の中で働いている労働者の労働条件の劣悪さは、賃金、労働時間の面でその極に達する。賃金についていえば十大紡と同質の労働力をうるために、初任給はこれと大差なくきめられているが、その後の昇級率が極めて悪いために、平均賃金は著しく低くなっている。われわれの調査によっても、勤続年数が古くなればなるほど賃金の上昇率が悪くなり、年令が高いものほど昇給率が低くなっている。勤続三年以上のものの賃金は事実上ストップの状態であって、いわゆるベース・アップも初任給だけのベース・アップである結果、賃金が個々人によって著しく異った混乱した分布を示している。賃金形態の面についてみると紡績業に今なお一般的である個人請負、ないしは団体請負と呼ばれる出来高給的要素はなく、かなり簡素化された形態をみせている。しかし、仔細にこれを検討すると、出来高給という刺戟的な賃金による資本主義的な労働能率増進の試みが、明治大正時代の賞旗制度に等しい各種対抗競技による刺戟へと置換えられていることに気がつくのである。若い労働者の心理的な競争心をあおり立てる対抗競技のために、休日は無視され、基準法違反が続出することはもちろん、人権侵害ともいうべき労働の強制までが激しく行われていた。賃金、労働時間関係の主な違反事項は次のとおりである。

1　労働時間（法三二条）

①法三六条の時間外協定なく工員一般に残業を行わせた。②労働時間に十五分の相違あり。

2　休憩（法三四条）

①四五分の休憩時間を与えていない。②許可なく一せい休憩を与えていない。

3　休日（法三五条）

休日労働の協定なく工員一般に休日労働をさせた。

4　女子年少者の時間外労働、休日労働、深夜業（法六〇条、六一条、六二条）の規定に違反して、女子年少者に休日労働をさせ、午後十一時まで深夜業をさせた。

4　正規の時間外手当を支払っていない（法三七条）

5　その他、有給休暇（法三九条）、生理休暇（法六七条）の違反が行われている。

㈤　寄宿舎

労働市場が工場周辺に求められず、遠隔な農村地帯に求められている紡績業においては、寄宿舎の存在は工場運営の不可欠の前提である。しかも紡績業の寄宿舎は、労働者に私生活の場を提供するという単なる福利厚生施設的な役割をこえて、生産工程の不可欠の要素、すなわち重要な生産施設としての機能を果たしてきた。近江絹糸においてもその例外をなすものではなく、寄宿舎を設けることによって、集団的な交替制を容易ならしめ、出勤を督励するという経営経済的な役割と共に、労務管理の重要な一環として労働力を資本の側に把握するという一昔前の寄宿舎政策がそのままにとられていた。

1　施　設

近江絹糸では、工場の新設、拡張に対する熱意に比し、寄宿舎施設への関心の度合いは極めて低く、買収工場の老巧施設をそのまま使用し、あるいは改修を渋っている状態であった。このような寄宿舎施設への熱意の低さは、寄宿舎規則の作成変更届出に関する基準法九五条の違反となって現われるほか、法九六条の継続的ないしは反覆的な違反となって現われている。法九六条関係の具体的な違反事例は、例えば、①非常用階段の設備、構造が悪い、②廊下より屋外に通ずる扉が内開戸である、③居住面積が規定より不足している（一室一六人以上収容し、一人当り二・五平方米以下となっている）、④防蚊のための措置がない（富士宮工場）、⑤寝具のえり部、枕を覆うための白布および敷布が備えられていない⑥就眠時間を異にする二組以上の労働者を同一寝室に寄宿させた、⑦昼間睡眠を必要とする場合の暗幕その他の適当な施設がない、⑧便所数、洗面所、洗濯場不足、押入れが不足、⑨防火壁が不完全（富士宮）、⑩警報装置、タン壷なし（津工場の一部）等々枚挙にいとまがない程である。

2　私生活の自由（九四条）

長年に亘ってチープ・レーバーの温床となってきた寄宿舎制度を国家が後見的に監督し、悲惨な労働者の状態を改善するために制定された保護立法には、第一に寄宿舎自治の原則が掲げられている。新しい寄宿舎制度の下においては、寮内の事務的連絡ないしは建物の管理にとどまるべき舎監が、近江絹糸においては依然として「先生」と呼ばれる身分的な地位と、昔ながらの絶対的な権限を有し、寄宿舎の全生活に亘ってきびしい監視の眼を光らせていた。労働に関係のない私生活の自由は、寄宿舎という集団的な秩序維持の必要からくる最少限度の留保を除いて全く自由であるべき筈であり、当然の権利として主張しうることがらである。しかるに近江絹糸においては、私生活の自由は全く省みられず、憲法に保障された基本的人権の侵害すらみられる状態であった。例えば、①外出、外泊に使用者の許可を必要条件とし、②各種の行事に参加を強制し、③面会の自由を制限したほか、信書の開披、私物検査等が半ば公然と行われていた。

3　寄宿舎自治への干渉

前述のように、近江絹糸においては、寄宿舎を通じて出勤、交替の規律を確立し、恣意的な欠勤を防止するとともに、労働者の全生活を把握することにより、従順な企業忠誠心を養成する努力が払われていた。寄宿舎内に会社のヒエラルヒーをそのまま温存させるためには、自治会の存在は目の上のコブ以外の何物でもない。そのために会社では積極的に自治会役員の選挙に干渉し、これを無力な御用機関とすることに努めたのである。同時に恣意的に自治会役員を指名し、網の目のようにはりめぐらされた寮生の監視機関へと化す努力が払われていたことはいうまでもない。

三　違反件数および監督実施状況

基準法違反件数を彦根工場および津工場を一例にとって調べると次のとおりである。

1　違反件数

昭二三年二月二日―昭二八年五月一一日現在

（津工場）		（彦根工場）	
三二条	四件	二〇条	二件
三四条	二件	二三条	三件
三五条	二件	二四条	一件
三七条	一件	三二条	一二件
三九条	一件	三五条	四件
四二条	二二件	三七条	五件
四三条	一〇件	四二条	五六件
五二条	一件	四三条	二八件
五四条	五件	四六条	四件
九五条	一件	五二条	一件
九六条	二一件	五三条	四件

一〇六条　一件 一〇七条　一件 計　七三件	五四条　三件 五六条　一件 五七条　六件 六一条　一件 六二条　六件 六三条　四件 九六条　一九件 一〇七条　一件 一〇八条　一件 計　一六八件

2　監督実施状況

監督実施状態状況は、つぎのとおりである。

彦根工場	九二回	長浜工場	二四回
津工場	二二回	大垣工場	三六回
岸和田工場	八回	富士宮工場	九回
中津川工場	三七回		

3　監督実施回数および延人員（津工場、昭二七年五月－昭二八年四月）

監督区分		回数	延人員 監督官	延人員 事務官	計
定期監督	総合	三	一三	五	一八
	部分	三	六	三	九
再監督		五	一三	三	一六
申告監督		七	一〇		一〇
計		一八	四二	一一	五三

4　監督延日数（津工場）

監督官　九日
事務官　二日
合　計　一一日

四　問題点

以上の基準法違反事件に関連して、いくつかの問題点を指摘したい。

1　近江絹糸の争議は、憲法の保障する人権や労働者の基本的な権利を守る諸立法が、わが国の労働関係においては空文と化してしまっていることを氷山の一角として示したものである。監督回数からみれば、当局がかなりの努力を払ったことが窺われるし、申告監督が少い点からも従業員が非協力的で、証拠が摑みにくかったという事情も推察される。しかし、違反件数が二三〇件にも上っておりながら、違反が依然として是正されず、同一違反が繰り返して惹起されている点から、われわれは、やはり監督行政の怠慢を指摘しなければならない。同一違反が各工場に共通して反復的に行われていることは、会社の意図が奈辺にあるかを示すものである。これに対して断固たる処置をとりえなかったのは、監督官庁の醜態を暴露する以外の何物でもない、中小企業への監督状況が思いやられると同時に、わが国の労働関係と、労働者の置かれている地位の劣悪さを想起させるに充分である。

2　このことは、基準法の罰則とも関連する。現在ですら公訴提起のための犯罪構成要件の該当性について、監督当局は極めて慎重な態度をとり、大部分が戒告等の行政処分で終っている。したがって罰則を重くすれば益々監督行政が慎重になるという議論の生じる余地もあるが、現状ではともかくも罰則が軽すぎるのではないかと考える。基準法違反が仮に司法処分となっても、殆どが略式手続による罰金程度ですんでいるため、正式裁判を要求して上訴を重ねると年月を要し、その間に免訴になったりして問題の焦点がぼかされてしまうことを今回の近江絹糸事件は如実に示している。労働基準法の実効性を確保する面から、立法論として考えるべき問題であると思う。累犯または労働時間、休日のように事後の行政措置によっては労働者の権利の救済が充分に達せられないもの、ないしは最低年齢、女子年少者に関する規定等人権に関係の深い規定の違反に対しては、罰則を一層重くすべきである。立法が不可能としても、例えば解釈論として一人一罪の原則を大巾に適用すること、各工場に共通の違反が行われている点から法一二一条を適用して事業主の責任を追及すること等が考えられる。

3　監督官の怠慢を責める声は、監督機構そのものにも向けなければならない。政府の労働行政の重点は、企業合理化による人員整理と相俟って、職安、失業保険行政の方に向けられてはいないか。監督行政は定員の面から制約を受けていないか。単に取り締まりのみを職務とせず、積極的な指導と育成が望まれている現在、このような面からも考え直すべきである。

4　「基準法は占領政策に基づいて制定されたものであり、わが国の実情に合わない。日本経済再建のためには、労基法違反もやむをえない」という考え方が、経営者並びに保守政党の側から打ち出されている。このような考え方自体が大きな問題であり、この考え方が存在する以上、基準法違反は繰り返されるであろう。いうまでもなく基準法に定められた事項は、既に国際的労働慣行として確立された労働者の権利であり、単にわが国の実情にそわないという理由だけで無視されてならないことは当然である。われわれはこのような考え方の生まれてくる社会機構、産業構造に目を向けなければならない。

5　しかしながら、取締官庁の監督や罰則の強化だけで労働者の権利の保護が達せられないことはいうまでもない。企業内の監督の先頭に立つのは、飽く迄も労働者自身である。労働組合の重要な任務の一つはこの点にある。中小企業の労働者の組織化はこの面からも考えるべき課題であろう。

第四章　経済変動と労使関係

一　経済変動と労働問題・労働法の動向

＊本稿は、昭和六三年五月二七日、盛岡市において開催された北海道・東北ブロック労委労協研究会の講演に若干の加筆を行ったものである。

一　労働経済の変動の諸様相

1　第二次世界大戦後、わが国は、極めて短期間の間に、驚異的な経済の発展を遂げているが、わが国の経済の高度成長の基盤は枝術革新にあり、その枝術革新の背後には、恵まれた地理的な条件や、安定した労使関係、労働力の質の高さなどがあることを忘れてはならない。

まず、地理的な条件として、資源のないわが国はいわゆる加工貿易によって生きていかなければならないが、四方が海に囲まれ、多くの天然の良港に恵まれていることは、コストの点からみて絶好の立地条件にあることを意味する。しかも、戦災により壊滅状態に陥った重工業は、一種のスクラップ・アンド・ビルドとして、世界的な規模での枝術革新の波にすぐにのることができたし、また容易に臨海工業地帯に拠点を移すことができたのである。このようにして、臨海工業地帯には、重化学工業中心のコンビナートが形成され、背後には、道路、鉄道網の整備とあいまって、自動車、電気、機器、繊維等々の各種の工業地帯が形成されていった。

今世紀における新しい産業革命といわれる技術革新は、一九五〇年代の終わり頃から起こっているが、その本質は、合埋化、省力化を目的とするオートメーションであり、その後のＭＥ革命へとつながるものである。これらの技術革新は、極めて良質の製品を大量に安価に造り出すことを可能にし、繊維、自動車、鉄鋼、造船、電器、機器等の各種の分野で輸出が急増し、驚異的な経済成長が始まった。

2　このような高度の経済成長を可能にしたのは、わが国には、大量かつ良質の労働力が存在したからである。学歴社会や競争社会はそれなりの歪みをもたらすが、大量の均質化された良質の労働力の存在なしには、短期間の技術革新は不可能であったであろう。それに加えて、わが国の労使関係にユニークな終身雇用に裏打ちされた企業別組合の存在は、これらの技術革新の導入をスムーズにするものであった。もちろん、わが国の組合も、身に降りかかる技術革新の火の粉は振りはらわなければならない。多くの組合は、事前協議制の採用により、配転や出向、労働条件の低下に対処し、オートメーションによる省力化の犠牲を最少にする努力を重ねた。技術革新の採用による積極的な経済の規模の拡大が、雇用量の増大に繋がり、新技術の導入に対する抵抗を少なくしたことも併せて指摘しておかなければならないであろう。産業構造の変革にともなう雇用量の増大に対処するためには、農村の出稼ぎ労働者やパートタイマーとしての家庭の主婦の活用が図られた。

3　ドル・ショックやオイル・ショックは、輸出中心のわが国の経済構造に深刻な打撃を与えるものであった。貿易摩擦とともに、円高は、輸出関連産業を直撃し、ひところは一ドル一八〇円を割れば日本経済は壊滅するとさえ言われたのである。しかし、日本経済は壊滅しなかった。それは、竹がしなうように、危険ないし犠牲を巧みに分散するシステムが日本の労使関係および日本経済の中に潜められていたからである。

わが国の労使関係にユニークな生涯雇用および年功序列型の賃金は、大企業の正規の従業員にのみ妥当するものであるが、いわゆる少数精鋭主義の名のもとに、これらの労働者は、所定の労働時間をこえて長時間労働を恒常的に行い、また業績に見合う賞与という形での報酬をうけている。そして、一旦、不況になれば、残業カット、ボーナスカットという形での巧みな雇用量の調整が行われる仕組みがとられているのである。

大企業では、さらに景気の安全弁としての臨時労働者が数多く配置されている。これらは、期間工、季節工、臨時、パート、アルバイトとその名称はさまざまであるが、いずれも期間の定めのある雇用契約を反復更新しつつ、不況時には雇い止めにすることが前提となっている不安定な雇用である。法的には、いくつかの争いがあるとはいえ、現実には、不安定労働者の多くが不況時の安全弁としての役割を果たした。

経済の二重構造として知られる中小零細企業の存在は、日本経済の柔構造を示すもう一つの指標である。重層的な下請関係は、末端では家内労働者につながり、危険の分散や犠牲の分配は、経済的な力関係に左右されつつも、痛み分けの形で広範に行われた。

4　ドル・ショック、オイル・ショックを乗り切るために、経営形態の合理化が徹底して行われたことを忘れてはならない。昭和三〇年代には、国際的な競争力を身につけるということから、大型合併が相次いだが、やがて小回りのきく経営を目指して、事業部門の独立採算制や分割、多角経営、地方への工場進出等が別会社方式によって行われるようになり、また、一層の合理化を求めて下請外注化が進んだのである。

5　さらに、ＭＥ化による生産性の向上、経費の削減、省資源化等の努力は、ドル・ショック、オイル・ショック以後の低成長期を乗り切るのに役立ったが、同時にＭＥ革命は、産業構造や労使関係にも大きな変革をもたらしたのである。

マイクロ・エレクトロニクスの生産および応用技術の飛躍的な発展による技術革新は、それが、産業および企業規模の大小を問わず、あらゆる分野に広範に進展して行ったこと、ME技術の加速度的な発展から、ME化の影響が徐々にではなく、急激に、かつ広範な分野で同時に現れてきたこと等の点で質的な変化をもたらすものであり、まさしくME革命と呼ばれるのに相応しいものである。

マイクロ・エレクトロニクスを中心とした技術革新は、当然に労働の分野にも大きな影響を与えるものであり、各国においても、その動向には深い関心がよせられてきた。ME化は、生産部門においても事務部門においても、ソフトウェアの開発技術者を必要とし、また生産工程に大量のロボットが入りこんだとしても、プログラミングやロボットへの作業の指示、オペレーション、監視、点検・補修といった間接業務は残るから、これらの情報システムに従事する技術者の需要は増大する。しかしながら、従来の生産労働の主な担い手であった単純労働者は、ME化によって弾き出された。生産現場では、システム化、自動化の谷間に残された極めて単純な作業や専ら監視労働に従事する僅かな数の労働者と高度な知的作業を行う技術者に二極分化し、オフィス部門でも一般事務労働が減少して情報処理労働者とそれを高度に利用する専門的判断業務に分化する。ME化の影響はとくに女性労働者と中高年層に集中して生じたのである。しかし、ME化は、マクロ経済全体の変動としては、第三次産業、とくにサービス経済の発展による雇用誘発効果とあいまって、これまでのところ、雇用量の面では、それほどの悪影響を及ぼさなかったといってよい。

6　わが国の輸出依存の経済体制は、ME化によって一層の拍車がかけられたのであるが、それは、同時に、新しい貿易摩擦を呼びおこすものであった。そしたまた、韓国、台湾、香港、シンガポール等のアジアの発展途上国の台頭により、造船、鉄鋼、繊維、自動車、電器等の輸出関連産業はその地位を脅かされ、好むと好まざるとにかかわらず、現地生産、海外進出に踏み切らざるをえなくなった。わが国においても、いわゆる産業の空洞化が問題とされるようになったのである。

わが国の産業構造は、かつての重化学工業を中心とした第二次産業から、金融保険を中心とした第三次産業へと比重を移し、先端料学技術の研究応用を先頭に脱工業化社会、情報化社会に移行しつつある。モデルのない未知の世界を今後どのように切り開いていくかは、われわれに課せられた重大な課題といわなければならない。

二　労使関係と労働組合の変化

1　これまでにみてきたように、産業構造の変化により第二次産業が減少し、第三次産業が増大したこと、サービス経済の比重が高まり、いわゆるソフト社会、情報化社会に突入したこと等により、わが国の労使関係の構造は大きく変わっていった。

生産部門は、ＭＥ化による自動化率が高まり、少なくなった労働者が孤立分散して働くようになった。それと対象的に、研究・企画・開発部門や営業部門のいわゆる頭と尻尾の部分の強化が図られたのである。同時に、終身雇用を軸とする正規の従業員数は相対的に減少し、臨時、パート、派遣等の不安定雇用労働者が増大した。第三次産業、特にスーパーや外食産業では、むしろパートタイマーやアルバイト等の臨時労働者が主戦力となっている。さらに底辺には、外国人労働者によるヤミ労働すら見受けられるのである。

このような労働社会をとりまく環境の変化は、わが国の労使関係や労働組合にも少なからぬ影響を与えている。

2　わが国でも、労働組合の組織率の低下がいわれて久しいが、第二次産業から第三次産業へと比重が移っていったこと、正規の従業員の比率（絶対数）が減少し、パート等の臨時労働者が増大したこと、各企業が、危険の分散を図るため、別会社方式による多角経営に乗り出し、積極的に外注下請化を進めたこと等々の経済的諸条件の変化は、本来、正規の従業員の企業別の組織であった労働組合の組織率を低下させるものであった。とはいえ、大企業における組合の組織率はそれほど低下しているわけではないから、全体としての組織率の低下は、終身雇用を軸とする正規の従業員の比率が全産業的規模では低下し、組織化しにくい臨時労働者や第三次産業、あるいは経済的な条件を欠くために終身雇用を維持しにくい中小規模の企業が相対的には多くなったことを意味するものである。しかしながら、終身雇用、年功序列型の賃金、企業別組合の三つの柱をもつ日本的労使関係は、今後とも依然として大企業を中心に生き残るであろうし、これらの組合がもつ正規の従業員の利益擁護の組織としての性格は強化されこそすれ、急激には変わることはないであろう。官公庁の組合も、基本的には大企業を中心とする労働組合の範疇に属するが、企業間の競争や景気の変動をもろに受けないことから、世論の動向にもよるが、場合によっては、より純粋な形での生活利益の擁護、イデオロギーの闘いを展開することも予測される。

3　もちろん、これまでにも未組織労働者の組織化にむけての努力ははらわれてきたし、とくにナショナル・センターは早くからパートの組織化に乗り出していた。しかし、基本的には大企業の正規の従業員の組織であるこれまでの労働組合が、利害の対立するパートタイマー等の臨時労働者の組織化を進めることには一定の限界が存したのである。

これらの未組織労働者も、生活上の利益をまもる必要性・必然性がないわけではないから、従来の企業別組合では自己の利益がまもりにくいとすれば、これとは一応別個な形で、ゆるやかではあるが独自の生活擁護の組織をつくっていくことが考えられる。まず、派遣、外注、下請の労働者のうち、高度の技術ないし技能をもった専門家集団が企業のわくをこえたプロフェッショナルなユニオンを結成するであろうし、女子労働者あるいは家庭の主婦を中心とするパートタイマーも地域毎のゆるやかなユニオンに集まっていくであろう。これらの地域別のユニオンは、トータルな生活利益の擁護を目指し、賃金や労働時間の短縮といった狭い意味での労働条件の改善だけではなく、健康や老後の問題、余暇の問題にまでおよぶ幅広い地道な取り組みを行うことが予想される。その意味では、労働組合が生まれた原点に遡ることであるし、従来の組合運動にも一定の示唆を与えるものである。

三　最近の労働立法

1　集団的労働関係の分野での大きな出来事としては、まず、公労法の改正を挙げなければならない。これは、行政改革につながるものであり、いわゆる民活の一環としてなされたものである。すなわち、三公社があいついで民営化され、公労法の枠外におかれ、公労法は、四つの現業のみを対象とする国営企業労働関係法と改められた。長い間の激しいスト権奪還闘争を思うと、感無量なものがある。業務のもつ公共性のために一刻たりとも停廃せしめてはならないというのが三公社の職員のスト権を剥奪する論理であった。三公社の業務の公共性には、広狭の幅があり、全面一律にスト権を剥奪するのは憲法違反であるとは、われわれが公労法制定の当初から主張してきたところである。専売公社の職員の争議行為を違法とする判決をいま読みかえすと、改めてナンセンスと思わざるをえないし、国鉄の職員の争議行為を違法とする判決をみても、当時の裁判官は、貨物輸送の重要性からすれば国鉄の業務は一刻の停廃も許さない故に争議行為の禁止は憲法違反ではないとしているのである。同じ公共性という観点からするならば、国鉄も私鉄も、電電も国際電電も変わりはない筈であるから、一方にのみスト禁止を課すのは法の下における平等の原則に反するし、これら公共企業体が憲法上の基本権を制約してまでも維持しなければならな

いほどの高度の公共性をもつのであれば、分割や民営化などは持出すべきではない。ともあれ、スト権奪還闘争は予測もしなかった別の形で解決し、公共企業体の職員のスト禁止は憲法違反であるというわれわれのこれまでの主張の正しさが皮肉にも歴史的に明らかにされた。

2　三公社が公労法の適用対象から除外され、従来の公労法は、四現業にのみ適用されることになったため、その名称を国営企業労働関係法と改めた。同時にかつての公労委は、その名称を国労委と改めたのであるが、労組法の一部改正により、中労委に統合されることになった。その際、公益委員の任命方法を、労働大臣が労使委員の意見を聞いて作成した委員候補者名簿に記載されている者の中から両議院の同意をえて内閣総理大臣が任命すると改め、かつ公益委員の一部の常勤化が意図された。しかし、公益委員の選任方法を国労委並みに改悪しようという案は、労働側の反対により成功しなかった。しかし、今後の力関係のいかんによっては、戦後ほとんど改正されなかった労組法の見直しということから、不当労働行為や争議権の制約に踏み込んだ改正論議が起こることが予測される。

3　労働保護法の分野では、いくつかの注目すべき法改正が行われている。

まず、昭和六〇年には、労働者派遣事業法（六一年七月一日施行）が制定された。終戦直後の職業安定法は、中間搾取や強制労働の弊害の多かった営利職業紹介や労働者供給事業を禁止することによって、近代的な労働市場を育成しようとした。しかしながら、景気変動に対処し、危険の分散を図るため、わが国では、伝統的に重層的下請制度がとられ、請負の形式で実質上自己の労働者を他人に使用させることが行われてきた。そのために昭和二七年には職安法施行規則四条の改正が行われ、所定の四つの条件のすべてをみたす場合でなければ、労働者供給事業を行う者として取扱うとされた。しかしながら、現実には、高度成長期を通じて社外工が増加し、ＭＥ技術革新にともなって労働市場の構造が大きく変わる中で、業務処理請負という形態の労働者派遣業が急成長を遂げたのである。

確かにコンピューターのソフトの設計やプログラミングのように、高度の技能が必要であるが人手不足であるとか、継続的に常時必要とする仕事ではないといった場合には、業務請負ないしは専門家の派遣会社が生まれてくるのもある程度の必然性をもっているのかも知れない。しかし実際には、経営の合理化、効率化の一環として、電話一本で、受付けも、交換手も、タイピストもという人材供給会社が雨後の竹の子のように出現したのである。業務処理請負という形態をとりながら、労働者は、派遣先で、派遣先の指揮命令に服しながら働き、賃金は派遣元で受け取るという労働者供給事業が広範囲におこなわれるようになった。派遣先は、労働者を自己の従業員と同じように使用しながら労務管理の手間を省き、不必要になれば何時でも労働者を解雇できるという利点を手にいれたのである。派遣労働者の身分の不安定さから、解雇をめぐって、いくつかの訴訟が提起された。そして、いくつかの判決は、派遣先の使用者責任を認容したのである。

労働者派遣事業法は、一定の法的規制をおこなって労働者派遣事業の適正な運営を確保するとともに、派遣労働者の就業に関する条件の整備を図ることを目的として制定されている。しかし率直にいって、それは、職安法違反の現実の追認であり、ある意味で使用者概念の拡大という判例の方向を修正するものであったということができる。この法律が労働者供給事業の禁止の一部の緩和である以上、中間搾取の弊害が全く見られない業種業態にかぎって、労働者派遣事業の認定を行うことが必要であるが、労働契約上もなんらかの法的操作を用いて派遣先にも使用者としての責任を負わせることが法解釈上は必要であろう。

4　戦後および高度成長期を通じ、女子労働者の職場への進出は目覚ましいものがあり、先に家内労働法（昭四五）や勤労婦人福祉法（昭四七）が制定されていたが、婦人差別撤廃条約の批准を前にして、昭和六〇年には男女雇用機会均等法（六一年四月一日施行）が制定された。同法は、募集・採用について均等な機会を与え、配置・昇進について均等な取り扱いをなすべき努力義務を定めるとともに、教育訓練・福利厚生、定年・退職・解雇について差別的取扱いを禁止する旨の規定を設けている。

保護か平等かという長い論争のすえ、採用・昇進については努力義務、定年・解雇については罰則なしの禁止という形に落着いたわけであるが、同時に労基法が改正され、女性労働者に対する時間外労働・深夜業の緩和、生理休暇の制限の緩和等の措置がとられた。とくに管理職、専門職の女性には、時間外・休日労働の制限がなくなり、男性労働者と同一の条件での競争が可能になったわけである。能力のある女性にはいわれのない障壁が撤廃された半面、男性に互しての激しい競争にさらされ、女性労働者もワークホリック、ストレスによる心身の障害等に直面せざるをえなくなった。もちろん、これらは、男女を問わず、労働時間の短縮、健康や人間としての生き方の問題として解決していかなければならないものであろう。

採用についての差別の禁止は訓示規定にすぎないが、PR効果により、表面的には募集・採用についての露骨な差別はみられなくなった。現在問題とされているのは、コース別人事管理の制度である。これは、銀行、保険、商社、スーパー等の大手にみられる制度であり、遠隔地への転勤が可能か否かにより、総合職と一般職、あるいは基幹職と補助職に分け、賃金体系、昇給昇格の方式を別立てとするものである。もともとは昭和五九年の総理府の「婦人に関する世論調査」により、女性労働者の意識が、①結婚出産を契機に家庭に入ったほうがよい（二一・七％）、②一時家庭に入るが育児が終わると再び職業をもつほうがよい（四五・三％）、③結婚出産後も仕事をつづけたほうがよい（二〇・一％）と分かれていることから、関東経営者協会が「男女雇用機会均等法とこれからの雇用管理の方向」（昭六一・四）において、女性労働者の職業意識の多様化に応じて女性自身が望む複線形の雇用管理を採用すべきであると提唱したことから始まったものである。女性のみをコース別の人事管理の対象とするならば公序良俗違反の問題が生ずるが、男女を問わず制度化するのであれば違法とはいい難いであろう。ただ採用時に転勤に応じる旨の事前の包括的同意を与えていても、転勤の適否はそのときの業務上の必要性と労働者に与える経済的精神的打撃の比較のうえで決められるものであるから、男女を問わず総合職を選択したからといって転勤を絶対的に拒否できないわけではない。

5　さらに昭和六二年には、労働基準法の改正（六三年四月一日施行）が行われている。今回の改正は、労働時間の短縮と弾力化を骨子とするものである。

終戦直後制定された労働基準法は、一日八時間一週四八時間制をとっていた。当時としては一応の国際的な水準をもつものであったが、その後、欧米諸国では労働時間の短縮が進んで、週三七時間から四〇時間制へと移り、年間の総労働時間も千七百時間から千九百時間となった。これに対し、わが国では年間の総労働時間は優に二千百時間をこえており、貿易摩擦ともあいまってワークホリックとの非難を浴びせられていた。もっとも大企業の所定労働時間は、早くから週四〇時間を切っており、欧米諸国と比べても遜色のないものであったが、統計的には、中小零細企業の長時間労働に引き摺られているのが特徴的である。それだけではなく、わが国の労働時間が長いのは、大企業も含めて、時間外労働、休日労働が多いこと、年次有給休暇の取得率が悪いこと、欠勤率が少ないことなどによるものである。また、実際には統計に現れないサービス残業があるから、わが国の労働時間はもっと長いとみてよいであろう。欧米諸国では、一九七〇年代に労働時間の短縮が進んでいるが、これは、ＭＥ技術革新によるストレスの増大や都市の住宅事情による通勤距離の増大に対処するために、組合側が熱心に取り組んだからである。もちろん、そこには欧米の労働者とわが国の労働者の勤労観の違いが存在することはいうまでもない。ともあれ、労働時間は、労基法の改正により、週四〇時間と改められたが、業種別、規模別に猶予期間がおかれ、段階的に週四〇時間制へ移行することになった。

今回の労基法改正のもう一つの大きな柱は、労働時間の弾力化である。これはヨーロッパ諸国にもみられる制度であるが、サービス業を中心とする第三次産業の比重の増大やME化にともなう労働の態様の変化に対応して、労働時間を弾力化し、効率的に配分するためにもうけられた制度である。これには、①事業外労働および裁量労働における「みなし労働時間制」、②一カ月単位の変形労働時間制、③フレックス・タイム制、④三カ月単位の変形労働時間制、⑤一週間単位の非定型的変形労働時間制などがある。

しかし、企業運営上労働時間の弾力化が必要であるとしても、労働者にとっては生活のリズムが崩されるし、特定の日または特定の週に長時間労働を行うのは苦痛である。そこで、労基法は、労働時間の短縮とのかねあいで労働時間の弾力化を認めるとともに、それを労使間の協定にかかわらしめたり、最長限を画するなどの法的規制を加えている。

また労基法の今回の改正により、年次有給休暇の最低付与日数が六日から一〇日に引き上げられたほか、これまで争いのあったパートタイマーへの比例的付与、さらには有給休暇のうち五日をこえる部分についての計画的付与等が定められた。労働省は、まず週休二日制と年休の完全取得により、労働時間の短縮を図っていこうとしているのである。

労働時間の短縮は、実は生活時間の増大につながるものであり、余暇の活用とならんで人間としての生き方が問われていることにおもいをいたすべきであろう。

二　ＭＥ技術革新と労働問題

＊　本稿は、昭和六〇年五月の労働法学会の報告に基づき、日本労働法学会誌六六号『ＭＥ技術革新と労働法』に掲載されたものである。

一　ＭＥ技術革新の沿革

１　定　義

マイクロ・エレクトロニクス（ＭＥ）は、当初は集積回路（ＩＣ）の製造技術を指していたが、その後の半導体素子技術の進歩により、大規模集積回路（ＬＳＩ）や超ＬＳＩ（ＶＬＳＩ）が出現し、マイクロ・プロセッサー（大型コンピューターの中央処理装置〈ｃｐｕ〉をＬＳＩ化したもの）やマイクロ・コンピュータ（ｃｐｕに加え、メモリー、入出力回路までＬＳＩ化したもの）が開発されるにおよんで、集積回路の生産技術のみならず、これらの応用技術をも含めた広い意味に用いられるようになった。このようなマイクロ・エレクトロニクスのもたらす技術革新を、わが国では一般にＭＥ化と呼んでいる。

２　第一次技術革新

マイクロ・エレクトロニクスの技術は、基本的には一九五〇年代の後半から始まる技術革新の延長線上にあるものである。当時の技術革新は、オートメーションを主体とするものであり、たとえば自動車工業におけるトランスファー・マシンや石油化学工業におけるプロセス・オートメーション、あるいは製鉄業におけるストリップ・ミル等、同一製品の高速度大量生産を目的とするものであった。それゆえ、当然のことながら、生産が長期間継続し、巨額の設備投資をしても十分に採算がとれる重化学工業の大企業においてのみ、オートメーションによる技術革新の導入は可能であった。

もちろん、これには、戦後の経済再建を重化学工業を中心として行うという国の積極的な経済政策に基づく援助があったこと、工場のスクラップ・アンド・ビルドではなく、戦災によって破壊されたゼロのところに最新鋭の工場を建てうるという思わざる有利な外的条件があったことを指摘しなければならない。さらに資源に乏しく、原料を輸入に依存しなければならないわが国にとって、周囲が海にかこまれているという自然的条件は、輸出入に都合のよいところに臨海工業地帯を設置しうるという便宜に恵まれていることを意味し、地方自治体の積極的な工場誘致策とあいまって、いくつかの地方に重化学工業を中心とする臨海工業地帯が生まれ、その後の経済が高度成長をなす基盤をつくったのである。

3　生産性向上運動

このような技術革新をさらに押し進めて行ったものとして、一九五五年以降の生産性向上運動を指摘しておかなければならない。講和条約の締結とともに自立経済の道を歩み始めたわが国にとって、経済の再建、とくに国際貿易における日本経済の地位を改善するためには、国際的な規模で進行しつつあった技術革新を積極的にとり入れ、生産性の向上をはかることが不可避の要請であった。そのために一九五五年三月に日本生産性本部が設立され、政府もこれに先立ち「生産性向上運動に関する閣議決定」（一九五四年九月）を行って、生産性本部の事業活動を全面的にバック・アップする体制をとった。政府と生産性本部との連絡調整を図るために設けられた生産性連絡会議は、第一回の会合において、生産性向上運動に関するつぎのような三原則を採択している。

(1)　生産性向上は、究極において雇用を増大するものであるが、過渡期的な過剰人員に対しては、国民経済的観点に立って能う限り配置転換その他により失業を防止するよう官民協力して適切な措置を講ずるものである。

(2)　生産性向上のための具体的な方式については、各企業の実情に即し、労使が協力してこれを研究し、協議するものとする。

(3)　生産性向上の諸成果は、経営者、労働者および消費者の国民経済の実情に応じて公正に分配されるものとする。

以上の原則をうけて、生産性本部では、まず労使協議制の普及をとりあげた。生産性本部の見解によれば、技術革新のもとにおける労使間の問題は、「古典的な〈パイの分配〉(成果の配分)にのみとどまらないで、〈パイの増大〉(生産性向上)に関する諸問題にまで払大した」。したがって、「パイそのものの増大」についての「労働組合組織を基盤とする労使対等の場における理性的・合理的協議」による「労使の自覚的協力的処理」が要求されるというのである。

このような生産性向上運動に対して、生産性本部の設立に当初から参加した日経連が賛意を表明したのは当然であるが、総評は、生産性の向上、企業合理化の負担は、労働強化、労働災害、疾病、失業の増大となって、結局は労働者が負わされるとして反対の態度(一九五五年三月「生産性増強に対する基本的態度」)をとった。

しかし総同盟は、「(1)生産性向上運動は、個々の合理化運動、能率増進運動とは異なり、日本経済の自立と国民生活の向上を目指す総合的施策に貫かれた運動である、(2)生産性向上運動は、労働強化による企業収益の増大を目指すものではなく、かえって労働条件の向上、実質賃金の向上をもたらすものである、⑶生産性向上運動は、経済の拡大、発展を通じ雇用の安定を図るために有効な措置を講じなければならない。」といった基本的原則のもとに、「⑴生産性向上運動に名を借りた人員整理は絶対に排撃し、万一過渡的現象として過剰人員が生じる場合には、労働条件の低下をきたさぬことを条件として配置転換を行わせる、⑵経営の民主化、産業民主主義の確立のために企業において経営協議会を設け、これを活用すると共にこれらを基盤として業種別、産業別、地域別に全国的な労使協議会を組織するよう努力する」という条件付き賛成の立場をとった（一九五五年六月総同盟第二回中央委員会決定）。

4　労使協議制

総評系の組合も、生産性向上運動に反対の立場をとっていたとはいえ、現実に進行していく技術革新の火の粉はなんらかの形でふり払わなければならなかった。そこから生まれたのが事前協議制である。技術革新に伴う事前協議制は、炭労翼下の三鉱連が三井鉱山との間に結んだ一九五五年の長期計画協定が端緒的なものである。長期計画協定は、石炭産業合理化臨時措置法案の上程により、合理化が不可避となった時期に、三鉱連が会社側の人員整理、出炭能率向上、配置転換を骨子とする再建案に反対し、⑴組合員の完全雇用を第一義的な基本として確認し、組合と協議してその大綱を決定すること、⑵会社側の長期計画の実施については労働条件の変化が予想されるので、各山元で会社、組合間において具体的に協議することを骨子として締結されたものである。これに基づき、一九五八年には、機械化協定、事前協議協定が締結されている。機械化協定は、機械化そのものに絶対反対の立場をとるものではないが、機械化による首切りや強制的な配置転換、労働条件の低下は行わないということを会社側に約束させるものであり、事前協議協定とは、機械化、合理化に関する計画については組合と事前に協議し、組合の了解なしには合理化を実施しないというものであった。

一方、全電通を初めとする公労協系の組合でも、事前協議協定が合理化反対闘争の中から生まれてきた。例えば全電通では、一九五五年に「電報局の機械化に伴う配置転換その他の協約」、翌一九五六年にはこれを補充する「配置転換に関する協約」、五七年には「合理化の進展に伴う労働条件等に関する基本了解事項」の合意がなされている。これらの協定により、電信電話の拡充、整備計画は、本来、公社がその責任において計画し、実施すべきものであるが、その進行過程で新技術の導入による合理化に伴い、職員の雇用その他の労働条件に直接間接に影響を与えるものがあるから、摩擦防止の意味で事前協議を行うものであることが明らかにされ、「労働条件、とくに職員に関係ある設備計画」は、変更可能な段階で事前に組合に提示し、協議することが定められた。専売公社でも、一九五八年に「機械化等の事前協議に関する覚書」が結ばれ、国鉄でも五七年に「国鉄近代化計画実施に関する基本了解事項」が協定されている。

総評は、以上のような傘下組合の事前協議制に対する考え方を集約するものとして、一九六一年に「合理化反対闘争指導要綱」を発表した。それによれば、現在の合理化は、搾取の強化を計画的長期的に遂行する本質をもっているため、基本的には反対であるが、事前にその計画内容を知り得ないかぎり、反対闘争を有利に進める体制を確保できないとして、事前協議制の必要性を強調している。すなわち事前協議の目的は、資本の側の合理化計画の事前察知と労働者に不利な計画の変更、延期または中止に向けられていることが明らかにされているのである。同時に、事前協議制は、組合側の強力な団体交渉権や争議権に裏付けられていなければ、合理化の説得、承認の機関と化す危険性があることが指摘されている。

5　第一次技術革新に対する労使の対応

ともあれ、一九五〇年代に始まる技術革新に対し、組合側は、反対ないし警戒の立場を捨てなかったが、事前協議制を通じて、(1)解雇は行わないこと、(2)余剰人員は配置転換等の措置により雇用の安定をはかること、(3)労働条件の低下をきたさないように配慮すること、といった協定を結び、結果的にはこれを受け入れてきたのである。

もちろんわが国では、労働組合が企業別に組織されているため、組合側もその存立の基盤である企業が同業他社との激しい競争に打ちかって生き残るためには究極的には技術革新を受け入れざるをえないという状況におかれている。だからこそ組合側では、技術革新による労働者への不利なインパクトを少しでもなくすことに闘争の力点をおいたのである。事前に情報をキャッチするために始められたとはいえ、事前協議制は、組合側に十分な情報を提供し、労使間のコミュニケーションを図るという役割を果たすことができた。

経営者側も、第二次大戦直後の企業整備、人員整理が激しいストライキを呼び、生き残りのための方策が、逆に企業の存立をも脅かした苦い経験から、合理化による解雇は絶対に避けなければならないことを知っていた。技術革新に伴う新しい生産設備の導入には労働者側の協力が不可欠の要素であったが、労働者の協力を求める新しい機械や生産様式の導入と人員の削減は両立し難いものであった。使用者側は、技術革新に伴う余剰人員は、新規採用の手控え、定年制や自己の都合による退職者の不補充という形で時間をかけて解消する方策をとった。不要となった熟練労働者は、配転といっても、同じ工場内の試作、整備、修理部門等に回したり、標準生産部門からはずして注文生産部内に回したりして、従来の技術をほぼそのまま生かすよう配慮した。また、生産性に差があっても、旧工場では付加価値の高い少量生産品を作るなどの新鋭工場と旧工場の同時操業も行われ、徐々に時間をかけて技術革新への適応の問題を処理するといったやり方がとられた。

このような一九五〇年代末に始まる技術革新への労使の対応の仕方は、基本的には今回のＭＥ化への対応の仕方にも引き継がれているといってよいであろう。

6　マイクロ・エレクトロニクス技術の発展

電子技術（エレクトロニクス）は、真空管からトランジスタの時期を経て、電子回路自体を半導体のチップの上にまとめるＩＣの時代に入るにおよび飛躍的な発展を遂げている。

一九六五年に始まるＩＣの世代は、一九七〇年にはＬＳＩ（大規模集積回路）、八〇年にはＶＬＳＩ（超大規模集積回路）の世代へと移行した。たとえば素子の数では、真空管やトランジスタが一個であるのに、ＩＣでは三〇〜五〇個、ＬＳＩでは一、〇〇〇〜一〇、〇〇〇個、超ＬＳＩで数百万個に増大した。しかし、一〇㎝角の立方体に入る数は部品換算で真空管が四〜五、トランジスタが一五〇までであるのに対し、ＩＣは五〇〇万、ＬＳＩは一億、超ＬＳＩは数十億から百億といわれている。(1) 潜在的な規模は限りなく拡大し、外形的な規模は限りなく縮小していったのである。また能力は、メモリー換算で真空管やトランジスタが一ビット以下であるのに対し、ＩＣは一〇ビット、ＬＳＩが四、〇〇〇ビット、超ＬＳＩが数百万ビットと飛躍的に向上しているのに対し、価格は年を追って驚異的に下落している。(2)

このようなＩＣ技術の飛躍的な進展に支えられてマイクロコンピュータが開発され、その小型・軽量・廉価および柔軟性・適応性の高さという特性を生かし、あらゆる機械製品に組み込まれ、産業、経済、社会生活の各分野に急速に普及していった。(3)

たとえば生産現場の工場では、工作機械はＬＳＩを使った数値制御によるＮＣ工作機械に代わり、さらには自動的に何種類もの工具を交換しながら各種の加工作業を行う多能ＮＣ工作機械ともいうべきマシニングセンター（ＭＣ）が現われるようになった。コンピュータの搭載により、機械にはコンピュータのもつ情報処理機能が付与され、これらの機械で構成される生産システムは、情報処理が可能なシステムへと変った。工場には多数の産業用ロボットが入り込み、加工、組立、検査等のいくつかの工程を自動化した。そして、これらの無人化FMSの工場への拡張によって無人化工場すら出現するようになったのである。

一方、マイクロ・エレクトロニクスは事務部門にも進出した。長い間、手作業で行われてきた事務労働は、マイクロ・コンピューターを使った事務情報処理機器によって次第に自動化・機械化され、システム化されていった。事務労働の合理化は、計算業務の自動化に始まり、やがて文書、画像、音声などの非計数情報をも各種の情報機器を用いて総合的に処理するようになった。事務機器（ビジネス・マシン）や通信システム（コミュニケーション）、データ処理システム（データープロセッシング）が複合してオフィス・オートメーション（OA）が作られていったのである。

オフィス・コストの大半を占めていた人件費の削減と事務労働の生産性の向上がOAの狙いであったことはいうまでもないが、金融や流通サービス業では、システムそのものが有形・無形の商品販売に直結し、利益に直接結びつくことから、OA化が一段と進められたのである。

(1)　労働省MEに関するプロジェクトチーム「ME（マイクロ・エレクトロニクス）化と労働政策の方向」（一九八三年七月）二頁。

(2)　通産省「機械統計年報」によれば、一九七五年のICの平均単価を一〇〇とすれば、七八年六七%、八〇年六〇%、八一年五五%となっている。また一九七二年当時わが国に輸入されていたマイクロ・コンピュータ（インテルのi-8008）の価格は一個八万五千円であったが一九八三年現在では一、〇〇〇円に近い価格で取り引きされているといわれている（通産省工業技術院編「技術革新の衝撃」四五頁）。

(3)　政府は、「特定電子工業及び特定機械工業振興臨時措置法」（機電法）やこれに代わって一九七八年に制定された「特定機械情報産業振興臨時措置法」（機情法）による助政措置を通じ、半導体産業およびME機器産業の積極的な育成を図ってきた。

二　ＭＥ技術革新の雇用に与える影響

マイクロ・エレクトロニクスの生産・応用技術の飛躍的な発展による技術革新は、産業および企業規模の大小を問わず、あらゆる分野に広汎に進展して行ったこと、ＭＥ技術の加速度的な発展から、ＭＥ化の影響が徐々にではなく、急激に、かつ広汎な分野で同時に現われてきたこと等の点で、質的な変化をもたらすものであり、まさしくＭＥ革命と呼ばれるのにふさわしいものである。マイクロ・エレクトロニクスを中心とした技術革新は、当然に労働問題および労働法の分野にも大きな影響を与えつつあり、各国においても、その動向には深い関心がよせられている。ここでは、ＭＥ化が労働問題ないし労働法の分野に与えるいくつかのインパクトとそこに潜んでいる問題点を明らかにすることにする。

㈠　ＭＥ機器の導入

ＭＥ化は、新しい産業革命として、社会経済構造に質的な転換をもたらすものであるから、その導入になにがしかのフリクションが生ずるのは当然のことである。しかし、わが国においては、ＭＥ化は、一九五〇年代末に始まる技術革新の延長線の形でそれほどの抵抗もなく受け入れられてきたように思われる。それには、つぎのようないくつかの要因を指摘することができるであろう。

⑴　第一は、日本経済の成長率が依然として衰えていないことである。一九六〇年代に急速に進んだオートメー

ションを軸とする技術革新は、生産性を飛躍的に向上させ、経済の高度成長を促進した。経済構造は大きく変わり、第二次産業が飛躍的に拡大して雇用量は増大したのである。労働市場は人手不足の時代を迎え、とくに中小企業では熟練工の不足が深刻なものとなっていた。第二次大戦後、人口増加率が減少し、しかも高学歴化の時代に入っていたわが国では、とりわけ若年労働者が不足したのである。ＭＥ機器は、これらの人手不足を解消するものとしてよろこんで迎えられた。性能は飛躍的に向上し、しかも価格は驚異的に下落したＭＥ機器は、これまで一部の大企業のみが独占していたオートメーションの技術を中小企業にも開放するものであった。ＭＥ機器は、あたかも干天の慈雨のように全産業、全企業へひろまって行った。ＭＥ化が比較的抵抗なく受け入れられてきた背景には、若年労働者や熟練工を中心とした人手不足があったことを忘れてはならないであろう。

(2)　ＭＥ機器の導入が、これまでわが国において比較的スムーズに進んだ要因の第二に、オイルショックを契機とする省資源、脱公害、高付加価値産業への転換という産業構造の変革があったことを指摘しなければならない。天然資源に乏しく、加工貿易国としてしか生存の道のないわが国にとっては、輸出レベルの維持はなんとしても確保しなければならない課題であった。また狭い国土に過密な人口を抱える日本にとっては、公害対策も緊急の課題となっていた。マイクロ・エレクトロニクスの技術はメカニックスと結びつき、さまざまな応用技術を開発した。ＭＥ機器は、省資源、省エネルギー、脱公害の要請に応えるものとして広く導入されて行ったのである。

一方、従来のオートメーションは、大量生産を前提とする技術革新であった。それゆえ生産工程の合理化が一定の段階まで進むと価格競争の意味がなくなり、量産はいたずらに利益率の低下をまねくだけになってしまった。そのために企業の側では、ＭＥ機器の導入により、高付加価値産品の多品種少量生産を戦略にとり入れるようになった。その小型化、柔軟性、システム化のゆえに、各品種少量生産が可能となったＭＥ機器が、競って導入されるようになった。また多品種少量生産が可能というME機器の特性は、その価格の低廉化とあいまって、中小企業のME化を促進したのである。

(3)　ME機器の導入が、わが国において、比較的順調に行われたのは、輸出が延びていったからである。ME機器は、先にみてきたように省力化と品質の向上といったもっぱらコスト面の配慮から導入され、品質の良い品を安くつくることによって需要を拡大して行った。とくに自動車や、カラーテレビ、VTRに代表される電子機器、精密機械等のME利用機器は国際市場にも大きく進出し、わが国におけるME化の進行に一層の拍車を加えた。

(4)　最後にわが国においてME化が比較的抵抗なしに進められてきた理由の一つに、労働組合が協調的な態度をとったことを挙げなければならない。わが国に特有の企業別組合の体質から、企業間競争に生き残るためには、労働組合も究極的にはME機器の導入に賛成せざるをえない立場におかれている。しかし、いかに企業別組合であり、ME機器の導入が企業の生き残りのために必要であるといっても、もし大量の人員整理や労働条件の大幅な低下をもたらすものであるならば、組合はストライキをかけても闘うであろう。このことは過去にみられたいくつかの産業転換に伴う深刻な摩擦（たとえば一九六〇年の三井三池争議、七二年の海員争議、七八―八〇年の佐世保重工争議等）からしても明らかである。しかしながら、ME機器の導入には一九六〇年代のオートメーションのときの経験が生かされ、事前協議制が活用された。多くの組合は、計画段階からの事前協議制、完全雇用の保障と配置転換・再訓練などの事前同意制を条件としてME機器の導入を了承している。たとえば朝日新聞は八〇年九月から新社屋でコンピュータシステムを稼動させたが、労使の事前協議は、計画段階から機器発注、設置、実験運転、部分的稼動、全稼動にいたるまで各段階で継続して行われ、開催回数は九年間で二五〇回におよんだという。(1)

また、例えば産業用ロボットの導入が溶接や塗装という危険、悪環境下でのダーティワークから始められたことや、直接人間労働に代替するというよりは、従来のオートメーションに代替するという形で自動化率が徐々に進められてきたこと、さらには、これまでの技術革新が雇用問題にそれほど大きな衝撃をもたらさなかったということも、組合が比較的抵抗なしにＭＥ機器の導入を認めた要因としてあげることができるであろう。いくつかの組合は、いわゆるＭＥ協定を結び、ＭＥ機器導入にあたっての組合側の態度を明確にしているが、最近では、ＭＥ機器の導入による成果を労働者側にも配分する旨を明確に要求するようになったことが注目される。

さらにわが国においては、ＭＥ機器の導入にＱＣ等の小集団活動が大きな役割を果したことを指摘しておかなければならない。ＭＥ機器を実際に操作するのは現場の労働者であるから、これらの労働者の理解と協力なしには生産工程のＭＥ化はありえないが、各種の企業内、企業外における研修（ＯＪＴ、ＯＦＦ―ＪＴ）やＱＣ活動における改善や提案を通じてＭＥ機器は現場に定着していった。事前協議制がＭＥ化の入口における理解と協力の場であったとするならば、小集団活動はＭＥ化のプロセスにおける理解と協力の場であり、両者はいわばＭＥ化の企業における車の両輪のようなものであったとさえ評しうるのである。

わが国において、ＭＥ化が比較的スムーズに受け入れられてきた背景には、以上にみてきたような、ある意味では幸運とでもいうべきいくつかの要因が存在していたからにほかならない。

㈡　ＭＥ化と雇用量の問題

ＭＥ化が雇用に与える影響は、雇用の量と質の二面にわたって考察することが必要である。

まず、ＭＥ化が雇用の量的側面に与えるインパクトについてであるが、これまでに行われた各種の「マイクロ・エレクトロニクスと雇用」に関する調査では、マイクロ・エレクトロニクスの導入が雇用に悪影響を及ぼしたという具体的な結果は現われていない。

たとえば電機労連の調査（『電機産業におけるマイクロ・エレクトロニクス技術が雇用と労働に与える影響』一九八二年一〇月）[2]によれば、ＭＥ機器が生産工程に本格的に導入され始めた一九七八年以降、調査時点までに正社員が「増加した」とする事業所が四三・七％であるのに対し、「減少した」とするものは三一・七％となっており、労働省の調査（『技術革新と労働の実態ＯＡ編』一九八四年一一月）でも、一九八三年一〇月末現在の規模一〇〇人以上の民営企業の労働者を五年前と比べると、「増加した」とする企業が全体の四三・二％、「減少した」とする企業が二七・〇％となっている。また、ＯＥＣＤが主催した「マイクロ・コンピュータの雇用への影響」に関する国際会議に日本代表が提出した報告書は、「マイクロ・コンピュータが雇用面に与えている影響を現段階で評価してみると、少なくとも失業の発生が見られず、逆に技術者新規採用が活発化していることから、量的にはプラスといってよいであろう」[3]と評価し、ローマクラブの日本事務局である「科学技術と経済の会」が八二年五月にまとめた調査報告書でも、技術革新は経済の発展にも雇用の増大にもプラス要因であるとしている。

しかしながら一方においては、ＭＥ化が産業界のすみずみにまで普及し、最大限にその省力効果を発揮すると仮定した場合、製造業では五〇％、サービス業では三〇％の余剰人員が生じるから、これを一九八〇年の雇用者数にあてはめて計算すると八〇五万人となり、行政部門の合理化によって排除される人員五〇万人（余剰率二五％）と合算すれば八五五万人にも達し、八二年三月の失業率二・二六％、完全失業者数一四七万人と比較して大量失業時代を到来させる可能性をもっていると説く悲観論もみられる。そして、この数字は、論者自身によって「もし日本の産業界がよりいっそうの生産性向上を目指してロボット化を推進するならば、日本の失業率は現在の二・五％から九〇年代には一二％に上昇するだろう」というアメリカの予測機関フォアキャスティング・インターナショナル社の最近報告とはからずも一致すると述べられている。[4]

マイクロ・エレクトロニクスの普及は、生産プロセスの合理化・自動化を意味するから、必然的に雇用量の減少をもたらすが、同時に新市場の創出による雇用増をもたらすのである。そのときの雇用減と雇用増のいずれを大きく評価するかによってＭＥ化の雇用に対する悲観論と楽観論が分れるわけであるが、技術環境や経済情勢の動向によって雇用排除や雇用誘発効果に相違が出てくるから、その将来を予測することは極めて困難である。しかもＭＥ化の経済的効果だけを単独で分離抽出することは不可能に近く、それは、マクロ経済全体の変動と深いかかわりをもつ部分が多いのである。

したがって、悲観論も楽観論も将来の予側としては余り意味をもつものではない。ただ、わが国において、ＭＥ化はこれまで雇用量の面でプラスの要因として働いたとしても、今日の経済環境や今後の技術競争、国際間の貿易摩擦といった厳しい政治経済情勢を考えれば、これまでの良好な状態が今後も続くであろうという確証は何一つないということは間違いなくいえるであろう。

㈢　ＭＥ化と企業内の労働構成および採用面での変化

ＭＥ化が、これまでのところ、雇用量の面で失業等の深刻なインパクトを与えなかったとしても、企業内の労働者構成の変化や採用面での変化といった雇用の質の側面をみると、かなり深刻な問題が存在することを指摘しておかなければならない。

(1)　ＭＥ化は、当然に生産部門においても事務部門においても、電子、機械、ソフト技術等の知識をもったソフトウェアの開発技術者を必要とし、また生産工程に大量のロボットが入りこんだとしても、プログラミングやロボットへの作業の教示、オペレーション、監視、点検・補修といった間接業務は残るから、これらの情報システム労働に従事する技術者の需要は増大する。新規学卒者を中心に、情報処理労働者については売手市場が続くであろう。

しかしながら、従来の生産労働の主たる担い手であった単純労働者は、ＭＥ化によって大幅に駆逐される。生産現場では、システム化、自動化の谷間に残された極めて単純な作業やもっぱら監視労働に従事する僅かな数の労働者と高度な知的作業を行う技術者に二極分化し、オフィス部門でも一般事務労働が大幅に減少して情報処理労働（データーベース）とそれを高度に利用する専門的判断業務に分化する。このような生産工程や事業所における労働者構成の変化は、労働省の調査(5)によっても明らかにされているところである。そして、ＭＥ化の影響が女性労働者と中高年に集中して生じていることもこれらの調査報告書は明らかにしているのである。

(2)　例えば電機産業は、かつての繊維産業のように大量の女性労働者が活躍する舞台であった。しかしＭＥ化の影響により様相は大きく変わった。電機労連『電機産業の中期的雇用展望』（八一年一一月）は「民生用電機においては六年間に四三・七％、九万人強の減少が示されており電機業界中最も雇用問題が困難な状況を迎えることが予想される」と述べているが、家電大手三社を例にとれば、七〇年三月に二五、七七九人いた女性労働者が八〇年三月には一三、九七一人と四六％も減少している。これに対し男性労働者は五％増加しているのである。職場には女性労働者に代わってロボットが進出した。男性労働者はソフトの組立てや、ＭＥ機器の保守、点検の仕事が増えたため、新卒の若年労働者が増えたのである。ただし、結婚等の理由による退職者の不補充や新規採用の手控えという形で減量が行われ、解雇の問題は発生していない。

また、全産業について事業場別、企業別の労働者数の変化をみても、女性は男性に比し増加率が低く、減少率が高いことは、労働省の調査(6)において明らかにされているところである。かつて技術革新による労働の単純化により大量の女性労働者が職場に投入されたが、今やマイクロ・エレクトロニクスによる技術革新によって伝統的に女性が担ってきた職域は狭くなり、あるいは職種そのものがなくなりつつあるのである。

もちろん、ＭＥ化に伴って女性労働者にもいくつかの新しい職場が開拓された。たとえば、半導体ＩＣの組立工程は、かつては手先の器用な女性労働者を大量に必要とする労働集約型というべきものであった。電子メーカーは安い労働力を求めて九州や東北等の地方に工場を分散させた。しかし間もなくこれらの組立て工場は、半導体ＩＣを一貫して量産する工場へと変って行った。半導体産業は、最先端の生産設備をもった設備集約型の産業に変り、女性労働者は、生産ラインのネックとなる部分に僅かに配置されるにすぎなくなってしまった。

さらに、オフィス・オートメーションは女性労働者を直撃している。一般事務はもとより、オペレーターやキイパンチャーといった大型計算機の仕事をしていた労働者までパーソナル・コンピュータやオンライン化した端末機の出現によって仕事を失った。七〇年代には、製造業の技術革新によって職場を追われた女性労働者は第三次産業に移行することができた。しかし、八〇年代には、ＭＥ化が金融・保険、卸・小売部門にもおよび、女性労働者は行き場を失ったのである。このことは最近の高卒および文系大卒の女性の深刻な就職難となって現われている。女性労働者は僅かに残されたいわゆる女性向きの仕事口にひしめき合い、互いの競争によって自らの賃金を切り下げているのである。ＭＥ化の雇用に対するインパクトが、まず女性労働者に深刻に現われていることを直視し、進学における女性の理工系への誘導、職業訓練とともに、情報化社会における積極的な雇用の創出を国の政策として早急に検討すべき時期にきているように思われる。

(3)　ＭＥ化のインパクトが女性労働者と並んで中高年労働者に強く現われていることは、多くの調査資料が明らかにしているところである。たとえば総理府の労働力調査（一九八〇年）では、技能工・生産工程および単純作業者の年令別構成は、三〇歳未満二二・七％、三〇歳以上四〇歳未満四二・〇％、四五歳以上三五・二％という比率になっているのに対し、職業訓練研究センター『技術革新・中高令化と人材の有効活用に関する調査（個人調査）』（一九八二年）によってＭＥ機器使用者の年齢別構成をみれば、四五歳以上の者は二三・八％、国勢調査（一九八〇年）によって情報処理技術者の年齢構成をみれば、四五歳以上の占める割合は一一・一％とさらに少くなっていることが分る。また雇用職業総合研究所『企業内労働力の有効活用に関する実態調査』（一九八一年一二月～八二年二月）によればＭＥ機器の導入職場において配置転換が行われたとする企業は約四〇％であり、その内訳は「導入職場から他職場への配転」が二七・五％、「他職場から導入職場への配転」が六・八％、「これらの両方」が六・四％となっている。しかし、ここで注目すべきは、ＭＥ機器導入職場から他へ配置換えされた者の年齢構成が「二〇歳代」三八・三％、「三〇歳代」四九・六％、「四〇歳代」四四・八％、「五〇歳代」一六・九％であるのに対し、他から導入職場に配置転換された者の年齢構成が、「二〇歳代」五〇％、「三〇歳代」六〇・四％、「四〇歳代」一九・二％、「五〇歳代」六・三％と全く逆の傾向をみせていることである。ＭＥ機器の導入に当って中高年層を他の職場に配置換えし、若年層を他の職場から導入職場に重点的に配置していることが統計的にも明らかにされているのである。

わが国においては、労働力人口の高齢化はかねてから指摘されていた問題である。一九七五年と八五年の時点で比較すると、一五～二九歳の人口と三〇～三九歳の人口はそれぞれ三％、五％と減少するのに対し、四〇～五四歳の人口は三〇％増、五五歳～六四歳の人口は六〇％も増加する。そして四五歳以上の中高年層は一九九〇年には労働人口の四〇％強になると予測されているのである。中高年労働者は、一般に若年労働者より賃金が高い。わが国の労使関係に特有の年功序列型の賃金によるものであるが、従来は企業における経験と熟練に対応し、かつ中間管理者としての職責に対応した賃金体系であったのである。しかしながらＭＥ機器の導入により事情は一変した。マイクロ・エレクトロニクスに対しては従来の熟練や経験は意味をもたなくなり、中間管理者層は不要になった。新しい技術には若い労働者の方が適合性がある。中高年労働者は、ＭＥ機器導入職場から受入れ可能な職場や関連会社に配転、出向の形で排除されて行った。各企業では、若年労働者の不足からＭＥ機器の導入が検討され、ＭＥ化が始まると若年者の採用の手控えで従業員の高齢化はますます進むという問題をはらんだ労働者構成になりつつある。職業訓練研究センター『技術革新・中高齢化と人材の有効活用に関する調査』（一九八二年三月）は、調査結果に基づいて「総じて、現行対策では、中高年者を受入れ可能な職場を探し、あるいは新設して配転するとか、能率の低下を見込んだ上での年功給の是正のような、どちらかといえば防衛的対策のウェイトが高く、中高年者の能力を積極的に活用してゆく方向での対策は今後の課題とするところが多いように思われる」と述べているが、労働人口の高齢化は構造的に進むものであるだけに、中高年労働者に対する教育訓練を含めた対策が国の政策としても早急に確立されることが必要である。

(4)　われわれは、先にＭＥ機器の進出が中小企業に著しいことに言及した。たとえばアーク溶接用ロボットは九〇％までが中小企業に導入されているし、ＮＣマシンも従業員の比率からすれば中小企業の方に多く入っているのである。熟練工や若年労働者の不足を補うために、中小企業は、ＭＥ機器の導入にふみ切ったわけであるが、組織の身軽さや決断の早さから、ＭＥ化の適応は、むしろ中小企業の方が柔軟迅速に対応しえたといいうるかも知れない。多くの中小企業は、ＭＥ機器の積極的な導入やシステム化により、製品の精度、品質を高め、コストを削減することができた。そしていくつかの中小企業は、国際的にも高く評価される優良中堅企業へと育って行ったのである。

しかしながら、生産力の増大は、企業間の競争による陶汰を前提にしてしか成り立たない構造をもっている。ＭＥ化に遅れた企業は、市場における競争に敗れ、業績不振におちいった。失業率が二・五％程度であり、一定の経済成長率を維持しているにもかかわらず、中小企業の倒産件数は少なくはないのである。しかもＭＥ化に伴って、大企業は内製化率を高めている。かつて大企業は、景気変動の調整弁として下請中小企業を利用してきた。しかしＭＥ化により、不況になれば機械を休ませればよいという体制ができるにつれ、下請中小企業は切り捨てられていくのである。

かつてのオートメーションは大企業に限定されていた。しかし、今回のＭＥ化は、大企業と中小企業で同時に進行し、技術革新にのりおくれた中小企業を整理・陶汰しつつある。中小企業は、これまで、ある意味では大企業とは別個の労働市場を形成し、大企業の技術革新によってはじき出された労働者や中高年労働者、定年退職者等の受け皿としての機能を果たしていたのである。ＭＥ化のインパクトとして、従来、これらの労働者を受け入れてきた中小企業が存在しなくなったとき、深刻な失業が中高年労働者を中心に起きてくることは避けられない。

(四)　ＭＥ化と雇用の形態

(1)　わが国では、伝統的に新規学卒者は企業内の職業訓練によって技術を身につけてきた。職場におけるＯＪＴが技術の伝習の基本的な形態であったのである。企業内での勤続年数が増すことは、それだけ経験や熟練を身につけているものとして、中高年労働者には相対的に高い賃金が支払われ、若年労働者に対する関係での職場の秩序が、経験や熟練度の価値体系を軸として維持されるしくみになっていた。

しかし、ＭＥ化は、これらの事情を一変した。ＭＥ化は、従来の熟練を不要にしたのである。ＯＪＴは、ＯＦＦ－ＪＴを中心としたものへと変わって行った。中高年労働者は、ＭＥ化にともなって次第に工程から排除されて行ったが、中高年労働者が職場から排除されることは、従来の職場の秩序を支えていたものの崩壊を意味する。いわゆる日本的雇用慣行は、この面からも崩されつつあるのである。

わが国において、生涯雇用、年功序列型の賃金で特徴づけられる日本的雇用を享有しうるのは、労働者数の三分の一程度にすぎない大企業における正規の従業員に限られていたが、ＭＥ機器の導入は、景気変動を機械の稼動量の調整によってのりきる体制をつくりあげ、正規の従業員を極度に減少させることになった。正三角形に近いピラミッド型の人員構成は、くさび型に近い鋭角型な人員構成へと変わって行く。しかも、これらの正規の従業員は、企画、研究、開発という頭脳部門と、営業関係の販売部門に集中し、年功序列型賃金は大きく変貌を遂げようとしている。

(2)　ＭＥ機器は、当然にハードだけで動くものではなく、ソフト面でのプログラミングやオペレーション、メンテナンスが必要である。しかし、多くの企業は、パート、アルバイト、派遣といった形態の臨時労働者に、これらの労働を担当させている。従来からみられた臨時労働者が、ＭＥ化に伴って新たに再編成され、量的には増加しつつあるのである。労働者派遣事業の急成長は、このような経済的背景と無縁ではない。

ＭＥ化の特徴は、それが産業および企業の規模に関係なく、急激に、かつ同時に進行していくことである。そのために、当然、技術者が不足した。ほとんどの企業は、ソフトウェア会社からの要員派遣に頼らざるをえなかったのである。ソフトウェア産業は急成長を遂げているが、若年労働者を中心に派遣の形態でプログラミング等の作業を行っている。多くの場合、納期に迫られ、深夜業の連続という劣悪な労働条件下にあり、「三五歳定年」説がささやかれるほど使い捨てが激しい。これらの情報処理労働者は大卒の知的労働者が大部分を占めているが、孤立分散して仕事を行うこと、一匹狼的な技術者が多いこと等の理由から組合の組織化が進まず、かつ自らの知的興味からも仕事に熱中し、自発的に残業をするケースも少なくはないのである。

(3)　ＭＥ化のインパクトは、作業現場では労働時間の変化となって現われている。生産工程のＭＥ化は大規模化、高速化、連続化という高度のオートメーションを意味し、二四時間の連続操業が行われる。労働者の配置はこれに合わせ、三交替ないし二交替制がとられる。機械を夜間とめる場合でも、点検や補修等のメンテナンスの作業は深夜に行われる。ＭＥ機器は、労働者を苦汗作業や危険有害作業から解放したかも知れない。しかし、時間からは解放しなかった。時間外労働や深夜業、交替制という従来の労働時問制の変更を迫る問題は、ＭＥ化の結果として、ほとんどすべての分野において起きているのである。

(4)　ＭＥ化の雇用形態に及ぼす影響の一つとしてさらに在宅勤務を指摘しておかなければならない。ＭＥ化の雇用の未来像としてマスコミ等で取り上げられている割には、在宅勤務は、わが国ではまだそれほど普及しているようには思われない。住宅事情が悪く、狭く小さな住居に家族がひしめき合っているわが国においては、最少限のＭＥ機器（パソコン、ワープロ、ファクシミリ、音響カプラー等）を設置する余地がないこと、労働者が孤立して働くことになれていないこと、労働時間の管理が困難なこと、等々の理由から、在宅勤務は一般化するにはいたっていないわけであるが、われわれが調査しえた二〇余りの実例からはつぎの三つに分類することができる。

(イ)　第一は、主として営業部員が自宅から直接訪問販売等へ出かけるケースであり、通勤時間の節約や効率化が狙いとなっている。ファクシミリやパソコンを使って、営業や顧客情報を管理することができるから、セールスのみならず、営繕関係等、事業場外で行う仕事を中心に増加するかも知れない。

(ロ)　第二の類型は、自宅に端末機をおき、会社のコンピュータと電話回線で結んでプログラミング等を行っているケースである。現在までのところでは、結婚等で退職する優秀な女性プログラマーを活用したいということから行われているケースが多い。パソコンを貸与し、組んだプログラムをフロッピーディスクにして会社にもって行くという形をとっているところもある。多くはその都度、プログラムの難易度に応じて出来高払制をとっているが、納期に間に合わない場合もある等、時間の管理に問題があるといわれている。

(ハ)　第三は、従来のＭＥ化である。ワープロによる文書の作成等が主体であるが、工業英語等の翻訳をファクシミリ等を使って行うケースもある。

在宅勤務がどのような形で普及するのかは今後にまたなければならないが、一面、身障者や主婦等通勤できない事情にある者にとってはメリットにもなりうるものであり、将来の課題というべきであろう。ただ、わが国では、住宅事情等の点から、いわゆるサライト・オフィスの方が先に普及するようになるかも知れない。

(五)　ＭＥ化と社会的制御のシステム

本来、人手不足の解消や危険有害作業への代替ということから始まった筈のＭＥ機器の開発や導入は、資本の論理から生産性の向上それ自体が目的に転化し、今やロボットのライン化、無人化工場へと進んでいる。景気変動には雇用量の調整ではなく、機械の稼動量の調整で対処するという体制にまで到達しようとしているのである。しかもＭＥ化は、比較的うまくいっているというわが国においてさえ、多くのインパクトを雇用面において与えている。しかし、企業は、ＭＥ化に躊躇すれば経済的な競争力を失い、生き残れないという状況におかれている。これは、技術革新のもつ宿命ともいうべきものであるが、ＭＥ化は、一国のみならず、国際経済をまきこんでの問題であるだけに影響するところは大きく、自由には放置できない問題となっているように思われる。とくに加速度的に進む技術革新は、その行先が明確には予知できないだけに制御のシステムを早いうちに樹立しなければ危険である。

たとえば、問題をわが国だけに限定しても、ＭＥ化による成果の配分を労働時間の短縮と、パートタイマー、派遣労働者等の賃金の大幅なアップという形で還元することは、一種のワークシェアリングの考えにつながり、雇用の確保に役立つものである。わが国では労働組合が企業別につくられているため、ＭＥ化の制御のシステムとしてはかならずしも有効に機能していない。産業別の全国組合ないしはナショナルセンターが、産業別ないし全国的な労使協議制を強力に推進していかなければならないであろう。

また国際的にも、たとえばＩＬＯ等を通じ、ＭＥ化の制御のシステムを各国の協力のもとに早急につくりあげていくことが望まれる。

（1）宮野伸介「職場要求の実現が新技術導入の条件」季刊労働法一二三号六三頁。
（2）電機労連調査時報一八二号。
（3）猪瀬博監修『マイクロコンピュータは失業を生むか——マイクロエレクトロニクスの雇用に与える影響』五九頁。
（4）増田米二『先端社会』七七—八〇頁。
（5）労働省「技術革新と労働に関する調査の概要」一九八三年八月。
（6）同前。

三　日本的雇用慣行とその変容

＊　本稿は、平成一二年七月に仙台市で行った講演の原稿に加筆したものである。

一　バブルの崩壊と平成不況

経済的な不況は、もう一〇年も続いている。いわゆるバブル経済は、一九八九年に崩壊したのであるが、大方の見方は、景気刺激策をとれば、やがて景気は回復するという楽観的なものであった。しかし、公共事業を初め、さまざまな景気刺激策をとっても、景気は回復するどころか、冷え込む一方であった。そして、一体、いつこの長いトンネルから抜け出すのか予測さえつかない状態が続いている。最近、設備投資が少し増えてきて、明るい兆しが見えてきた、景気は回復に向かったといわれているが、設備投資というのも、ＩＴ（情報技術）関連のところが若干動いている程度で、国内総生産の六割を占める消費は依然として落ち込むばかりである。企業のリストラや倒産により失業者は増え、失業率も上がる一方である。これに加えて、国民は、年金、医療、老後の問題を考え、個人の消費動向はますます堅実さを増している。

問題は、日本の経済がどのようにして不況に陥り、どういう状況にあるのかということを的確に認識し、問題点を分析することであるが、現在の不況の原因のすべてをバブルの崩壊に求めるのはあまりにも単純すぎる。バブルというのは株の用語であって株式市場においては常にあるといってよい。例えば昭和三〇年代の初めには、いまのＯＬ、女性社員の若い人まで株を買ってもうけたとか、もてはやされた時代があったし、もうちょっとあとでも投資信託ブームがあり、それぞれバブルははじけて、けがをした人はいくらでもでている。ところが、今回のバブルのはじけ方は従来と規模の点でも、質の点でも全く異なっている。株式市場だけの問題であれば、やがては落ち着くところに落ち着く。ケインズの美人コンテストの理論というのがあるが、これは美人コンテストをやるときに、一位の人に入れた審査員には、例えば百万円出すと決めると、皆自分が美人だと思う人にではなくて、だれがどの人に投票するだろうかということで投票する。つまり実体とは必ずしも合わない第一位の美人ができあがる。これは株の場合も同じである。経済の実体と必ずしも合わない、皆が買うから買うとか、もうかりそうだから買うということで動いているから、株はもうかるときもあるけれども、損するときもある。いまでは、資金の流れが国際的になっているし、規制緩和で金融もグローバル・スタンダードになっている。「情報と資本には国境はない」とよくいわれるが、世界中のお金がぱっと集まったり、ぱっと散ったりしているので、本来の株の用語でのバブル崩壊の規模も傷跡も大きくなるのは当然である。

しかも今回のバブルがこれまでと違うのは、土地の神話がからんでいることである。「日本は国土が狭いから、土地は絶対に値下がりはしない、値上がりする一方だ、いまのうちに買っておこう」というので日本国中が浮き足だった。不動産投資も、自分が住むためならまだいいほうであるが、「買っておくと資産価値が出てくる、転売してもうけよう」ということで皆が地価をつりあげていった。いわゆる土地転がしがそうであるし、地上げとか土地の売買に絡む、うたかたの経済に浮かれていた。これではいけないということから、政府は、総量規制を行い、銀行のお金を引き締めた。そこで銀行は、いわゆる住専を通じて土地に対する融資をした。結果的にはそれが莫大な不良資産として残ることになったのである。

高度成長期の金余りによる株のブームも同じようなものである。企業は、本業以外の財テクに精を出した。外国に進出する、あるいは外国の企業に投資する。アメリカの土地を買う、ゴルフ場・別荘地に投資する。有名な話であるが、例えば一流のデパートがデリバティブ、ドルの先物でもうけようとして、大変な赤字をこうむった。そういうことに個人も会社も浮かれ、そのつけがいま回ってきて、後遺症に悩まされているのである。バブルが崩壊したということは、資産デフレが起きたということで、不良資産が累増しており、逆資産効果が経済を冷えこませる原因になっているのである。

このバブルの崩壊に政府はどう対処したかということであるが、政府は金融不安の対策として、ゼロ金利に誘導した。利息がどんどん下がっていくわけで、資金を集めるコストがほとんどかからないから、銀行は息をつけるが、それでもなかなか不良資産を償却しきれない。グローバル・スタンダードというわけで、金融緩和、規制緩和をやったから、市場原理からして、いままでのような護送船団方式の経営はできない。結局、三洋証券とか北海道拓殖銀行といった一流の金融機関までつぶれるというような事態になったわけである。金融機関は、自衛上、中小企業に貸し渋り、そのための倒産とかこれに類する話は巷にあふれている。

一般の企業はどうかというと、政府があれだけ公共事業にお金を出したり、景気刺激策を一生懸命やってくれているのだから、そのうちになんとか景気も回復するだろうということで、改革を先延ばしにしていた。また株式、土地という含み資産があるから、それを少しずつ食い延ばしていった。しかし、どうにもならないというので、本格的なリストラが始まったわけである。リストラといえば人員整理とか解雇の代名詞のようになっているが、本来はリストラクチュアリングであるから、会社の機構、組織を改革していくということである。

二　企業のリストラ

各企業は、深刻な不況による経営不振や経営難からの脱却を目指して、企業収益力の低下に対する活力の再構築（リストラクチャリング）に乗り出した。経済環境の変化に応じ、新しいニーズや新技術への対応を進めるために成長部門への投資を強める一方、不採算部門からの撤退、組織の簡素化、バランスシートの改善などの生き残りをかけたコストの削減に着手した。とくに経費の削減、とりわけ固定費の主要素となっている人件費の削減に力点が置かれたのである。

まず経営組織の再編としては、①組織の簡素化、②間接部門の縮小（アウトソーシング等の導入）、③直接部門の合理化（外注、下請化、派遣労働者の採用）、④直接部門の分離（工場・事業所の閉鎖、統合、子会社化）、⑤事業部制の廃止、⑥合併、営業譲渡（組織変更と統合）、⑦工場・販売部門の閉鎖・休止・操業短縮、⑧研究部門の整理（縮小、統合、廃止）、⑨系列企業の整理（グループ企業の統合、縮小、廃止、有力企業の系列化への移行）、⑩他社、外資との業務提携（J・V化、販売・生産の提携委託の拡大、新規開発委託、合併会社設立等）、⑪企業の縮小・転換（専門化、下請化等）などが行われた。

つぎに雇用量の調整として、①新規学卒者の採用中止、②定年後の再雇用の中止、③臨時労働者の解雇、契約社員化、派遣労働者の導入、④パートタイマーの雇止・更新拒絶、⑤社外下請、アウトソーシングへの切り替え、⑥他企業への長期出張、⑦工場間の長期作業応援（一時的配転）、⑧臨時休業日の導入、⑨自宅待機、⑩待命休職、⑪一時帰休（雇用調整助成金の受給）⑫出向（雇用調整助成金の受給）⑬他社への転籍（労働移動雇用安定奨励金の受給）、

⑭配転（部門の閉鎖縮小を含む）、⑮早期退職の促進（勧奨退職を含む）、促進優遇年齢の引き下げ、⑯希望退職者の募集、⑰指名解雇などが行われた。

さらに人件費のカットとして、①賃金体系の改正（業績給・能力給・能率給・資格給体系への変更）②年俸制の導入、③諸手当の整備、統合・合理化、④賞与額・支給率の引き下げ、⑤賞与の現物支給、分割支給、⑥賞与の支給廃止・支給の凍結、⑦社内預金利率の引き下げ、⑧昇給・昇格の延期、⑨賃上げ・昇給・ベースアップの全面停止、⑩パートタイマー等の時給引き下げ、⑪賃金・報酬の切り下げ（役員、管理職から一般社員への拡大）、⑫退職金の引き下げ、企業年金支給率の引き下げ、⑬役職定年制の導入と拡大などが行われた。

そして労働時間に関し、①残業の規制、②休日の振り替えの拡大、③所定労働時間の延長、④変形労働時間制の導入、⑤フレックスタイム制の導入、⑥労働時間別賃金（割増賃金）の導入（別労働・別賃金制の導入）、⑦休暇の繰り上げ消化・一斉休暇の導入・拡大、⑧積み立て休暇の廃止・積み立て分の廃棄、⑨交替勤務制の採用・拡大、⑩時差出勤制、繰り上げ、繰り下げ制の採用・拡大、⑪裁量労働の導入・拡大、⑫パートタイム労働の合理化（繁忙時間帯、繁忙日への集中）などが行われた。

以上のような企業のリストラは、いずれもこれまでにない規模で多くの企業を巻き込み、会社の分割、合併、営業譲渡、あるいは倒産となって現れ、関連する労働者には労働条件の低下と失業を呼び、日本的雇用慣行を根底から脅かしつつある。

三　日本的経営

これまで、日本的経営とか日本的雇用慣行がわが国の高度成長を支えてきたといわれていたが、現在では、日本的経営や日本的雇用慣行の優位性がなくなり、もはや日本的経営、日本的雇用慣行では国際競争上やっていけないとさえいわれるようになっている。

まず第一に、日本的経営とか、日本的雇用慣行といわれているものは、いったいどのようなものなのかということが問題になるが、一口にいえば、人間的な信頼関係を基礎とした長期安定的な取引関係が日本的経営であり、長期安定的な労使関係が日本的雇用慣行であるといってよい。これは日本の社会意識そのものの反映であり、日本的経営も日本的雇用も、同じ根っこをもつ、同じ日本の社会の一つの企業文化だといってよいであろう。

このような社会意識や企業文化が、いつ、どのようにして形成されてきたのであるかということを究明するのは、極めて興味深い問題であるが、一口でいうならば、わが国の企業文化は、基本的には村落共同体、イエの意識が、企業社会における組織の編成原理となり、これに武家社会の倫理、儒教の倫理と商人の経済的価値観が加わって日本に独自の企業文化が構成されたのではないかと思う。

会社でもどこでもそうであるが、血縁・地縁の縁故関係、同郷、同窓、同一企業といった擬制的縁故関係を軸に、一つのコミュニティーがつくられ、家族関係になぞらえられた縦社会の組織が形成されている。そこにおいては、「長幼序あり」という儒教の倫理観、先任、年功を軸とする先輩・後輩の関係と武家社会の忠誠心に裏打ちされた企業忠誠心の倫理が構成されていた。これに町人的な経済観念が加わって日本の企業文化が形成されたのである。

企業社会は、大企業とこれと下請関係にある中小零細企業の縦の組織と、村落共同体的な情義の関係に裏打ちされた取引関係にある企業によってつくられている。そこにおける取引は、相手が何を考えているかを、あうんの呼吸で察知しなければならないのである。それによって取引関係はうまく動いていく。ある意味では、日本の社会は、基本的には個人も企業も含めて権利義務関係の外で動いていたといってよいのである。

そういう日本の社会関係が、明治維新後、第二次大戦後と二度の節目において、西欧文化の流れをくむ契約関係、契約社会の影響を受け、近代国家、民主主義国家へと変貌を遂げたのであるが、現在は、明治維新や第二次大戦後の時期に比すべき第三の大きな変動期にさしかかっている。規制緩和とか、グローバル・スタンダードというのも、西欧的な契約社会への変貌を迫るものである。これがどのようになっていくのかは興味深いところであるが、私は、日本的経営とか日本的雇用慣行といわれているものも、日本の文化や風土に根ざすものであるから、直ちに無くなることはないのではないかと思う。日本的経営も日本的雇用慣行も、人間的な信頼関係や協調関係を基礎とするものであるから、人間の社会にとっては、大切な面をもっている。それを残しながら、契約的な権利義務関係をどのように築いていくのか、これがこれからの課題ではないかと思う。

四　日本的雇用慣行

日本的雇用慣行は、終身雇用、年功序列型賃金、企業別組合といったいわゆる三種の神器の三つを柱とするものである。しかし、ここでは個別的労働関係を中心に扱うので、労働組合の問題は別にして、終身雇用と年功序列型賃金だけを取り上げることにする。

わが国では、新規学卒者が学校を卒業して就職すると、まず定年までそこに勤めるというのが労使双方の暗黙の前提になっていた。入社したときは賃金が安くても、年功序列型賃金体系であるから、年齢が上がり、勤続年数が増すにしたがって賃金も地位も上がっていく。ある程度になると飛躍的に賃金は上昇し、退職金も増加する。一〇年勤続、二〇年勤続、三〇年勤続という節目には、表彰だけではなくて、報償金までもらえた。これは世界的にも珍しい例であるのかも知れない。

しかし、途中で退職すると、特殊な技能技術をもっている者を別にすれば再就職は極めて困難である。運良く再就職ができても中途採用の新しい会社では、賃金は下がるし、退職金その他もゼロから出発するので、極端に不利になる。極めて少数の望まれて転職する者を別とすれば、一般的には上昇移動は不可能に近く、下降移動しかできないのが通例であった。アメリカを初めとする西欧社会では、わが国に比べて労働移動が激しいが、基本的には、よりよい賃金やポストを求めての移動であるから、転職のたびに給料や地位も上がるのが一般的である。このような形の終身雇用制・年功序列型賃金制はいまでも基本的には続いているといってよいであろう。現在でもヘッドハンティングで有能だと見こまれてスカウトされた人でない限り、一般的にはリストラにあうと不利な条件でしか就職できない。　このような日本的な雇用は、企業が、家族もろとも労働者の全生活の面倒を見るという意識の表れであり、そのためにほとんどの企業には家族手当がある。労働契約の面からすれば、扶養家族は本来労働力の価値とは無関係なものであり、結婚しようがしまいが、子供があろうがなかろうが、会社とは関係がないはずである。例えばフランスでは、社会保障の中に家族手当が入っている。子供は社会的にみるわけで、個別企業が面倒をみる必要はないという考え方であるが、家族もろとも全生活の面倒を見るという意識が日本の社会には強く、これがこういう形で残っているといってもよいのであろう。そのほか、従業員の結婚や本人および家族の死亡には、慶弔金が出る。あるいは社員旅行や花見・忘年会に一定の補助が出る。これなども欧米の社会では考えられないことで、自分の好きな人と旅行に出かけたり、パーティはよくやるが、会社ごと、あるいは職場ごとに、会社の費用で旅行に行くとか、忘年会、新年会などをやることはあまり聞いたことはない。こういうのも労使関係が家族関係になぞらえられ、会社が労働者の全生活の面倒を見るという意識の反映だと思う。しかし、最初は安くても、労働者の賃金はだんだんと上がるし、あまり上がるとコストがかさむから、ある程度で打ち切らざるをえない。そこで定年制が設けられ、全体として収支のバランスを取るということが行われていたのである。

労働者の方でも、長期安定雇用で、年齢や生活の必要度に応じて賃金もあがるから、安心して会社に自分の全生活を託すことができた。そして、退職金をもらえるとか、定年後の再就職先を世話してくれるとか、老後の面倒まで見てくれる。そういうのがいい会社であり、それができるのが大会社であった。そういうことから労働者は、「会社人間」になり、会社のために心身をなげうって働く。ついにはサービス残業とか過労死という問題すら生んでしまうのである。なぜ自分が死ぬまで働くのか、欧米社会では考えられないことである。一部の社長、重役、いわゆるエグゼクティブは欧米社会でも本当によく働く。ただ、それにはそれだけの高額な報酬をもらっている。また、働いて業績を上げないと、自分が追い出されるということからきているものである。

問題は、このような日本的雇用慣行がどのようにして成り立つのかということであるが、第一は、豊富で安価な若い労働力（若年労働者）が存在することが前提である。しかし、だんだんと若者の数が少なくなり、一方、高度成長で労働市場の規模が大きくなり、労働力が不足してくる。ひところは、「中学生は金の卵」といわれたくらいであった。会社が学校を訪問して、少しでもいいから回してくれということで、中卒はひっぱりだこであった。そうなると競争上、若者の初任給は上がってこざるをえない。初任給が上がると、企業の支払原資は一定であるから、いままでのような賃金のカーブは維持できない。そうすると中高年の賃金を下げざるをえないということで、年功序列型賃金が、今までのように勤続年数に応じて急カーブを描いて上昇するということがなくなった。

それから年功序列で、わが国の従業員の構成は、年齢に応じてピラミッド型になっているが、入社して一定の年数がたつと係長になる。同期入社の者をほぼ同時にこういった役職につけるためには、どうしても企業の規模を拡大し、管理職のポストを増やしていかざるをえない。一五年か二〇年でこれらの人が課長になる。そうするとまたポストを増やしていかざるをえない。つまり理論的には、企業規模を拡大しない限り、年功序列制は維持しがたい。そのために日本の企業は企業間の競争が厳しい。激しい競争をやって絶えずシェアを拡大し、企業規模を拡大していこうという欲求に駆られているのである。

しかし、現実には、必要な管理職のポストをみたすほど企業規模を拡大していくことはできない。そうすると当然、競争に参加しない人たちが必要になってくる。これらの人たちが、これまでは女性労働者であったのである。昔は女性は結婚したら仕事を辞めるものだという社会的な固定観念があった。しかし、女性も次第に強くなり、自分からはなかなかやめない。そこで、結婚退職制とか男女の差別的な定年制が生まれ、また仮に自分からは辞めないとしても、役職にはなかなか就けないという露骨な差別が行われた。女性差別が法律的に争われたのは、住友セメント事件・東京地裁昭四一年一二月二〇日判決が最初である。事案は、結婚したら退職するという念書を入社のときに入れているのに、結婚しても辞めなかったというので解雇されたというものである。当然、そういう念書自体が公序良俗違反だということで無効になったが、ここまでくるのに紆余曲折があり、かなりの時間がかかっている。労働基準法の三条は、国籍、信条、社会的身分による差別を禁止しているが、性別という文言がない。四条では賃金について差別してはいけないとなっている。そこで賃金以外の差別ならば労基法違反にはならないんじゃないかというのが会社側の言い分であった。これを突き崩すためには、憲法一四条の法の下における平等の原則、この下に作られた公序良俗違反という論理にいかざるをえなかった。

結婚退職制が無効とされたため、差別的な定年制がもちだされた。最初に裁判問題になったのは、男性五五歳、女性三〇歳という差別的定年制が争われた東急機関工業事件（東京地裁昭四四年七月一日判決）である。労働組合との協約でこれを決めた。組合も納得しているのだからというのが会社の言い分であった。しかし、差別的定年制は無効という判決が出た。差別的定年制は、当時かなり一般的に行われていたが、結局、日産自動車事件・最高裁（三小）昭五六年三月二四日判決で、男女の差別は一歳でもだめだということで決着した。このように女性は競争に参加しないということで成り立っていた年功序列型賃金・終身雇用制も、女性の地位が上がるとともにこれを支えていた基盤が掘り崩されていった。

さらに日本的雇用慣行を支えているものに日本の賃金体系や労働時間の問題がある。日本の賃金体系には、諸手当が非常に多い。これは明治以来そうであるが、社規社則集で賃金体系を調べてみると、多いところでは二十何種類もいろいろな手当がある。手当の中でも一番大きいのがボーナスである。日本の高度成長の時期に、日本を見習って、フリンジベネフィットを出すべきではないかということがいわれ、アメリカでもクリスマス・ボーナスを出すというところがでてきた。しかしその額は、せいぜい二週間分の賃金であった。日本の場合は年間で平均五カ月である。高度成長期、景気のいいところは十カ月も出している。このように高額な期末手当が支払われていても、不景気になると賞与はカットされる。これは一種の雇用量の調節である。

労働時間にも賃金と同じように日本的雇用慣行を維持する秘密が隠されている。わが国の場合、労働時間は一応決められていても、残業が多い。これを不景気になるとカットするという形で雇用量の調整が行われる。不当労働行為の事件であるが、残業をさせないのが差別だと言って争った労働者がいた。西欧的な感覚からすれば、残業させるほうが差別ではないかということになるが、日本では逆で、残業をさせないのが差別だということになる。つまり組合活動を理由として恒常的な残業手当を減らすのが差別だというのである。これなども日本的雇用慣行の一つの表れだといってよい。

そのほか、さきほどは女性労働者を差別の例として挙げたが、年功序列とか日本的雇用慣行を享有することができるのは、大企業の正規の労働者に限られているといってよい。総数でいえば日本の労働者の三分の一ぐらいしかその恩恵には浴していない。つまり膨大な中小企業、下請企業では、日本的雇用慣行を維持したいと思っても、それをやれる経済的基盤がない。景気変動の犠牲は、非正規労働者や下請けの労働者に押しつけることによって、大企業の正規労働者の日本的雇用が維持されているという関係にある。臨時労働者を好況のときには採用し、不況になると切ってしまう。臨時、パート、アルバイト、下請労働者といった人々が、大企業の正規労働者の日本的雇用慣行を支えていたのである。

しかし、これまでに触れてきたように、日本的雇用慣行を支えてきた基盤はすでに崩壊しつつある。若年労働者の不足、女性労働者の地位の向上、臨時、パート、アルバイトをはじめとする周辺的労働者の地位の向上、さらには下請企業も、専属の下請けでは危ないということから、親会社一つだけに隷属するのではなくて、自分の得意分野で自立していこうという動きが出てきている。

また労働者自身の勤労観にも大きな変化が出てきており、労働そのものというよりは、自分の生活、個人としての生活を大事にしていこうという人が若年労働者を中心に増えてきている。こういったことから、労働関係の分野にも、大きな変動が起こりつつあるのである。

解　題

本巻には、これまでに執筆した「労使関係と法」に関する論文や講演の速記録をまとめ、「序章」と「第一章　三就業規則より見たわが国の労使関係」を新たに書き加えた。

本巻を著作集の最終回とするにあたっては、いささか感慨深いものがある。第一章一は、「労働契約書より見たわが国の労働関係の特質」と題して、私が初めて執筆した論文であり、文字どおり私の研究生活の出発点をなした懐かしいものである。大学卒業後、東大社会科学研究所の助手になってすぐ、学生時代から数年にわたり、大河内教授をキャップとする労働問題の社会調査で指導を受けていた東大社研助教授（当時）の氏原正治郎さんから、『社会民俗学辞典』に「労働契約」という項目を書くように頼まれているが、僕は法律のことはよく分からないので、手伝ってもらえないか」といわれ、「では材料を集めましょう」といって、メモのつもりでいろいろな文献にあたり、約二ヶ月で急いでまとめたのがこの論文である。「少しばかり使わせてもらったが、面白いし、惜しいから、どこかに発表したらどうか」といわれ、当時、資本論の研究会で指導をうけていた宇野弘蔵先生にみてもらい、若干の字句の修正（言葉の定義や概念の厳密さについて厳しい指摘を受けた）のうえ、日本労働法学会誌『労働法』の二号に掲載させてもらった。文字通り、素人「蛇に怖じず」ともいうべき稚拙なものであるが、当時の私の関心と問題意識を示すものとして敢えて巻頭に掲げることにした。

当時は、誰でもそうであったが、私も、戦争により瓦礫と化した都市の廃墟と戦後の混乱の中にあって、物質的には「食うや食わず」の毎日であったが、精神的には、新しい「恒久平和」の日本を創り上げていくという理想に燃えていた。太平洋戦争の「生き残り」のわれわれには、純粋に「国のために」と信じ、若くして散った多くの友人達のためにも、日本を欧米諸国に負けない、自由で平等な民主主義社会に再建するというのが、当然の前提とされていた。したがって「日本の労働関係」とか、「日本的労使関係」という場合には、暗黙のうちに「これまでの社会には、なんらかの封建的ないしは前近代的な社会関係や古い社会意識が残存している」として、イデアルティプスとしての西欧型民主主義社会との対比で日本の労働問題や労働法をとらえていたのである。私も、いわゆる学徒兵として軍隊にとられ、日本社会の縮図ともいうべき、階級的上下の関係、価値とは無関係な命令服従関係、年功序列の社会関係をいやというほど見せつけられたこともあって、実態調査を含めて、労働問題を勉強すればするほど、「個人が主体性をもち、人間として平等な契約関係であるべき雇用や企業社会に、前近代的ともいえる要素が数多くみられる」のはなぜであるのか、「これが今後の日本経済および日本社会の変動とともに、どのように変化していくのであろうか」、ということにこだわっていた。私の研究生活の出発点ともいうべき前記の論文は、このような問題意識から書かれたものである。

第一章二　「人権争議─近江絹糸の労使関係」は、昭和二九年六月から三ヶ月余に亘って行われた近江絹糸の争議について、青年法律家協会の一員として同年夏に行った実態調査の報告書である。私は佐藤　進さん（現新潟青陵大学教授）とともに富士宮工場、津工場を担当し、私の分担部分をまとめたのが本稿である。終戦直後の日本の労使関係の実態を示す資料の一つとして、第四章　三　「近江絹糸の労基法違反について」とともに、ここに掲げることにした。

第一章三　「就業規則より見たわが国の労使関係」は、終戦後のほぼ同じ時期に集めた資料や研究ノートをもとに、今回、新たに書き下ろしたものである。資料が散逸するのも惜しいと思い、ここに収録することにした。

第二章「労使関係の諸様相」の、一「雇用関係」は、「生協労働と職員の役割」（生協総合研究所編『協同組合の新世紀』コープ出版）中の「日本的雇用慣行」部分を抜粋したものであり、二以下は、『労働法入門』（初版　有斐閣昭四〇年）と『団体交渉と紛争議』（日本労働協会　昭三九年）にそれぞれのテーマのイントロダクションの意味をもたせるつもりで書いたものである。戦後から少なくとも高度成長期の時期までは、このような労使関係がみられたという歴史的な証言の意味でここに掲載することにした。

第三章「日本の労使関係と法」は、いわゆる日本的労使関係が、法律現象としてはどのような現れ方をし、どのように解決されているのであるかを、労働争議と整理解雇について明らかにしたものである。わが国の場合、労働問題や労使関係が現実には西欧的モデルとはかなり異なっているため、形式的な労働法制についてはほとんど西欧諸国と同一であるにもかかわらず、現実の解決策としては、裁判規範をも含めてそれなりにユニークな対応がなされているのではないかという問題意識に基づくものである。成果は別として、私の素朴な労働法学の方法論に基づくものである。

第四章「経済変動と労使関係」は、社会的経済的変動が、どのような労働問題、ひいてはいかなる法律問題を提起しているかという点について、執筆した論文および講演の速記録を若干手直ししたものである。

もとより私の専門領域は労働法学であり、研究の中心は、実用法学としての労働法の理論とその体系の構築にあるから、「日本の労使関係」は、いわば専門外のことである。したがって、本巻は『日本の労使関係と法』と題するが、ここで、労使関係論や経営論について学問的になにがしかの問題の提起や提言をしようとするものではない。ただ、私は、昔から、つぎつぎと生起する社会的・経済的・政治的事象に興味をもち、読書や勉強していることの多くは、経済学であり、社会学であり、政治学であったし、「日本的労使関係」や「日本的経営」の問題は、とくに関心をもって注意深く観察してきたつもりである。そういう点からすれば、本巻は、日本の労使関係に関する私の問題意識と観察の記録の一部であるといってもよい。現在、私がこの問題についてどのように考えているかを明らかにするため、今回、新たに序章を書き加え、冒頭に掲げた。なにがしかの参考となれば幸いである。

私の著作集の刊行については、編集者はもとより、多くの人の手助けをうけている。これまで逐一謝辞を書き記さなかったが、第二巻から第四巻までの校正は東北大学法学修士　今野博美さん、第七巻は、東北大学大学院助教授　水町勇一郎さん、第八巻は東北大学大学院博士課程　有永真人さん、第六巻は東北大学大学院博士課程　柴田洋二郎さんのお世話になった。厚くお礼を申し上げたい。また第四巻刊行後、眼が不自由になったため、資料の整理や校正その他の雑用はすべて娘の裕子にしてもらった。

本巻において、新たに書き下ろした分、ないしは手直しをした分を除く、各論文の初出の掲載誌名と年度は次のとおりである。

第一章　わが国の労使関係の特質

一　労働契約書より見た労使関係（「日本労働法学会誌」二号　昭和二七年）

二　人権争議―近江絹糸の労使関係（青年法律家協会編『人権争議』　昭和三〇年）

第二章　労使関係の諸様相

一　雇用関係（「生協労働と職員の役割」生協総合研究所編『協同組合の新世紀』コープ出版　平成四年）

二　労働組合、四　労働争議、五　労働協約（『労働法入門』（初版　有斐閣　昭四〇年）

三　『団体交渉と紛争議』（日本労働協会　昭三九年）

第三章　日本の労使関係と法

一　労働争議（有泉編『日本の労使関係と法』有斐閣　昭和四七年）

二　整理解雇（「日本の労使関係と整理解雇」（「日本労働法学会誌」五五号　昭和五五年）

三　近江絹糸の労基法違反について（「日本労働法学会誌」六号　昭和三〇年）

第四章　経済変動と労使関係

一　経済変動と労働問題・労働法の動向（「月刊　労委労協」一九八八年八月号　昭和六三年）

二　ＭＥ技術革新と労働法（「日本労働法学会誌」六六号　昭和六〇年）

索　引

あ　行

か　行

さ　行

た　行

外尾健一著作集

第 5 巻

日本の労使関係と法

2004年3月20日　初版第1刷発行

著　者
外尾健一
発行者
袖 山 貴＝村岡侖衛
発行所
信山社出版株式会社
〒113-0033 東京都文京区本郷 6-2-9-102
TEL　03-3818-1019　FAX　03-3818-0344
印刷・亜細亜印刷　製本・渋谷文泉閣　発売・大学図書
PRINTED IN JAPAN　Ⓒ外尾健一，2004
ISBN 4-7972-5074-7 C 3332

外尾健一著作集

第１巻　団結権保障の法理Ⅰ

第２巻　団結権保障の法理Ⅱ

第３巻　労働権保障の法理Ⅰ

第４巻　労働権保障の法理Ⅱ

第５巻　日本の労使関係と法

第６巻　フランス労働協約法の研究

第７巻　フランスの労働組合と法

第８巻　アメリカのユニオン・ショップ制

［全８巻完結］

信山社